本书为国家自然科学基金面上项目
"重大创新需求牵引学科创新生态系统：演化与治理研究"（项目号：72274172）
资助

高等工程教育

评价研究

Research on Evaluation of
Higher Engineering Education

——基于毕业生素质与工程实践能力视角

齐书宇　吴伟　方瑶瑶　陈童节 / 著

社会科学文献出版社
SOCIAL SCIENCES ACADEMIC PRESS (CHINA)

目录

第一篇 高等工程教育：普通本科篇

第1章 绪论 ··· 3
1.1 研究背景 ····································· 3
1.2 研究意义 ····································· 7
1.3 国内外文献综述 ····························· 8
1.4 研究目的、思路与方法 ···················· 25
1.5 本章小结 ···································· 27

第2章 核心概念界定及理论基础 ··············· 28
2.1 核心概念界定 ······························ 28
2.2 理论基础 ···································· 32
2.3 本章小结 ···································· 36

第3章 国际工程认证协议及其经验与启示 ····· 37
3.1 《华盛顿协议》的毕业生素质规定 ········ 38
3.2 我国地方高校工程教育人才培养的现状分析 ····· 39
3.3 基于比较教育视角对我国地方高校工程教育人才培养的建议 ··· 44

第4章　首都高校本科生工程实践能力评价指标体系构建 …… 48

4.1　首都高校本科生工程实践能力评价指标体系构建
目标 …… 48

4.2　首都高校本科生工程实践能力评价指标体系构建原则 …… 49

4.3　首都高校本科生工程实践能力评价指标体系构建思路
及方法 …… 51

4.4　首都高校本科生工程实践能力特征要素提取 …… 53

4.5　首都高校本科生工程实践能力评价要素体系的
建立与完善 …… 65

4.6　本章小结 …… 68

第5章　首都高校本科生工程实践能力评价指标体系确立 …… 70

5.1　首都高校本科生工程实践能力评价问卷调查 …… 70

5.2　首都高校本科生工程实践能力评价效度分析 …… 72

5.3　首都高校本科生工程实践能力评价信度分析 …… 78

5.4　运用层次分析法计算评价指标权重 …… 82

5.5　本章小结 …… 90

第6章　首都高校本科生工程实践能力的实证评价 …… 92

6.1　运用模糊综合评价法开展首都高校本科生工程实践
能力评价 …… 92

6.2　首都高校本科生工程实践能力培养存在的突出问题 …… 99

6.3　首都高校本科生工程实践能力培养存在的问题归因
分析 …… 103

6.4　本章小结 …… 114

第7章　提升首都高校本科生工程实践能力的建议 …… 115

7.1　关注工程项目团队合作能力的培养 …… 115

7.2　强化企业需求的培养理念 …… 119

7.3　加强实践性教学环节的建设 …… 125

7.4 本章小结 ·· 131
本篇结论 ··· 131

第二篇　高等工程教育：高职高专篇

第 8 章　绪论 ·· 135
8.1 问题提出 ·· 135
8.2 核心概念界定 ·· 140
8.3 研究内容与思路设计 ···································· 145
8.4 研究方法 ·· 146
8.5 本章小结 ·· 147

第 9 章　高等工程职业教育评价的理论基础 ················ 149
9.1 文献述评 ·· 149
9.2 理论基础 ·· 164
9.3 本章小结 ·· 167

**第 10 章　国际工程认证协议框架下英澳工程职业教育的
　　　　　经验与启示** ·································· 168
10.1 《悉尼协议》框架下英澳高等工程职业教育认证经验 ······ 168
10.2 《都柏林协议》框架下澳大利亚高等工程职业教育认证
　　 体系 ·· 181

**第 11 章　《悉尼协议》背景下高职高专工科毕业生素质评价
　　　　　指标体系构建** ·································· 190
11.1 高职高专工科毕业生素质特征要素提取 ·················· 191
11.2 高职高专工科毕业生素质评价问卷调查 ·················· 204
11.3 高职高专工科毕业生素质评价探索性因子分析 ············ 208
11.4 运用层次分析法（AHP）计算评价指标权重 ··············· 214
11.5 本章小结 ··· 221

第12章 《悉尼协议》背景下高职高专工科毕业生素质实证评价 ……… 223

12.1 问卷抽样情况 ……………………………………………… 223
12.2 以模糊评价法对高职高专工科毕业生素质进行实证评价 ……………………………………………………… 226
12.3 高职高专工科毕业生素质存在的问题及成因分析 ……… 237
12.4 本章小结 …………………………………………………… 249

第13章 《悉尼协议》背景下高职高专工科毕业生素质优化建议 …………………………………………………………… 251

13.1 校企合作规范化 …………………………………………… 251
13.2 培养方式多样化 …………………………………………… 256
13.3 完善多方监管机制 ………………………………………… 261
13.4 本章小结 …………………………………………………… 264

本篇结论与展望 ……………………………………………………… 264

参考文献 ……………………………………………………………… 267

第一篇　高等工程教育：普通本科篇

随着第四次科技革命的到来，人工智能、电子科技、生物技术等一系列新兴技术已经渗透工程的方方面面。时代的发展与变化使工程实践能力的内涵和外延不断拓展，工程实践的重要性日益突出，工程师需要具备越来越高水平的工程实践能力。工科生作为未来的工程师，大学阶段是其参与工程实践、获得工程实践能力的关键期。而北京作为全国教育最发达的地区之一，培养的工程人才不仅面向北京，更是输往世界各地。本文旨在厘清新时代背景下工程实践能力的内涵，构建首都高校本科生工程实践能力评价指标体系，并在此基础上对首都高校本科生展开实证评价，明确首都高校本科生工程实践能力现状。

本研究以工程实践能力为研究对象，运用成果导向理论、能力本位理论、人力资本理论，基于理论研究和专家咨询，构建了首都高校本科生工程实践能力评价指标体系，该指标体系包含5个一级指标，21个二级指标，21个三级观测点。根据研究目的和特点，运用了层次分析法和模糊综合评价法，对企业中420位工程师等工程技术人员展开实证调查，从企业视角判断首都高校毕业生工程实践能力水平。研究结果发现，总体而言，企业认为首都高校本科生工程实践能力良好，其中，问题分析与解决能力（78.42分）、方案论证与设计开发能力（79.76分）、工程应用与操作能力（78.73分）、社会非技术性能力（78.87分）相差不大，均处于良好水平。而工程项目团队合作能力（74.49

分）得分相对较低，处于合格水平，也是首都高校本科生工程实践能力结构中的短板，仍有较大的提升空间。为了验证实证评价结果，笔者对工科生、工科教师、业界人员展开访谈调查，综合实证评价及访谈调查结果进行深入的分析。分析发现首都高校本科生工程实践能力存在如下问题：一是首都高校本科生的工程项目团队合作能力相对薄弱；二是学校培养的人才与企业需求脱节；三是首都高校本科生工程实践能力整体水平不高。基于访谈调查以及实证调查结果对其进行归因分析，发现原因如下：工程项目团队合作能力不被重视、课程中难以得到真正锻炼，教学内容与行业发展需求脱节、学校培养的人才落后于企业需求，实践性教学环节问题凸显、教学效果不显著。

最后，针对问题提出提升首都高校本科生工程实践能力的对策建议：(1) 关注工程项目团队合作能力的培养；(2) 强化企业需求的培养理念；(3) 加强实践性教学环节的建设。

第1章 绪论

1.1 研究背景

我国工程教育供给体系位居世界前列，工科毕业生占世界总数的1/3以上，现有工程科技人才4200多万。《全球竞争力报告（2017~2018年）》显示，我国在"科学家和工程师数量"这一指标维度上的世界排名仅为第29。[1] 高等工程教育虽然为我国经济发展和社会进步输送了大批的工程科技人才，但是我国工科生成长为优秀工程师的数量却较少，由此可以看出我国工程教育还存在一系列的问题，[2] 高等院校培养的工程人才难以充分满足我国产业转型升级、建立创新型国家以及打造世界工程创新中心的需要。实践是工程的本质特征，造成我国工程师质量不能满足国家发展需要的原因之一就是实践能力的欠缺。在此背景下，工程教育应紧紧联系工程实践、面向工程实践[3]，工科生的工程实践能力也应该得到足够的重视。

---

[1] 何继善，张霞，瓮晶波，阳珍花，江雪情，胡绪娟. 工程科技人才培养标准的多标分离和多标整合 [J]. 现代大学教育，2019（03）：88-96.

[2] 周玲，孙艳丽，康小燕. 回归工程 服务社会——美国大学工程教育的案例分析与思考 [J]. 清华大学教育研究，2011（06）：117-124.

[3] 姜嘉乐. 工程教育永远要面向工程实践——万钢校长访谈录 [J]. 高等工程教育研究，2006（04）：1-7.

1.1.1 具有高水平工程实践能力的工程师是实施大国工程的人才支撑

工程是衡量一个国家科技发展水平与经济发展水平的重要标志。中国高铁里程全世界第一、航天工程飞速发展、港珠澳大桥创造世界奇迹。这些"大国工程"与"国之重器"都离不开工程师卓越的工程实践能力。随着第四次工业革命的到来,物理、数学等学科深度交叉与融合,加之人工智能等新兴技术不断更新与换代,更需要工程师高水平的工程实践能力。作为工程活动的主体,工程师在工程实践中担任重要的角色,[1] 中国未来的发展也需要一批具有高水平实践能力的工程师。而工科生作为面向未来的工程师,高等工程教育应以工程实践为抓手,全面提高工科生的实践能力水平。

20世纪80年代,西方一些国家开始意识到本国学生工程实践经验不足,"科学型"的工程教育由于缺乏实践[2]而存在诸多问题,于是美国提出了"高等工程教育要回归工程实践"[3]的教育理念。欧美诸多高校开始引领高等工程教育朝工程实践新方向发展,[4] 将新的工程实践观念融入教学体系,[5] 用"大工程观"重新规划工程教育。可见,工程教育作为工程发展的动力引擎,培养具有高水平工程实践能力的工科生可以为科技与产业的变革提供智力保障,为大国工程的实施提供强有力的人才支撑。

---

[1] 罗宇思. 工程创新视野下我国工程师关键素质能力研究 [D]. 北京:北京理工大学硕士学位论文,2015.

[2] 游蠡. 学徒制到院校制:19世纪上半叶美国工程教育的大学化进程 [J]. 高等工程教育研究,2019(03):110–115.

[3] 马廷奇,冯婧. 回归工程实践与工程教育模式改革 [J]. 高教发展与评估,2018,34(02):9–16+102–103.

[4] 李曼丽. 工程师与工程教育新论 [M]. 北京:商务印书馆,2010.

[5] Miller G. R., Cooper S. C.. Something Old, Something New: Integrating Engineering Practice into the Teaching of Engineering Mechanics [J]. Journal of Engineering Education, 1995, 84(02):105–115.

1.1.2 《华盛顿协议》背景下工程人员的能力评价标准与评价体系也需持续改进

在工程教育质量保证和国际工程师流动的大背景下,在国际工程界和教育界,工程人员的资历框架以及能力标准[①]成为重要议题。其中,《华盛顿协议》是 1989 年由英、美等 6 国的民间工程专业团体代表本国签订的国际性协议,该协议指出经任何签约成员认证的专业的毕业生均达到了从事工程师职业的基本质量标准以及学术要求。[②]《华盛顿协议》从 12 个方面[③]对工科学生应该具备的核心能力做出了框架要求,强调本科生面对真实工程环境解决复杂问题的实践能力。在其毕业生素质框架[④]中提出工科生要以实践为导向,要求学生对知识、能力、素质、创新意识等全面系统[⑤]的掌握。基于此框架,很多国家依据本国工程发展战略与现实背景提出了资历框架,制定了工程人员的能力标准,且英、美、澳等会员根据《华盛顿协议》12 条毕业生素质要求对工程师应该具有的工程实践能力[⑥]纷纷提出了新的标准。密歇根大学工学院院长 Stephen 教授曾表示随着时代的变化与发展工程的概念也会不断被拓

---

① 孔寒冰,邱秧琼. 工程师资历框架与能力标准探索 [J]. 高等工程教育研究, 2010 (06): 9 - 19.
② 王孙禺,孔钢城,雷环.《华盛顿协议》及其对我国工程教育的借鉴意义 [J]. 高等工程教育研究, 2007 (01): 10 - 15.
③ 王玲,雷环.《华盛顿协议》签约成员的工程教育认证特点及其对我国的启示 [J]. 清华大学教育研究, 2008 (05): 88 - 92.
④ International Engineering Alliance. 25 Years of the Washington Accord [EB/OL]. https://www.ieagreements.org/assets/Uploads/Documents/History/25YearsWashingtonAccord - A5 booklet - FINAL. pdf. 2019 - 11 - 09.
⑤ 傅水根. 创建有中国特色的工程实践教学体系 [J]. 中国大学教学, 2004 (07): 24 - 26.
⑥ Marija Bozic, Svetlana Čizmić, Dragana Šumarac Pavlovic, et al.. Engineering Practice: Teaching Ill - structured Problem Solving in an Internship - like Course [C]. 2014 IEEE Global Engineering Education Conference (EDUCON). IEEE, 2014.

宽。① 高速变化的时代，本科生的工程实践能力需要转型升级，工程实践能力评价指标体系也需要持续改进。

1.1.3 本科生实践教育不足是亟待解决的现实问题

著名的桥梁专家茅以升曾指出我国工程教育的弊端在于理论传授与工程实践脱节。② 2010 年，中国工程院就曾指出我国工程教育中还存在工程性缺失和实践环节薄弱等问题。③ 2019 年教育部也提出部分高校对学生的实习不够重视、实习过程中组织管理不严谨；另外，部分高校在经费投入上也不够充足，进而导致实习基地建设不规范等问题。④ 当前，我国高等工程教育注重工程知识、忽视实践能力，从教师专业发展到学生的培养，工程实践往往只是表面的重视。在知识爆炸时代的当今，大学生需要在更短的时间内学习更多的知识，大学生的时间与精力被摊薄，必要的专业实践训练时间被严重挤占，进而导致工程实践能力不够扎实。再者，新一轮科技革命和产业变革、时代的发展与变化均使工程实践的内涵和外延不断拓展，对工程实践产生了非同寻常的影响。⑤ 在此大背景下，我国高校本科生工程实践能力亟须加强。而北京不仅是全国的文化科技创新中心，同时也是全国高等院校的中心，有上百所各类高校，其中"双一流建设"高校有 34 所，聚集了全国数量最多的重点大学。培养工程人才不仅面向北京，更是输往世界各地，作为全国教育最发达的地区之一，首都高校的工程教育兼具国际性与代表性。

---

① 中国工程院工程教育代表团. 访美考察报告 [J]. 高等工程教育研究，2002（05）：1-8.
② 曾甘霖. 茅以升工程教育观及其当代价值 [J]. 高等工程教育研究，2018（05）：196-200.
③ 中国工程院"创新人才"项目组. 走向创新——创新型工程科技人才培养研究 [J]. 高等工程教育研究，2010（01）：1-19.
④ 中华人民共和国教育部. 关于加强和规范普通本科高校实习管理工作的意见 [Z]. 2019-07-12.
⑤ 王沛民等. 工程教育基础——工程教育理念和实践的研究 [M]. 杭州：浙江大学出版社，1994.

1.2 研究意义

在工程教育专业认证背景下,各国对本科生工程实践能力提出了新的要求。基于工程教育专业认证背景,研究并优化本科生工程实践能力结构,对首都高校本科生工程实践能力开展实证评价、探究影响首都高校本科生工程实践能力的因素,具有一定的紧迫性和必要性,同时具有重要的理论意义和实践意义。

1.2.1 理论意义

1.2.1.1 明确工程实践能力的内涵与框架

目前国内外对工程实践能力的概念界定和框架确定还较为模糊。《华盛顿协议》背景下,以英、美为代表的成员提出的工程专业能力标准中工程人才实践能力的构成还较为细致。本研究通过全面归纳与整理《华盛顿协议》成员有关工程教育专业认证标准,结合国内外现有的文献分析,提出首都高校本科生工程实践能力的内涵与框架。对于丰富工程实践教育理论具有重要的意义。

1.2.1.2 丰富工程教育质量评价体系的研究

我国高等工程教育质量评价体系尚未完善,国内对高等工程教育质量的评价多局限于对教育质量的宏观评价,或是围绕某一专业的人才培养质量评价体系进行研究,大多是进行综合素质的评价,很少将具体素质抽离出来进行评价研究。本研究通过构建首都高校本科生工程实践能力评价指标体系,对工程教育质量评价方面的研究成果进行补充,丰富和完善工程教育质量评价体系。

1.2.2 实践意义

1.2.2.1 为首都高校本科生工程实践能力评价提供借鉴

《华盛顿协议》中的毕业生素质的12条框架对高校本科生的工程

实践能力提出了新的要求。虽然各高校的培养目标也都包含工程实践能力，但是对高校本科生的工程实践能力的具体内容并没有制定评价标准。[①] 而具有国际特色的工程实践能力评价体系有利于首都高校本科生工程实践能力与时俱进，有助于首都高校客观地了解本科生工程实践能力的培养状况以及办学过程中存在的问题，此时构建首都高校本科生工程实践能力评价指标体系可以为首都工程教育质量的评价提供工具性指导，使首都高校对本科生工程实践能力的评价更具指向性和科学性。

1.2.2.2　为首都高校本科生工程实践能力提升提供方向性建议

工科与人文社科存在着差异，一方面工程具有普遍的共性、较强的专业性以及相对的"单纯性"，若没有统一的标准，很难保证工科毕业生从事工程活动的质量。评价体系作为质量监控体系全面监测高校向社会输出工程人才实践能力的质量状况，通过分析首都高校本科生工程实践能力影响因素，首都高校可以制定提高工科本科生工程实践能力的有效措施，促进工程实践能力教育的规范性发展，有助于发挥首都高校在培育大学生工程实践能力方面的引领和示范效应。不仅能帮助首都高校自纠自查工程实践能力培养过程中存在的问题，还能帮助本科生发现自身工程实践能力的不足为未来就业打下基础，进而为工程领域输送具有高水平工程实践能力的工程人才。

1.3　国内外文献综述

本研究以核心概念为维度开展文献的梳理和总结工作。针对工程教育专业认证标准、工程实践能力的内涵和结构，以及对工程实践能力的评价三个层次对国内外研究现状进行分析。

---

① 袁剑波，郑健龙.工程实践能力：培养应用型人才的关键［J］.高等工程教育研究，2002（03）：35-37.

1.3.1 各国关于工程教育专业认证标准的研究

工程教育专业认证自发起以来一直吸引着国内外学者在此领域的不断探索,2000 年后我国学者在此领域开始了大量的探索。就研究内容而言,国内外研究者因其关注点的不同研究视角各有特点,主要从宏观视角出发对工程教育专业认证展开研究,而聚焦认证标准的研究较少。通过对国内外文献的梳理,可以发现国内外对工程教育专业认证标准的研究主要从两个角度出发。

一是对各国的工程教育专业认证标准的特点进行归纳总结:Prados 等人对工程教育专业认证标准的变化特点进行了归纳,他指出自 1980 年来美国的工程教育认证标准变得规范后,ABET 制定了 EC2000,并且讨论了美国的工程教育专业认证标准在国际上产生的影响。[1] Gloria M. 等人对用考试成绩来测量学生学习成果,进而来判定学生是否达到了工程认证标准(EC2000)提出了质疑。[2] 通过对美、德两国认证标准的特点进行深入的分析,张彦通、韩晓燕等提出了对我国工程教育专业认证标准制定的建议。[3] 正值我国工程教育认证体系历经十年发展时,王孙禺、赵自强、雷环在工程教育专业认证发展相对成熟且完善的背景下对认证体系构建中的认证标准制定、认证政策制定过程、认证机构组建等进行了更为详细的解读。[4] 张树永等总结了自认证以来化学类专业认证标准的制定过程、认证过程中取得的收获及存在的问题并指出了后续化

---

[1] Prados, John W., Peterson, George D., Lattuca, Lisa R.. Quality Assurance of Engineering Education through Accreditation: The Impact of Engineering Criteria 2000 and Its Global Influence [J]. Journal of Engineering Education, 1994 (01): 165 – 184.

[2] Gloria M., Rogers. EC2000 and Measurement: How Much Precision is Enough? [J]. Journal of Engineering Education, 2000: 89.

[3] 张彦通,韩晓燕. 美、德两国工程教育专业认证制度的特色与借鉴 [J]. 中国高等教育,2006 (02): 60 – 62.

[4] 王孙禺,赵自强,雷环. 中国工程教育认证制度的构建与完善——国际实质等效的认证制度建设十年回望 [J]. 高等工程教育研究,2014 (05): 23 – 34.

学类专业认证的工作内容的关键点。① 胡德鑫从历史制度主义的分析范式入手对德国的认证制度进行考察，发现德国在很大程度上保存了本国的专业认证特点，并没有完全参考《华盛顿协议》的12条标准来构建、修改本国的认证体系。② 吴蓝迪等对国际上六大互认协议的工程职业能力标准、工科毕业生素质以及知识体系等内容做了扎实且详尽的分析，对不同类型的工程人才的国际质量标准的异同点做了总结。③ 甘宜涛等从宏观角度谈及不同层次人才的认证标准是不一致的，主要以印度工程教育专业认证中实行的本科、研究生分层认证为例，对分等级认证的工程教育专业认证模式进行了系统的论述。④

二是对各国认证标准的内容进行介绍：比如 Levy J. 对英国的认证标准、质量保障体系等进行了系统的阐述。⑤ Jerry R. Yeargan 围绕美国 ABET 认证标准的变化环境，EC2000 中的认证标准的内容以及 ABET 认证标准的发展展开了研究。⑥ Mandy Liu 等人对台湾 IEET（Institute of Engineering Education Taiwan）自 2003 年以来逐步改进累积的九条认证准则进行了系统的阐述和说明。⑦ 蒋宗礼基于我国自 2006 年开始的专业认证试点工作，对工程教育认证的特征，尤其是我国的认证指标体系进

---

① 张树永，朱亚先，王玉枝. 我国高等学校化学类专业评估标准建设进展及未来工作重点浅议［J］. 中国大学教学，2017（04）：51－55.
② 胡德鑫. 德国工程教育专业认证制度的变迁逻辑及其启示——基于历史制度主义的分析范式［J］. 高校教育管理，2017（06）：74－82.
③ 吴蓝迪，张炜. 国际工程联盟（IEA）工程人才质量标准比较及其经验启示［J］. 高等工程教育研究，2018（02）：111－118.
④ 甘宜涛，雷庆. 印度工程教育专业认证特征及经验［J］. 学位与研究生教育，2019（02）：56－61.
⑤ Levy J.. Engineering Education in the United Kingdom: Standards, Quality Assurance and Accreditation［J］. International Journal of Engineering Education, 2000, 16（02）: 136－145.
⑥ Jerry R. Yeargan. ABET's EC2000 Criteria—The Model for Outcomes-bsed Accreditation Criteria［J］. The Interface. 2003（03）：1－3.
⑦ Mandy Liu, Pei－Fen Chang, Andrew M. Wo, et al.. Quality Assurance of Engineering Education through Accreditation of Programs in Taiwan［J］. International Journal of Engineering Education, 2008, 24（05）: 854－863.

行了介绍。① Isaacson 等对毕业生素质以及认证标准进行了解读,并总结了加拿大工程教育专业认证的目的、过程以及评价标准。②

可见,国内外对于工程教育专业认证标准的研究仍局限于围绕《华盛顿协议》对各国政策文本内容的解读以及特点的剖析,这为本研究在各成员中筛选指标要素池提供一定的研究基础,但是各成员的研究尚未出现对认证标准的系统解读与维度的归类。

1.3.2 关于工程实践能力内涵的研究

"工程实践能力"(Engineering Practice)一词源于"Key Competences",即关键技能。"关键技能"的概念在 1972 年由德国职业所所长梅腾斯③(Mentens)在《职业适应性研究概览》④ 报告中第一次提出。他提出任何职业的从业者都应该拥有完成该职业工作内容的关键能力,⑤ 与此同时,该能力具有迁移性,并能够发展成为某行业领域里的相关从业者的基本素质。⑥ 就目前国内外的研究成果来看,工程实践能力的内涵主要有以下三种界定。

1.3.2.1 工程实践能力是一种解决工程问题的能力

Sheri Sheppard,Anne Colby 指出工程实践能力是系统地将专业知识整合运用以期达到有意义的实践成果的能力,不仅仅是一个问题解决的

---

① 蒋宗礼. 工程教育认证的特征、指标体系及与评估的比较 [J]. 中国大学教学,2009 (01):36-38.

② Isaacson M., Eng P.. Graduate Attributes and Accreditation [J]. Canadian Civil Engineer,2016:19-21.

③ 袁伯恺. 基于 OBE 理论的工科学生工程实践能力提升研究 [D]. 武汉:武汉工程大学,2016.

④ 张以清. 实施行为导向教学法 注重关键能力的培养 [J]. 考试周刊,2007 (44):95-96.

⑤ 刘磊. 培养学生实践能力论纲 [D]. 大连:辽宁师范大学博士学位论文,2007.

⑥ Mendez R., and Rona A.. The Role of Work-integrated Learning in Academic Performance:Is There Correlation between Industrial Placements and Degree Performance? [EB/OL]. http://www.waceinc.org/hongkong/linkdocs/papers/UK/Refereed% 20Paper% 203. pdf,2009-10.

能力。经合组织对工科毕业生的工程实践能力要求如下：能够运用他们的知识和理解来发展解决问题的实践技能，进行调查和设计工程设备与过程。[①] 胡美丽等认为工程实践能力是指大学生能够将自己所学知识与实际相联系，将知识应用到工程实践环节如设计、管理等，同时考虑文化、环境、法律等非技术性因素，进而为社会提供产品、技术服务或是工艺流程等解决现实工程问题的能力。[②] 李会鹏、陈运贵等均认为工程实践能力就是全面综合运用各种理论知识及工程技术去解决工程实际问题的能力，也就是指将系统的理论知识运用于工程实践的能力。[③][④] 孟飞等认为工程实践能力是指大学生初入职场，适应岗位要求，根据分工解决生产实践中的某些问题，执行并完成具体工作任务的能力。[⑤] 朱正伟等人认为工程实践能力是在真实的工程环境中解决复杂工程问题的复合能力。[⑥] 这些国内外学者都认为工程实践能力是依托相关专业理论知识，将其应用于实践过程的能力，即具有综合运用各理论知识及工程技术解决复杂工程实际问题的能力。这一类的概念界定体现出工程实践的复杂性。

1.3.2.2　工程实践能力是工程领域里的具体操作能力

卢艳青等认为工程实践能力的概念范畴非常宽泛，从对工程实践的感知到工程实践的介入，从工程项目的实施到工程瑕疵的改进及整体优

[①] OECD：A Tuning – AHELO Conceptual Framework of Expected Desired/Learning Outcomes in Engineering [EB/OL]．https：//www．oecdilibrary．org/docserver/5kghtchn8mbnen．pdf?expires = 1574585700&id = id&accname = guest&checksum = 50C23048D4141EEFD9AE4ABB8CD15BFC．2019 – 11 – 26．

[②] 胡美丽，黄慧，睢琳琳．美国工科院校培养学生工程实践能力的经验及其启示 [J]．当代教育科学，2015（15）：51 – 53．

[③] 李会鹏，侯立刚，王海彦．化工专业学生工程实践能力达成评价体系构建初探 [J]．大学教育，2017（06）：160 – 162．

[④] 陈运贵．工科类专业工程实践能力的培养与实践教学改革 [J]．中国电力教育，2014（29）：57 – 58 + 64．

[⑤] 孟飞，蔡建文，张美凤．大学生工程实践能力的培养方法实务探析 [J]．福建电脑，2016（12）：77 – 78．

[⑥] 朱正伟，马一丹，周红坊，李茂国．高校工科教师工程实践能力现状与提升建议 [J]．高等工程教育研究，2020（04）：88 – 93 + 148．

化，从项目成果的鉴定、验收、归档到工程文档资料的再利用。① Karwat，Eagle，Wooldridge 等人则指出，工程在操作过程中，面临的各个环节都十分重要，整个过程都需要遵从工程的价值、政策和业主的要求进行规范操作，并实施有效的工程设计、方案设计、操作实践，不断提高工程的质量和技术含量的价值，因而工程实践能力是这些流程的总和。② 黄建通在研究中将工程实践能力分为两个层面来进行解释，即技术、非技术层面，但不同环节都可体现出工程实践能力及其内涵，且在不同的场景中，也存在不同的本质和差异需求，这一类的概念界定体现出工程实践的情境性。③

1.3.2.3 工程实践能力是实践活动中各种能力的总和

袁伯恺认为，工程的目标及阶段性施工所取得的价值，这些成果的集合及体现，都可理解为工程实践能力的总和，并且是资源利用、工程组织、工程建造智慧等组合的体现。④ 张建功和杨诚、黄丽娟三人则指出，满足业主的需求并提升工程的质量，使工程具备良好的应用性和综合性价值，且在正式运营过程中可持续发挥工程的社会价值及经济价值即是工程实践能力的体现。⑤ 这些学者都有相同的观点，通过将工程的实践能力进行全面解释，认为其本质是包含了基础操作、技术、专业能力等各方面，这些方面共同构成了工程的价值和能力。

通过对工程实践能力内涵相关文献的梳理可以看出，国内对于工程实践能力内涵概念的界定较为丰富，而国外很少对工程实践能力的内涵

---

① 卢艳青，李继怀，王力军. 工程实践能力指向与创新能力形成机理 [J]. 黑龙江高教研究，2014（01）：144－146.

② Karwat D. M. A., Eagle W. E., Wooldridge M. S., et al.. Activist Engineering: Changing Engineering Practice by Deploying Praxis [J]. Science and Engineering Ethics, 2015, 21（01）：227－239.

③ 黄建通. 强化工程人才的工程实践能力 推进中马"一带一路"建设合作 [J]. 世界教育信息，2017，30（21）：17－21＋25.

④ 袁伯恺. 基于 OBE 理论的工科学生工程实践能力提升研究——以湖北省属院校为例 [D]. 武汉：武汉工程大学硕士学位论文，2016.

⑤ 张建功，杨诚，黄丽娟. 基于企业需求的全日制工程硕士实践能力校企契合度研究 [J]. 研究生教育研究，2016（06）：73－79.

有确切的定义。虽然西方众多发达国家非常注重工科生工程实践能力的培养，但很少有对"工程实践能力"的整体性讨论。虽然我国学者对工程实践能力的内涵有诸多讨论，但是由于工程实践概念的复杂性、认知主体的局限性和研究视角的差异性，人们对工程实践能力的概念内涵尚未统一界定。

1.3.3 各国关于工程实践能力结构的研究

结构是组成整体的各部分的搭配和安排，工程实践能力结构是指一个人所具备的工程实践能力各部分的内容，不同角度不同层面可以划分为不同的类型，反映了工程实践能力各要素之间的比例关系和组织状况，目前国内外关于工程实践能力结构主要有以下两种观点。

1.3.3.1 第一种观点认为，工程实践能力仅包含技术科学单一层面

国内外部分学者认为工程实践能力仅仅包含工科生的技术维度。一部分学者从具体专业视角对工程实践能力的结构展开研究：东北石油大学的学者[1]指出石油工程学科中，工程实践能力主要包含实验技能、过程操作能力、工程设计能力、科研能力和社会实践能力。Parasonis 等人提出建筑专业工程实践能力的结构主要包括五个方面：专业能力（Professional subcompetences）、通用能力（Common subcompetences）、基础知识和技能与通识知识技能（Basic and General subcompetences depicting knowledge and skills common to all）以及专业活动能力（Professional Activity competence）。[2] 也有研究学者提出不同的研究观点，这些学者从工程、电气和技术等专业的研究角度出发，展开内容探讨：吕俊杰从工程专业实践角度出发，侧重探讨了设计、实践以及解决问题等的能力与工

---

[1] Feng Qihong, Hu Wei, Zhan Yongping. Reform of Training Ways of Engineering Practice and Innovation Ability for Petroleum Engineering Students［J］. Experimental Technology and Management，2012.

[2] Parasonis, Josifas, Andrej Jodko. Competence Model for the Architectural Engineering Professional［J］. Procedia Engineering, 57（2013）：876 - 881.

程的实践能力的相关性和影响性。[①] 林健指出，实际上，可将工程的实践能力解释为集合了多个协作流程和环节的系统性工程，诸如联结了生产过程、维修过程、质量检测过程、工程运营环节等关联环节，而这些环节的成效，都可在很大程度上体现出大学生在不同阶段的工程实践能力。[②] 王志勇等人通过结合前人的研究成果，从基础建设能力、技术能力、质量安全能力三个角度，来解释和分析大学生工程实践能力。[③] Sheppard等人的研究小组经过大量的实验和研究，指出工程实践能力需要高度的专业知识，并且要发挥发现问题、解决问题、实现过程质量管理的功能作用。[④] 吴昕芸等人认为，全新的技术、专业思想、工程管理、质量监管等要素，共同构成了工程价值的和及实践能力，这些学者所提出的研究观点，几乎贯穿整个工程阶段和过程质量管理流程。[⑤]

1.3.3.2 第二种观点认为，工程实践能力包含技术科学和社会科学两个层面

王沛民等人在前人的研究基础上，进行资料整理之后借鉴 Finniston（1994）的观点，他们从五个层面出发，对工程实践能力进行划分并总结出观察作业、原材料的运用、发现工程问题并予以解决、执行组织的工作指示、履行施工和质量监管职责这几种能力。[⑥] Trevelyan通过民族志研究，借助第一手资料来理解工程实践能力内涵和概念，对工程师、教师和学生分别进行了70次和90余次的访谈以及几个星期的观察，来

[①] 吕俊杰. 我校学生创新精神与实践能力培养的探索 [J]. 中国高教研究，2001（03）：51-52.

[②] 林健. 构建工程实践教育体系 培养造就卓越工程师 [J]. 中国高等教育，2012（02）：15-17+30.

[③] 王志勇，刘畅荣等. 基于工程教育专业认证的建环专业实践教学体系改革 [J]. 高等建筑教育，2015（06）：44-47.

[④] Sheppard S., Colby A., Macatangay K., et al.. What is Engineering Practice? [J]. International Journal of Engineering Education，2010，22（03）.

[⑤] 吴昕芸，郭照冰，任团伟，朱晓东. 高校专业硕士工程实践与科研创新能力培养研究 [J]. 科学管理研究，2018（05）：101-104.

[⑥] 王沛民等. 工程教育基础-工程教育理念和实践的研究 [M]. 杭州：浙江大学出版社，1994.

确定工程实践能力的框架：自我管理及自我职业规划、协调及与他人合作、工程流程项目及操作管理、财务流程、采购产品或服务、人力资源开发与培训、商业发展或营销、技术工作以及创造新概念解决问题、技术审查检查测试和问题诊断、亲自实践技术工作建设以及修理。①② Trevelyan 等人指出，工程既是技术科学也是社会科学，因此工程实践能力应包含社会和技术两个层面，不仅要有问题解决能力、问题设计能力，还需要具有创造力、资源共享、处理问题、战略协作等相关能力。③ 韩如成侧重从方案设计、工程实施、技术调试、合同管理以及团队沟通合作这五个维度出发，展开对工程实践能力的划分和内涵探讨。④ 卢艳青等人也持有相似的解释观点，但在研究中，他们还增加了质量控制、实践创新、资料管理这三个全新的能力解释。⑤ Passow 等人通过文献法提出，工程实践能力包括：问题解决能力、知识应用能力、技能应用能力、预判能力、有效交流能力、创新能力、创造性思维能力、修正能力、责任感等 24 项；并指出工程实践能力是普遍适用的能力与个人能力的结合体。⑥ 谭艳等人侧重从个人专业能力、工程分析能力、质量维修能力、团队协作与人际交流能力、改造与维护能力等八个维度进行解释，从而丰富了工程实践能力应具备的内涵及功能。⑦

虽然国内外多位学者对于工程实践能力结构的研究成果丰硕，但是

---

① Trevelyan J.. A Framework For Understanding Engineering Practice [C]. 2008 Annual Conference and Exposition，2008.

② Trevelyan J.. Steps Toward a Better Model of Engineering Practice [C]. Proceedings of the Research in Engineering Education Symposium，2009.

③ Trevelyan，James. Reconstructing Engineering from Practice [J]. Engineering Studies，2（03）：175 – 195.

④ 韩如成. 工程实践能力培养的探索与实践 [J]. 中国大学教学，2009（06）：77 – 79.

⑤ 卢艳青，李继怀，王力军. 工程实践能力指向与创新能力形成机理 [J]. 黑龙江高教研究，2014（01）：144 – 146.

⑥ Passow H. J.，Passow C. H.. What Competencies Should Undergraduate Engineering Programs Emphasize? A Systematic Review [J]. Journal of Engineering Education，2017，106（03）：475 – 526.

⑦ 谭艳，曾利军，陈敏. 基于 OBE 理念的本科院校工程实践能力分析 [J]. 江苏科技信息，2018（34）：72 – 74.

大部分相关研究尚处于粗线条的状态且对其结构的分析不够深入透彻，对于工程实践能力的结构是否包含社会科学这一层面也存在较大的争议。

1.3.4 各国关于工程实践能力评价的研究

本科生工程实践能力的培养，离不开教学管理中的工程实践能力测评体系的建立和开展经常性的工程实践能力测评。目前国内外关于工科生工程实践能力的评价研究主要集中于评价指标体系的建立及评价工具的选择，在此基础之上对本科生工程实践能力评价的意义和问题也进行了专门的探讨和研究。

1.3.4.1 关于工程实践能力评价指标构建的研究

国内外关于工程实践能力评价指标构建的研究主要分为两类：一类从狭义的角度出发，在具体专业框架下进行具体专业工程实践能力评价指标的构建；另一类是在广义的视角下，建立工科生通用的工程实践能力评价指标体系。

关于工科毕业生的工程实践能力评价指标和评价考核体系的研究：杨秋波等人根据ABET提出的毕业标准，结合访谈调查法和德尔菲法建立了评价模型，对评价指标进行依次排序，并明确权重和数值，选取8个指标来评价工科毕业生的专业能力，具体包括：专业知识、技术分析、商务沟通、团队协作、绩效创新、问题分析应对等八个能力。[1] 余晓对336位从事工程管理的管理人员，进行访谈和数据分析，最后从方案设计、实践操作、商务沟通、工程协作、工程应用这五个层面出发，来评价他们的工程实践能力。[2]

关于具体专业工程实践能力评价指标体系构建的研究：张爱民等人通过对东北三省五所工科院校的老师、学生等相关人员的全方面抽样调

---

[1] 杨秋波，王世斌，郄海霞. 工科专业本科生实践能力：内涵、结构及实证分析 [J]. 高等工程教育研究，2017（03）：81-85.

[2] 余晓. 面向产业需求的工程实践能力开发研究 [D]. 杭州：浙江大学博士学位论文，2012.

查,并采用因子分析法和排序法构建了以独立工作能力、写作能力、团队意识、知识积累能力、主动实践能力为二级指标的土木类专业学生工程实践能力评价指标体系。① Rauner 依据 Bybee 提出的四阶段科技素养模型 (Four-stage scientific and technical literacy model),建立了双维度的测量模型 KMOET 来测量电子工程师应该具备的职业能力:一个维度是不能大规模测量的能力,包含了隐性知识、社会技能、团队合作能力等五个方面。② 另一个维度提出了解决问题必须满足的八条标准,包括表达能力、关注工程效益能力、创造能力等。③ 该模型在德国和我国广泛使用,不过该评价标准的评价对象是从业者而非在校工科生。谢勇等人结合工科专业的理论知识,对自动化工程毕业生应掌握的专业知识,围绕工艺技术、电子技术、装饰、器件识别、系统控制、性能测试、社会情感、实践创新来展开探讨,评价这些学生的专业能力。④ 李会鹏等人利用访谈调查表将化工专业毕业生作为研究对象,并建立了一级、二级量化指标和数字模型,并动用层次评价法对权重进行计算,最后给出了实践设计、创新协作、安全操作、团队沟通、任务执行这几个评价指标。⑤ 宋静等人以工程造价专业为例,结合教学实际情况,用理论方法构建了建筑类专业工程实践能力评价体系,一级指标为:通用知识、专业知识、身心素质、个人意愿、造价业务能力、合作能力、科研能力、

---

① 张爱民,王旭,张建民,寇素霞,李洪峰. 土木类本科生创新能力与实践能力评价体系的研究 [J]. 教育探索,2009 (11):56-57.

② Rauner F.. KOMET – Measuring Vocational Competence in Electronic Engineering [J]. 2010.

③ Rauner F., Heinemann L., Hauschildt U.. Measuring Occupational Competences: Concept, Method and Findings of the COMET Project [M]. The Architecture of Innovative Apprenticeship. Springer, Dordrecht, 2013: 159-175.

④ 谢勇,张天平,方宇,郭志波. 建立自动化专业学生实践能力评价体系的探索 [J]. 实验技术与管理,2011 (01):12-15.

⑤ 李会鹏,侯立刚,王海彦. 化工专业学生工程实践能力达成评价体系构建初探 [J]. 大学教育,2017 (06):160-162.

创新能力。[①] 曲建光等人在前人的研究基础上，以测绘类工程学科学生作为目标对象，通过设计层次评价模型，利用词频统计方法，设定了参数阈值来作为评价指标的系数，最后计算权重，得出准确数值结果，从而评测该学科毕业生的专业实践能力，其给出了画纸测绘、理论实践、团队合作、问题沟通和处理这五个指标。[②]

1.3.4.2 关于工程实践能力的评价研究

国内外关于工程实践能力的评价研究主要有两类。一是评价体系的开发与应用研究：张代明等人为高校工科专业的教学测评工作，提出了利用绩效考核体系、动用全新的计算方法，来对工科学生的设计能力、实验操作、实践能力进行针对性的测评。[③] Hsuan-Pu Chang 等人开发了一套大学生专业能力评价体系，旨在评估学生在课程学习与考试之后所获得的专业能力，该研究的特色之处在于阐述了如何通过构建课程、评估和能力之间的关系来评价一个学生的专业能力。[④] Misnevs 基于欧洲高等教育框架，开发了软件工程和软件技术项目（Software Engineering and Software Technologies Program），来确定软件工程硕士的主要能力达成度。[⑤] 任宗金等人基于工程教育专业认证标准，以大连理工大学机械工程学院为例，提出建立以"过程"为导向的考核评价方法、建立小组内"互评"的评价制度、面向工程专业认证的学生实践能力考核评

---

① 宋静，张琼，唐晓清. 建筑类专业实践能力评价体系构建研究——以工程造价专业为例 [J]. 赤峰学院学报（自然科学版），2018（11）：163-165.

② 曲建光，张玉娟，梅晓丹，田泽宇，白阳. 新工科测绘类本科生工程实践能力评价体系——以地方高校测绘类本科生为评价对象 [J]. 测绘工程，2019（06）：64-68+74.

③ 张代明，刘荣佩，史庆南，陈冬华. 工科大学生工程能力培养测评体系与测评方法研究 [J]. 昆明理工大学学报（社会科学版），2004（03）：57-61.

④ Hsuan-Pu Chang, Chia-Ling Hsu, Ren-Her Wang, et al.. A Department Professional Competence Evaluation System [C]. 2012 Third International Conference on Innovations in Bio-Inspired Computing and Applications. IEEE，2012.

⑤ Misnevs B.. Software Engineering Competence Evaluation Portal [J]. Procedia Computer Science，2015，43：11-17.

价方法。① Sánchez J. A. 等人提出了一种应用于软件工程领域的能力自动度量的新方法，并给出了开发这类评估的概念模型的描述，借用软件工程能力评估互联网门户（Software Engineering Competence Evaluation Internet Portal）来对学生进行测试。② 苑秀丽结合美国工科技术学院的教学标准，提出了优化测量指标、细化专业课程、建立毕业测评标准，并借助 JAVA 编程技术和 Eclipse 4.4.0 工具，帮助高校研发了专门用于检测学生实践能力的考评系统，以加强对学生学习素养和技术实践能力的测评考核。③ 二是评价方法现状的分析研究。赖英旭等人认为，当前很多学校对学生的专业实践能力测评，主要是由教师直接决定的，无法对学生的问题，进行客观反映。④ 郭涛等人通过对比国外先进的工程教育理念和方法，发现我国的工程实践能力评价与国际社会存在差距，主要表现在目标模糊、评价远离工程实际、教师队伍工程背景不足等。⑤

根据对国内外相关的文献进行梳理，可以看出：一是在工程实践能力指标体系的构建上，国外虽然重视工程实践能力的培养，但是很少关注其评价指标体系的构建，只有少数的研究关注工程师的工程能力或者职业能力。不过国内对工程实践能力的评价指标体系构建研究还较为丰富，为本研究奠定了坚实的基础。二是在工程实践能力评价指标体系的实践研究上，国外学者很少开展对工程实践能力的测评，仅有部分学者对工程实践能力以及专业能力进行评估。而国内学者大多数是对某一学

---

① 任宗金，张军，孙晶，崔岩，马建伟，陈星，温锋. 面向工程专业认证的大学生实践能力评价方法研究［J］. 山东农业工程学院学报，2017，34（12）：11 – 12.

② Sánchez J. A., Fernández – Alemán J. L., Nicolás J., et al.. An Approach for Automated Software Engineering Competence Measurement：Model and Tool ［J］. International Journal on Information Technologies and Security，2017.

③ 苑秀丽. 基于工程教育认证标准计算机类学生能力达成度评价系统研究与实践［D］. 沈阳：沈阳师范大学硕士学位论文，2019.

④ 赖英旭，李健，刘静，杨震. 信息安全专业工程能力评价方法探索［J］. 实验室研究与探索，2013，32（05）：150 – 153 + 193.

⑤ 郭涛，傅丰林，黄大林，张琳. 大学生工程实践能力培养体系的研究与实践［J］. 西安电子科技大学学报（社会科学版），2015，25（06）：74 – 78.

校某一专业展开评价，且大多数评价内容不全面，而且不是针对工程实践的各维度能力，只是对部分容易测评的指标进行评价，大部分还是针对基本知识和技能的考核。

1.3.5 各国关于工程实践能力影响因素的研究

国内外关于工程实践能力影响因素的研究主要分为以下两类。

一是基于工程实践能力的培养现状，采用调研、访谈、问卷等方法对培养过程中的影响因素进行理论分析；Klukken等人采用现象学的研究范式来描述这种复杂、动态的工程实践经验，Klukken等人指出工程创造能力对工程师来说至关重要。通过对美国八位专业工程师访谈，他们发现工程创造能力与动机、环境、工具使用过程有关。[1] 田逸通过问卷调查，发现我国高校大学生工程实践能力的培养存在部分问题，制约着大学生工程实践能力的提高：高等工程教育对大学生工程实践能力缺乏重视、教师缺乏实践训练、教育内容与模式不利于大学生工程实践能力的培养、大学生工程训练不足。[2] Lucena等人的研究发现，在课上更多地关注学生的兴趣爱好、学习动机、自我效能感等有利于其提高工程实践能力。[3] 赵实从现代化职业教育的研究视角出发，认为个体的学习成长，与个体先天的家庭背景、后天教育、个体性格等因素有关，这些因素对其学习能力、社交能力、综合素养、专业实践能力有相互影响的关系。若学生毕业后不具备专业的工程实践资质及技能，这说明学校教学方法、教学体系及人才培养工作等存在一定的不足。[4] 中国石油大学

---

[1] Klukken P. G., Parsons J. R., Columbus P. J.. The Creative Experience in Engineering Practice: Implications for Engineering Education [J]. Journal of Engineering Education, 1997, 86 (02): 133-138.

[2] 田逸. 美国大学生工程实践能力培养及其对我国的启示 [D]. 长沙：湖南师范大学硕士学位论文, 2007.

[3] Lucena J., Downey G., Jesiek B., et al.. Competencies beyond Countries: The Re-Organization of Engineering Education in the United States, Europe and Latin America [J]. Journal of Engineering Education, 2008, 97 (04): 433-447.

[4] 赵实. 大学生工程实践能力及培养探析 [D]. 沈阳：东北大学硕士学位论文, 2011.

胡伟等人根据石油工程实验教学中心的实际情况，提出学生工程训练时间不足、实验室设备利用率低、学生经常处于被动学习的模式等因素不利于学生工程实践能力的提升。[①] 孙万麟等人在研究中指出，影响新疆少数民族高校工科学生成绩的原因，与学生自身不重视工程实践、学习兴趣低下、学校教学资源和师资力量不足等有关。[②] 吕小艳等人对工科专业院校的教学现状进行调查之后认为，工科学生工程实践能力较差的原因，是学校资源不足、教学目标不清晰、学生缺少实践机会、学生自我实践意识不足等。[③] 陈男等人以北京中国地质大学作为目标案例，对该校近年来环境工程毕业生的教学质量进行调研，其认为学校、师生三方都存在问题：课堂教学内容不全面、教学方式滞后、教学目标不清晰，学生参加工程实践的机会较少，学校缺少优质师资团队，大多数教师没有从事该行业工程实践的经验，仅进行理论教学，致使该校学生工程实践意识较低。[④] 张浩等人借鉴了理论扎根实践的观点，对某学校的工程硕士生的科研成果展开调研，从而指出，学校和教师对学生的教学培养、学校教学资源体系的改革、学生自身的学习与实践都呈现正向关系，但学生的学术科研成果与自身工程实践能力，则不具有正向关系。[⑤]

二是利用统计分析的方法构建工程实践能力结构模型，进而探究工程实践能力的影响因素。南京大学黄建通对马来西亚本科生工程实践能力的影响因素进行调查研究，发现本科生的自我效能感以及工程观念对

---

① 冯其红，胡伟，王增宝. 改革实验教学模式　培养大学生的工程实践能力 [J]. 实验室研究与探索，2013，32（02）：130-132.

② 孙万麟，宋莉莉，朱超. 新疆工科少数民族大学生工程实践能力培养的影响因素及策略探析 [J]. 教育教学论坛，2015（32）：271-273.

③ 吕小艳，文衍宣. 地方高校工科学生工程实践能力培养对策研究 [J]. 实验技术与管理，2016，33（01）：13-16.

④ 陈男，胡伟武，冯传平，张宝刚，郝春博. 环境工程专业本科生工程实践能力培养探索 [J]. 中国地质教育，2016（04）：72-75.

⑤ 张浩，胡庆喜，岳华. 全日制工程硕士工程实践能力培养影响因素研究——基于全国工程教指委评奖材料的分析 [J]. 黑龙江教育（高教研究与评估），2020（04）：75-77.

其影响最大，其次是课程教学、评价方式等。① 谭艳等人依据 OBE 理论，以湖南工学院 2016 级学生为样本，对其工程实践能力的影响因素进行分析，通过回归化方法将影响因素代入模型进行检验，发现金工实习、毕业实习、学校的实践资源、学生科研活动的参与、校内外竞赛参与、教师的工程实践经验对学生工程实践能力均有影响。② 韩婷等人对 309 名电气专业的毕业生进行问卷调查，对样本进行了数据分析，最后指出，当学校越发重视毕业生专业测评体系的建设，并注重对学生工程实习、项目合作、设计训练、实践动手能力的培养，则可更好地提升学生工程实践的能力。③

根据对国内外相关文献的梳理，可以看出：关于工程实践能力培养的影响因素的研究较为丰富，可为后续的研究奠定一定的基础，但大多数研究基于高校工程实践能力培养，很少从工程实践能力结构本身出发，利用统计分析的方法进行系统且深入的挖掘。另外，研究对象大多为某高校或某专业，尚无对首都高校的系统研究。

1.3.6 各国对已有成果的评价

通过对相关文献的梳理看出，一方面，国内外学者对工程教育专业的研究正在形成一个学科群落，从内容研究到意义研究，都形成了比较系统的研究，但对认证标准的探讨却有限。另一方面，国内外对工程实践能力评价研究成果也较为丰富，对评价指标的构建研究、评价方法的应用研究均有涉猎。前人的工作为本研究的开展奠定了基础，不过通过对国内外相关的研究分析，笔者认为还可以从以下几个方面有所拓展。

---

① Ooi Kean Thong（黄建通）. 马来西亚本科工程专业学生工程实践能力结构及影响因素研究 [D]. 南京：南京大学博士学位论文，2017.

② 谭艳，曾利军，陈敏. 基于 OBE 理念的本科院校工程实践能力分析 [J]. 江苏科技信息，2018（34）：72-74.

③ 韩婷，郭卉，尹仕，张蓉. 基于项目的学习对大学生工程实践能力发展的影响研究 [J]. 高等工程教育研究，2019（06）：65-72.

1.3.6.1 从研究内容的丰富性方面分析

其一，关于工程实践能力评价指标体系构建的研究，国内外学者大多是细化到各专业的技术能力，这类研究虽在一定程度上拓展了工程实践能力的内涵，但此类指标体系应用范围有限，尤其是基于单个专业的研究。而以全部工科生为研究对象，对其工程实践能力评价指标体系构建却鲜少有人研究，而杨秋波和余晓等学者的研究则是从企业需求出发，培养面向岗位需求的工程师所应具备的工程实践能力，而工程师与工科生的工程实践能力存在一定差距。其二，国内外对工程教育专业认证标准的研究大部分还较粗略，很少对其认证标准进行具体的归类与详细的解读，很少见到有针对《华盛顿协议》背景下工程实践能力评价指标体系的研究。这与国际工程教育专业认证背景下，对于工科生工程实践能力评价的迫切需求是不相符的。其三，关于工程实践能力影响因素的研究，国内外大多数学者是从工程院校的实际培养现状出发，总结高校培养模式中影响学生工程实践能力发展的因素。或与业界联系，分析工程实践能力培养的优势与不足，很少从国际视角出发探析其影响因素。

1.3.6.2 从研究方法的适切性方面分析

其一，以往的研究评价方式单一、方法简单，缺乏相应的监控机制和评价体系。其二，国内外测评工科生工程实践能力的工具不统一，不同量表、不同维度测量的结果不一致，对学生的评定标准也不统一。其三，评价标准不规范，大多数高校对于工程教育实践教学评价体系缺乏完整性和规范性，且大多数评价体系重理论、轻实践应用。其四，国内工程实践能力量表缺乏国际性，指标要素很少参考国际标准，这便导致工程实践能力评价体系很难与国际对接。

可见，《华盛顿协议》背景下，国内外对本科生工程实践能力评价指标体系的确立以及评价研究还未见有系统的报道。本研究与已有的研究相比，既存在差异性，也存在相似之处。在前人的工作基础上开展首都高校本科生工程实践能力评价研究，可以在一定程度上弥补现有研究的不足。

1.4 研究目的、思路与方法

1.4.1 研究目的

本研究将探索有效评价首都高校本科生工程实践能力的方法与标准，在《华盛顿协议》的背景下通过对部分成员认证标准以及现有文献的分析归纳、结合专家评议等方法构建首都高校本科生工程实践能力评价初始指标。然后，基于实证最终确立首都高校本科生工程实践能力三级评价指标体系。建立相关模型对首都高校本科生工程实践能力进行评价，就影响因素进行分析，旨在引导首都高校及相关决策机构科学评价本科生工程实践能力，为改进首都高校的工程实践教育工作提供依据。

1.4.2 研究思路

本研究主要包括以下几个步骤。

一是通过整合现有文献，明确工程实践的内涵，对国内外本科生工程实践能力评价的研究流程和内容进行分析，为本研究提供合理的理论依据。

二是借鉴国内外相关研究的方法，基于首都高校本科生工程实践能力评价指标体系的构建原则进行分析。通过对工程教育专业认证背景下部分国家关于工程实践的认证标准、国内外工程实践能力的相关文献梳理分析，以及对部分工科生的访谈，构建评价指标要素池，然后通过专家评定法初步拟定首都高校本科生工程实践能力评价指标体系，通过德尔菲法邀请工科工程教师对指标体系进行修改。

三是根据构建的评价指标体系设计调查问卷，对业界工程师群体开展问卷调查。根据调查问卷的数据结果进行实证分析，采用探索性因子分析等方法得出基于实证的指标体系和评估量表，并用 AHP 层次分析法赋予权重。

四是基于构建的指标体系，选取地处北京的企业，同时从事与工程行业相关工作的人员进行问卷调查，展开对首都高校本科生工程实践能力的评价研究，开展实地的工程实践能力的评价，厘清首都高校本科生工程实践能力水平。

五是结合文献以及对学生、工科教师和业界的访谈，分析首都高校本科生工程实践能力培养存在的问题，并进行归因分析，最后结合调研结果提出相应改进策略。

1.4.3 研究方法

根据本研究的研究思路与研究内容，本文拟采用定性与定量相结合的研究方法，主要采用比较研究法、问卷和访谈法以及统计分析法来对首都高校本科生工程实践能力评价体系展开研究。

1.4.3.1 比较研究法

通过对国际工程教育专业认证背景下，部分国家工程实践能力的内涵、结构、认证标准的比较，[①] 为收集工程实践能力评价指标要素池提供来源，为构建首都高校本科生工程实践能力评价指标体系提供思路与方法。

1.4.3.2 问卷法

在文献分析的基础上，要结合问卷调查法收集初始评价体系的建议，对初选指标进行筛选，进一步细化一级和二级指标。第二轮问卷调查的对象是企业管理专家、工程师，检验并改进评价指标体系，对评价指标体系再次修改。第三轮问卷的调查对象是地处北京的企业从事与工程行业工作相关的人员，采用他评的方法，对首都高校本科生工程实践能力进行评价。

1.4.3.3 统计分析法

运用SPSS等现代统计分析软件分析整理所收集的数据，一方面，根据第二轮问卷调查的结果，开展数据模型的统计检测，采用探索性因子分析等方法分析其信效度，采用AHP层次分析法确定指标权重。得

---

① 刘献君. 教育研究方法高级讲座 [M]. 武汉：华中科技大学出版社，2010.

出最终的首都高校本科生工程实践能力评价指标体系。另一方面，基于第三轮的问卷调查结果，基于模糊综合评价法对首都高校本科生工程实践能力结构开展量化模型评价。

1.4.3.4 访谈法

对首都高校本科生、工科教师、工程师、工程教育专家、企业管理人员进行访谈，一方面为收集首都高校本科生工程实践能力评价指标要素池提供来源，另一方面可以深入了解首都高校工程实践教学的实际情况与不足，获取学生、业界、教师、专家对首都高校本科生工程实践能力的看法以及提升建议。

1.5 本章小结

本章主要介绍了本论文的研究背景、研究意义、相关文献综述以及研究的目的、思路与方法。其中，研究背景，包括在新的时代背景下，具有高水平工程实践能力的工程师是实施大国工程的人才支撑，而工程教育专业认证背景下工程人员的能力标准和评价体系成为国际上的热议话题，我国高校实践教育不足又是亟待解决的现实问题这三部分内容；在此基础上从理论意义、实践意义两个方面提出本论文的研究意义；相关文献综述包括各国关于工程教育专业认证标准的研究、工程实践能力的内涵研究、工程实践能力的结构研究、工程实践能力的评价研究、工程实践能力的影响因素研究五部分。

第 2 章　核心概念界定及理论基础

2.1　核心概念界定

本研究的核心概念主要涉及三个，即首都高校、实践能力、工程实践能力。

2.1.1　首都高校

高等学校泛指对公民进行高等教育的学校，是大学、学院、独立学院、高等职业技术大学、高等职业技术学院、高等专科学校的统称，与大学词义相近。

首都高校是指北京地区的所有高等院校。鉴于本研究的研究对象是本科生，因此，对首都高校的范围进行界定时不包括专科院校，仅研究普通高等学校。目前北京共有普通高等学校92所，[①] 包括部委所属院校37所，市属普通高校55所。其中，"985"高校8所（北京占全国的21%），"211"高校26所（北京占全国的23%）。《2019年北京地区高校毕业生就业质量年度报告》显示，2019年北京高校本科毕业生119801人，其中理工类49252人，占比41.11%，在京就业率60.32%，

---

① 北京市统计局．北京统计年鉴［M］．北京：中国统计出版社，2018．

为首都输送了大量高质量的工程技术人才。可见，首都高校聚集了优质的教育资源，是我国高等教育的缩影和发展水平的代表，因此以首都高校本科生为研究对象具有一定的代表性。

2.1.2 实践能力

实践一词源于希腊语：Praxis，在英语中为"practice"，"put into practice"或"carry out"，有练习、付诸、实施的意思。能力在英语中对应"ability""competence"。[①] 至今，学术界对实践能力没有一个明确的概念界定，综观国内外学者的研究，主要从两个角度对其进行界定。

教育学角度：学者们从教育学角度出发，将实践能力概括起来细分为以下三种定义。第一种是一般实践能力，也就是各专业学生的通用能力。第二种是专业实践能力，是指某专业、某学科或者职业独具的实践能力。第三种是综合实践能力，是指解决某项问题或者任务所具备的整体能力，[②] 即初步胜任某一领域工程师职位的综合性能力。[③]

心理学角度：Neisser是首个从心理学研究角度，将实践能力引入课堂教学当中，以此提高学习者的学习反应、知识认知的提出和教学实践者。[④] 斯滕伯格则将理论与经验实践结合，对实践能力做出解释：一种先进行知识激发、再转变成能力和行动力的策略方式。[⑤] 这些学者主要是从心理研究角度出发，探讨并解释了实践能力对于个人学习成长和

---

① 张建峰. 大学生实践能力培养模式探索与实践[M]. 成都：电子科技大学出版社，2016.
② 何万国，漆新贵. 大学生实践能力的形成及其培养机制[J]. 高等教育研究，2010，30(10)：62-66.
③ 杨秋波，王世斌，郏海霞. 工科专业本科生实践能力：内涵、结构及实证分析[J]. 高等工程教育研究，2017(03)：81-85.
④ 张梦晓. 文科类学术型硕士研究生实践能力培养的调查研究[D]. 武汉：湖北大学硕士学位论文，2018.
⑤ 赵建华. 大学生实践能力的概念、结构与影响因素分析[J]. 中国大学教学，2009(07)：67-69.

能力发展的重要性。①

本文将从现代化教育、心理研究视角出发，将着眼点放在教育学上对"实践能力"给予定义：实践能力是个体运用已有知识、技能去解决实践过程中所遇到的问题的能力。②③

2.1.3 工程实践能力

"工程实践能力"这一概念，从提出至今，它与时代的进步以及科学、技术、经济发展都有密切的关系。因而，这使得它在不同阶段的内涵与价值，都随着人们的需求而不断发生转变。④ 如今，全球现代化经济的建设伴随着科学技术的不断发展，现代工程更具系统化、智能化和人性化，现代工程不仅需要工程师深厚的理论基础，更需要学科交叉和集成。⑤ 工程实践包含社会关系、技术要求、限制、物质资源等复杂的网络关系。⑥ 基于上述原因，学者很难对此概念给出确切的定义，国际上对此概念的界定也尚未形成共识。综观国内外学者的研究，关于"工程实践能力"主要包括两种解释：一是工程技术人员或是工程管理等人员，在从事专业工作过程中所需要学习、掌握且能够发挥的知识和技能；二是在特定的环境与作业空间的条件下，所需要的情境反应和工作能力。

---

① 何万国，漆新贵. 大学生实践能力的形成及其培养机制［J］. 高等教育研究，2010（10）：62 - 66.

② Schlingensiepen J.. Competence Driven Methodology for Curriculum Development based on Requirement Engineering［J］. Procedia – Social and Behavioral Sciences，2014，141：1203 – 1207.

③ 吴志华，傅维利. 实践能力含义及辨析［J］. 上海教育科研，2006（09）：23 - 25.

④ The University of Michigan. Engineering for a Changing World，A Roadmap to the Future of Engineering Practice，Research，and Education The Millennium Project［R］. 2007.

⑤ 许晓东，李培根，陈国松. 我国重点大学本科工程教育实践教学研究［M］. 武汉：华中科技大学出版社，2015.

⑥ Anderson K.，Courter S. S.，Mcglamery T.，et al.. Understanding Engineering Work and Identity：a Cross – case Analysis of Engineers Within Six Firms［J］. Engineering Studies，2010，2（03）：153 – 174.

本文以本科生为研究对象，结合国际工程教育专业认证背景，基于工程实践的专业性，再结合林健[①]、朱正伟[②]、徐冉冉[③]等多位学者的观点，将"工程实践能力"定义为：以科学知识为原理、以科学技术为手段、以工程伦理为指导、以沟通协作为支撑，发现、分析和解决工程实践环节（如设计、制造、管理、营销等）所遇到的复杂问题的能力。不仅是狭义的动手能力和操作能力，而且兼具"时代性""全球性"与"复杂性"的复合型能力。

2.1.4 能力、实践能力与工程实践能力的概念关系

国际工程教育专业认证背景下，《华盛顿协议》中毕业生素质（Graduate Attributes）规定是检验人才培养质量的合格标准，是毕业时学生应达到的满足未来社会需求的知识、能力和人格等方面的综合素质要求。根据国内学者郑琼鸽的研究，"知识""能力"相互促进、相互依托，"素质"与"知识""能力"不是并列关系，素质是包含工程领域中的知识、能力和道德等多方面的综合素质。[④] 可见素质包含能力，而实践能力又是能力的下位概念，工程实践能力又是实践能力的下位概念，因此在本研究中素质包含着能力、能力包含实践能力、实践能力包含着工程实践能力。《华盛顿协议》中各会员所采用的"毕业生素质"标准具有一般性，普遍适用于所有工程学科的教育，[⑤] 在此基础上开展工程实践能力的普适评价具有一定的可行性。

[①] 林健. 构建工程实践教育体系 培养造就卓越工程师 [J]. 中国高等教育，2012（2）：15－17＋30.

[②] 朱正伟，马一丹，周红坊，李茂国. 高校工科教师工程实践能力现状与提升建议 [J]. 高等工程教育研究，2020（04）：88－93＋148.

[③] 徐冉冉. 科学整合工程视角下发展初中生工程实践能力的理论设计和实证研究 [D]. 上海：华东师范大学硕士学位论文，2018.

[④] 郑琼鸽，吕慈仙，唐正玲.《悉尼协议》毕业生素质及其对我国高职工程人才培养规格的启示 [J]. 高等工程教育研究，2016（04）：136－140＋145.

[⑤] 齐书宇，李国香.《华盛顿协议》毕业生素质规定及其对地方高校工程人才培养的启示 [J]. 高校教育管理，2018（01）：48－53.

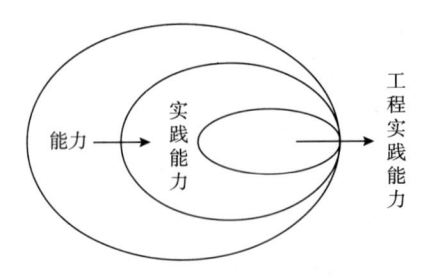

图 2-1 能力、实践能力、工程实践能力概念关系

2.2 理论基础

基于上文检索及综述的研究理论，笔者认为开展首都高校本科生工程实践能力评价指标体系的构建研究，需要采用以下三个理论作为整个研究的理论支点。

2.2.1 成果导向理论

1981 年美国学者 Ron Brandt[①] 在其著作《基于产出的教育模式：争议与答案》中，首次提出了成果导向理论（Outcome Based Ecaluation, OBE）这一概念，OBE 是一种通过系统化、组织化和规律化的使用引导策略，使学习者获得相应的知识和经验来发挥成效的方法。[②] 如今该理论也被应用在教育领域当中，并且经过后人的梳理、翻译、创新和持续深化研究，已形成了完善的结构模式。[③] 它对于促进教学者和学习者的双向沟通、提高组织的教学能力和学生的学习效率，或是在加强教学评

---

① Ron Brandt. . On Outcome Based Education：A Conversation with Bill Spady [J]. Educational Leadership, 1993, 50 (04)：66 - 70.

② 胡剑锋，程样国. 基于 OBE 的民办本科高校大学生创新创业能力评价 [J]. 社会科学家，2016 (12)：123 - 127.

③ 毅刚，孟斌，王伟楠. 基于 OBE 模式的技术创新能力培养 [J]. 高等工程教育研究，2015 (06)：24 - 30.

价等方面，都提供了相应的解决策略，① 因而，在成果导向理论的引导下，可建立面向产出即学生学习效果的评价。

OBE成果导向理论在本研究中的应用：第一，在收集工科生工程实践能力的指标要素池时，基于《华盛顿协议》框架，从认证标准出发，对各国制定的认证标准中所涉及的工程实践能力进行筛选，这些指标要素符合成果导向理论。第二，在工程实践能力指标体系的初建过程中，要依托OBE成果导向理论提炼指标内容，使评价指标体系满足学生工程实践能力学习效果的评价。第三，在工程实践能力评价工具的制定上，可以根据学生的产出结果进行评价，比如依据学生的实物作品、实验成果来进行评价。② 在方法的选择上既可以考虑他评也可以考虑学生的自身学习体验与自我成效认定。正是因为OBE明确了产出标准，使得不同学校的学生之间有了可比性，因此可以将OBE成果导向理论作为本论文的重要依据理论。

2.2.2 能力本位教育理论

强调岗位核心能力的能力本位教育（Competency Based Education，CBE）思想形成于20世纪六七十年代的美国。当时高等教育的研究趋势开始由知识导向（Knowledge-oriented）向能力本位教育转变。知识导向的教育中，关注的焦点是教给学生什么知识，而能力本位的教育理论更关注如何用知识去解决复杂问题。能力本位教育通过提供产业界和社会对教育对象所需要的能力的教育，强调学员从事某一职业所必备的实际能力。③ 能力本位教育模式强调的是职业岗位所需能力的确定、学习和运用。它以岗位技能和能力的培养作为一切教育活动的出发点和核

---

① 王永泉，胡改玲，段玉岗，陈雪峰. 产出导向的课程教学：设计、实施与评价[J]. 高等工程教育研究，2019（03）：62-68+75.

② William G.. Spady, Kit J. Marshall. Beyond Traditional Outcome Based Education [J]. Educational Leadership Journal of the Department of Supervision and Curriculum Development N. e. a, 1991, 49 (02): 67-72.

③ Kerka S.. Competency Based Education and Training. Myths and Realities [J]. Behaviorism, 1998, 45 (02): 4.

心，并围绕这种能力培养制定教学计划，开发课程体系，实施有效管理，最后考核这些能力是否达到要求。[①] 能力本位教育特点在于：教学目的着眼于学生能力的培养、教学内容注重理论联系实际、教学方式注重启发式、教学评价注重学生的实际操作能力和理论水平。而能力本位教育理论中能力本位评价是对所期望的学习结果加以明确界定而发展起来的一种评价形式。在这种评价形式中，评价标准是根据职业角色的能力要求而非课程标准制定的，且评价标准强调实际操作能力，标准参照评价而非常模参照评价。[②]

能力本位教育理论在本研究中的应用：首先，能力本位的关注点在于教育是否能够给学生在未来工作中认识并解决复杂问题的知识、技能和态度，[③] 这与工科生的工程实践能力的关注点是一致的。其次，它关注学生的理论知识和技术实践的匹配结合，为如何进行知识理解、运用、实践并解释问题等提供指导。最后，在教学评价上，更关注学生的综合表现和全方位发展。这与工程实践能力评价的侧重点是一致的。传统的教育模式对学生的评价往往以已知的知识为准，而CBE更注重学生的实际表现与水平，并以此作为学生成绩的鉴定标准，以提高学生的实际能力。因此本研究在界定工程实践能力的结构时，充分借鉴该理论。另外，在进行指标体系构建时，充分考察工科生和工程师的通性，指标体系的确立可以紧紧围绕工程师的职业能力。

2.2.3 人力资本理论

人力资本理论（Human capital theory）的最早提出者，为英国的政

---

① 刘承伟. 构建现代职业教育的新形式——介绍 CBE 模式 [J]. 北京成人教育，2001 (08)：25 – 26.

② Smith S. R.. AMEE Guide No. 14：Outcome Based Education：Part 2 – Planning, Implementing and Evaluating a Competency – based Curriculum [J]. Medical Teacher, 1999, 21 (01)：15 – 22.

③ Tyo J.. Radford University, Competency Based Education [EB/OL]. https：//www. radford. edu/content/dam/departments/administrative/bov/content – files/meeting – minutes/MiniRetreat_ May_2017_ Draft_ minutes_ Attachments_ website. pdf. 2017 – 05 – 04.

第 2 章 核心概念界定及理论基础

治学者斯密（Adam Smith），该理论主要强调投入与产出的平衡，付出与收获的平等关系。[①] 1960 年美国经济学者舒尔茨（Theodore W. Schultz）对该理论进行了补充与明确。他认为，人身上所蕴含的知识和技能是由其通过对自身的投资所获得的。[②] 我国学者李建民（1998），从微观角度出发，提出人力资本是指存在于人体之中，后天获得的具有经济价值的知识、技术、能力和健康等质量因素之和。

而作为人力资本类型之一的教育人力资本，是指通过正规教育即学校教育而获得的人力资本。教育人力资本不仅能够作为生产要素直接投入教育生产中，还是其他人力资本生产的基础。[③] 教育可以通过教师向学生传播知识，开发学生的能力，塑造学生的品质。[④] 而在高等学府当中，人力资本也更强调学生的知识技能，在日后为社会的经济建设发展创造更多实际的价值。整体而言，人力资本强调的是意志与能力的塑造，并具有无形性、有偿性、周期性、实用性、科学性等特殊性。[⑤]

人力资本理论在本研究中的应用：首先，"能力"是人力资本的核心概念，[⑥] 工程实践能力作为能力的下位概念，在内涵与结构的确定上有一定的参考价值。其次，本科生的工程实践能力也具有主体性、无形性、社会性等特点，这为工程实践能力的评价模型构建提供了一定的理论支撑。最后，教育人力资本理论体现了教育投入可以开发学生的能力，而本科生工程实践能力的培养在一定程度上受到学校教育下的实习、实验、作业、课程设计和毕业设计等因素的影响，这为首都高校本

[①] 闵维方. 人力资本理论的形成、发展及其现实意义 [J]. 北京大学教育评论, 2020 (01)：9 - 26 + 188.

[②] 杜育红. 人力资本理论：演变过程与未来发展 [J]. 北京大学教育评论, 2020 (01)：90 - 100 + 191.

[③] 荣婷婷. 企业人力资本投资评估指标体系的构建及评估方法研究 [D]. 北京：中国石油大学硕士学位论文, 2007.

[④] 焦婷婷. 我国西部地区普通高等教育投资效率研究 [D]. 重庆：西南大学硕士学位论文, 2015.

[⑤] 朱必祥. 人力资本理论与方法 [M]. 北京：中国经济出版社, 2005.

[⑥] 刘冠军, 尹振宇. 能力和教育：人力资本理论发展中两个核心概念转换研究 [J]. 国外理论动态, 2020 (02)：91 - 98.

科生工程实践能力的提升提供了方向性参照。

2.3 本章小结

本章主要对"首都高校""实践能力""工程实践能力"的概念进行界定，并对本论文的三个理论基础——成果导向理论、能力本位教育理论、人力资本理论，分别从理论介绍、理论的相关研究、理论在本文中的应用三个方面进行了详细的说明。

第 3 章　国际工程认证协议及其经验与启示

《华盛顿协议》（The Washington Accord，WA）是目前全球工程教育认证领域最具权威性的国际工程师互认协议，中国顺利加入《华盛顿协议》，说明我国的高等工程教育认证工作得到了国际同行的认可，同时也为未来工程教育认证工作的开展提供了基于《华盛顿协议》毕业生素质框架（Graduate Attributes）、以成果为导向（Outcome Based）展开具有实质等效性（Substantial Equivalence）认证的基本范式，[①] 有利于我国工程教育质量的提升和工程人才的跨国流动。在 2016 年正式成为《华盛顿协议》成员之前，我国于 2010 年也相继出台了《国家中长期教育改革和发展规划纲要（2010—2020 年）》和《国家中长期人才发展规划纲要（2010—2020 年）》，都对工程人才培养提出了新的要求与挑战。如何建立与国际工程教育专业认证体系相符的人才培养体系，培养一批创新能力强、适应地方经济及社会国际化发展、具有国际竞争力的各类型工程技术与管理人才成为重要的研究课题。本章基于成果导向理论和实质等效性原则的《华盛顿协议》及其毕业生素养要求，剖析我国地方工程人才培养的现状与问题，进而提出对我国地方高校工程人才培养的几项建议。

---

① Hanrahan H.. The Washington Accord：History, Development, Status and Trajectory [J]. A See Global Colloquium on Engineering Education, 2008（10）：1-17.

3.1 《华盛顿协议》的毕业生素质规定

《华盛顿协议》主要针对四年制本科高等工程教育，承认签约成员所认证的工程专业培养方案具有实质等效性，认可经任何缔约方认证的专业的毕业生达到从事工程师执业的学术要求和基本质量标准，其核心是进行国际工程师互认，这也是《华盛顿协议》在全球范围内推广践行的基础范式。《华盛顿协议》突出用户参与认证评估，强调工业界与教育界的有效对接，建立校企合作有效的协调机制，主张成员以行业需求为导向并将行业企业代表纳入学校培养目标的修订过程，鼓励建立包括产业行业、用人单位等社会各界人士在内的人才培养委员会。21世纪以来《华盛顿协议》的成员不断增加，其国际影响力与日俱增，逐渐成为国际工程师互认的标准化规则。建立具有国际实质等效性的中国工程教育专业认证制度也已成为重要趋势。

20世纪90年代，《华盛顿协议》的一些签约成员决定在各自的认证体系中采用基于结果的统一标准，[①] 他们着手研究有关专业工程师教育的基础性问题。比如毕业生能够做什么？具体内容可以被指定吗？现有的评价体系如何应对新的培养标准？签约成员致力于明确《华盛顿协议》毕业生素质的一致性属性，在近十年里不断重新定义毕业生素质的内涵与标准。《华盛顿协议》各签约成员所采用的"毕业生素质"标准具有一般性，普遍适用于所有工程学科的专业工程师教育，它规范了毕业生应掌握的专业知识，应表现出的专业技能，以及应具备的专业态度。[②]《华盛顿协议》没有将毕业生素质作为强制性标准，相反，它为签约成员开发适用于本国国情的基于成果导向的认证标准，并在其司法

[①] International Engineering Alliance. Educational Accords [EB/OL]. http://www.ieagreements.org, 2012-06-06/2017-11-05.

[②] Washington Accord Signatories [EB/OL]. http://www.leagreements.org, 2017-11-05.

管辖区提供服务,以及为立志成为签约成员的认证机构及协会提供指导。

《华盛顿协议》指出,毕业生素质应由"必须掌握的知识"和"问题解决水平"构成,[①] 其核心特色是强调专业工程师解决复杂问题和处理不确定性问题的能力,要求毕业生必须通过抽象思维、创意分析与科学判断为复杂的工程问题提供综合解决方案。在此素质框架下,《华盛顿协议》各成员针对毕业生素质,基于实质等效性原则,灵活地制定适用于本国的认证标准与程序。各成员对各自工程教育专业的毕业生都有了自己的要求,并对工程教育专业学生的培养灵活设置了较为合理的标准体系。[②] 这是《华盛顿协议》与各成员在实质等效性原则下对高等工程毕业生素质共性与个性要求的体现。

3.2 我国地方高校工程教育人才培养的现状分析

自我国申请加入《华盛顿协议》开始,从首批 61 所试点、第二批 133 所、第三批 14 所,到现在已覆盖 30 个省份 208 所高校,其中地方高校占比超过七成,地方高校已成为工程教育认证国际化的主力军。但是地方高校在全国工程教育认证与建设中还处于弱势地位,目前工程人才培养质量还无法满足地区经济社会发展的需求,系统化的工程教育改革亟待进行。以北京为例,2006~2014 年,通过工程教育专业认证的高校有 15 所、专业有 22 个,地方高校仅有 4 所,占比不到 30%;从通过认证的频率来看,地方高校仅为 8 次,占 12%。[③]

[①] Nethercot D. A.. Professional Accreditation in the Construction Sector: the Role of the UK's JBM [J]. European Journal of Engineering Education,1999,24(02):133-137.

[②] Brusselmans G.. "Accreditation" of Engineering Studies: Formal Systems Versus Individual Responsibility [J]. European Journal of Engineering Education,2000,25(01):3-8.

[③] 安哲锋,祖丹丹,兰玉. 工程教育专业认证与经济发展适应性研究 [J]. 中国高校科技,2016(03):73-75.

3.2.1 人才培养理念落后，仍以教师为中心、以投入为导向

地方高校主要沿袭理科教学理念，忽视了工程科学的特点，无法明确究竟是推行科学教育、技术教育，还是工程教育，往往追随一流研究型大学培养学术型人才，忽视自身特色与定位。2017年2月，"新工科建设复旦共识"明确提出了地方高校要对区域经济发展和产业转型升级发挥支撑作用，培养胜任行业发展需求的应用型和技术技能型人才。[1] 随着我国地方产业结构与技术结构的升级变革，企业尤其需要在生产活动现场从事直接生产工作，并主要依赖智能的技术技能型人才。地方高校应转变培养理念，以培养高层次工程技术应用型人才为目标，摒弃"重科学分析、轻综合创新，重个人钻研、轻团队协作"的传统弊端。[2] 工程教育理念须结合地方高校自身的特质和工程科学发展规律进行改革，建立适应地方社会需求、符合知识经济时代的培养理念。

我国工程教育认证已开始借鉴 OBE[3] 框架，[4] 但地方高校长期以来以投入为导向、以学科为基础，对工程人才培养的改革与评价多集中在课程体系、师资人力、学时等投入方面。虽然课程是大学最基本的单元和最重要的"产品"，但《华盛顿协议》强调的成果导向并不等于课程导向。[5] 地方高校过度追求科研成果的现象，导致教师把过多的时间、精力投入课程教学的知识点、课件等细节上，无法重点关注学生"学"

---

[1] 新工科建设复旦共识 [EB/OL]. [2017-11-05]. http://www.jwc.fudan.edu.cn/b8/66/c9395a112742/page.htm.

[2] 张彦通，李茂国，张志英. 工程教育专业认证机构：撬动中国高等工程教育的支点 [J]. 高等工程教育研究，2006（01）：7-11.

[3] OBE 是成果导向教育，于1981年由斯派蒂（William W. Spandy）等人提出，是一种"以学生为本"的教育哲学，在实践上一切教育活动、教育过程和课程设计都围绕实现预期的学习结果（Intended Learning Outcomes），并聚焦于学生受教育后获得什么能力、能够做什么的培养模式。

[4] 方峥.《华盛顿协议》签约成员工程教育认证制度之比较 [J]. 高教发展与评估，2014，30（04）：66-76+119.

[5] 佚名. 加入《华盛顿协议》有利工程教育国际化 [J]. 中国高等教育，2007（17）：64.

的效果。同时，教师缺乏专业性培训，还存在"唯课程""唯大纲"的传统观念，无法做到将毕业生素质要求分解对应到课程上，并在课程教学中有效实施。因此，我们应鼓励教师去与地方经济发展紧密相关的高新技术企业、行业挂职锻炼，提升教师的工程实践能力与综合素质，并引导全体教师真正理解与实施 OBE，把 OBE 的做法落实到每堂课的教学当中，逐渐将教学与认证的重心转移到培养结果上。[①]

3.2.2 工程人才培养模式同质化严重，教育技术落后于工程教学需求

为了满足教育大众化发展的需要，许多地方院校通过整合、升格等方式发展为"本科院校"。截至 2017 年 11 月，我国本科院校扩展到 678 所，占普通院校的 55.6%，每年为社会输送近百万人才。这些院校的发展在满足教育大众化需求的同时，逐渐出现了教育同质化问题。在这种雷同模式下培养出来的毕业生具有类似的思维模式与知识结构，在学习与工作中丧失了创造的激情与创新的能力，也造成学校教育资源的浪费，压抑学校特色发展。而且，我国地方高校人才培养模式趋同于培养学术研究型人才，造成了地方高校培养的人才与社会的实际需求出现结构性脱节的问题。工程教育是以解决复杂工程问题为目标的专业教育，不同类型、不同层次的高校应有符合社会需求、凸显自身特色的工程教育模式。地方高校应将科学模式与工程模式进行融合，解决人才培养中技术知识缺、工程实践弱的问题，为服务地方社会经济发展培养应用操作型人才。

在"互联网+"时代，大学生习惯沉浸于信息资源与数字化网络进行学习体验和反馈，高校也在不断探索新的教学策略以适应当代大学生的学习特点，然而在教学过程中不难发现，地方高校的工科专业在应用现代教育技术方面并不占优势。各高校在现代教育技术的引入能力方面存在较大差异，基本表现为地方经济发展水平较高，则高校对现代教

[①] 李茂国. 中国工程教育全球战略研究 [J]. 高等工程教育研究，2008 (06): 1-12.

育技术的引入能力强、引入质量高；地方经济发展水平较低，则高校在教学过程中对现代教育技术的应用较少。可见高校受所属地方经济发展水平的影响较大，发展参差不齐，缺乏可持续性。薄弱的现代教育技术基础不利于虚拟学习环境的构建以及跨学科协同合作等新型工程教学策略的实施，师生之间的互动以及学生实践能力的培养是新时代地方高校教学策略变革的趋势。

3.2.3 实践教育体系不完善，校企协同创新机制不健全

目前，地方高校尚未形成完善的实践教育体系。首先在理念方面，地方高校普遍认为实践教学只是工程教育的辅助环节，工程实践环节在地方高校的人才培养中不受重视，缺乏为地方经济发展服务的工程教育特色。[1] 综合性训练以及实验、实习等多被专业教育替代，无法形成融入不同教学计划并与各院系培养目标相对接的工程实践教育，导致毕业生缺乏工程设计与分析能力。

其次在方法方面，教学实践主体错位，学生进入实验室，以按照教师要求做实验的被动实践为主，缺乏由学生设计实验对象、方法以及程序的主动实践教学，对实践创新能力的培养不足。而指导教师自身也多缺乏工程经验与企业经历，无法及时掌握技术前沿。

最后在资源方面，地方高校软硬件跟不上，与企业联系不紧密，缺乏先进高效的实训平台。由于受地方政府政策和经费的影响，地方高校工程实训平台的规模与水平一流的大学仍有差距。地方高校毕业生动手能力较差又缺乏相应的经验，自身能力难以适应企业在工程实践和经营管理等方面的能力要求，而企业还需要额外对毕业生进行培训，导致企业不愿意参与高校的工程人才培养。国家为解决这一难题推行"政产学研用"的协同创新战略，但在实施过程中面临诸多障碍。

---

[1] 方峥. 中国工程教育认证国际化之路——成为《华盛顿协议》预备成员之后 [J]. 高等工程教育研究, 2013 (06): 72 - 76 + 175.

3.2.4 人才培养以结果评价为主，输入输出动态评价系统不对接

人才培养评价是检验地方高校人才培养质量的一个重要体系，该体系贯穿教育过程的始终并对优化教学改革具有举足轻重的作用。近年来我国虽然在评价方法、方式等方面都进行了改革，现如今的认证标准也由评价"输入"转向评价"输出"，[①] 但是地方高校仍以传统的结果评价为主，缺少过程评价以及从输出结果到输入过程的反馈环节，不利于及时发现和解决人才培养的质量问题。

首先，很多地方高校的人才培养评价体系与应用型本科人才培养目标并不相适应，评价方式单一化、片面化。以科研成果为导向的评价制度不利于地方高校开展技术创新，无法体现学生的学习结果、学生的社会评价与反馈，以及对国家和社会的贡献等，严重阻碍了应用型工程人才的培养。其次，评估体系缺失了高校培养结果与社会对接环节交流、沟通的反馈信息，无法获悉社会和雇主对学校及学生的客观评价，以及学校培养结果对社会经济服务贡献的程度，使得评价结果不能应用到培养质量的持续改进中。再次，地方高校的评价主体多以校内专家与领导为主，未邀请校外主体特别是高新技术行业企业代表、行业相关企业家、一线工作的高级工程师等参与到人才培养评价当中，将他们的需求纳入人才培养的各个环节。最后，地方高校在评价方法方面仍以简单或单一的评价方式为主，没有根据不同教学内容与教学环节设定不同的评价目标。同时，传统地方高校"大学—学院—系部"的组织结构与管理体制也导致评价体系多囿于本学科本专业的人才培养与学科建设，很大程度上限制了跨学科交流与知识生产。

---

① 周凌波，王芮. 从《华盛顿协议》谈工程教育专业建设 [J]. 高等工程教育研究，2014（04）：6-14.

3.3 基于比较教育视角对我国地方高校工程教育人才培养的建议

加入《华盛顿协议》对我国高等工程教育的发展而言具有里程碑式的意义。① 地方高校应立足现代工程教育时代要求和社会经济发展需求，抓住机遇完善人才培养计划。地方高校工程教育改革是一项系统工程，基于我国地方高校工程教育现状、《华盛顿协议》及毕业生素质要求，本章提出以下建议。

3.3.1 践行面向未来的 OBE 培养模式，重点培养应用型工程技术人才

OBE 现已成为美国、英国、加拿大等国教育改革的主流理念，《华盛顿协议》全面接受了 OBE 理念并将其贯穿于工程教育认证标准的始终。② 地方高校应根据《华盛顿协议》框架，在课程设计、教学过程、实践实习、学生管理等环节坚持以满足学生需求为重点，以未来工程人才所具备的素质为指引，输出满足地方社会经济需求、能够灵活运用理论知识解决实际问题的应用型工程人才。③

在培养理念方面，地方高校应由原先培养学生扎实的理论基础与专业能力逐渐转向培养学生敏锐的社会洞察力、自发的创新思维以及全球化的视野，教学设计应围绕学生知识、能力、素质达到既定目标而设计，师资课程等教学资源配置应以保证学生学习目标达成为导向，质量保障与评价以学生学习结果为唯一标准。

---

① 王孙禺，赵自强，雷环. 国家创新之路与高等工程教育改革新进程［J］. 高等工程教育研究，2013（01）：14–22.

② 袁健，吴卫东，黄晓峰. 以专业论证为契机 进一步深化高等工程教育改革［J］. 中国地质教育，2015，24（03）：6–9.

③ 樊一阳，易静怡.《华盛顿协议》对我国高等工程教育的启示［J］. 中国高教研究，2014（08）：45–49.

在培养模式与策略方面，地方高校应进一步聚焦学生毕业后所获得的知识、技能和行为，激励教师认可 OBE 理念以及基于项目的学习（PBL）、合作学习、跨学科合作等相关培养策略，在教学过程中积极成为学生团体学习的合作者、鼓励者，并对学生进行有效的引导与协调。① 这一方面要求教师进行持续性学习，不断提高自身专业水平与综合能力，多与企业进行联系，为教学引进相关案例；另一方面要求学生积极参与教师的引导，在团体合作学习中不断提高自身的学习自主性、合作能力、沟通能力及跨文化学习能力。

3.3.2 立足区域经济与工程学科特点，实施分类发展规划

《华盛顿协议》中的毕业生素质也强调培养学生使用专业工程知识解决未来工程现实问题的能力与技术，其宗旨是为新技术、新经济的发展提供优秀的工程人才。② 然而，不同地方高校所处的社会环境不同，存在着地区经济发展差异、行业经济效益差异以及城乡经济地域差异等客观问题。首先，为更好地服务地方社会经济发展，地方高校应根据自身优势学科与科研资源实施分类发展规划，突出自身教育特色与优势，提出不同的办学目标与评价指标，围绕培养目标、课程体系、教学理念与方法、学习氛围、教师考核等进行一系列改革，为社会及区域发展提供工程技术型与技能型的创新型工程技术人才。其次，根据《华盛顿协议》框架与新工科建设要求，地方高校应主动对接地方经济社会发展需要和行业企业技术创新要求，③ 通过凝练自身特色与地缘优势，以工业企业需求为导向创新人才培养模式，加强跨学科协作以及校企合作。最后，地方高校在立足为区域经济服务的同时，还应该按照工程科学的体系与特点进行教学和课程设计。地方高校的课程体系设计应增加工程设

---

① 杨若凡，何倩. 美国工程技术类专业认证标准对我国应用技术大学建设的启示 [J]. 中国高教研究，2015（08）：87－91＋106.

② 华尔天，计伟荣，吴向明. 中国加入《华盛顿协议》背景下工程创新人才培养的探索与实践 [J]. 中国高教研究，2017（01）：82－85.

③ 李志义. 我国工程教育改革的若干思考 [J]. 中国高等教育，2012（20）：30－34.

计、系统集成等创新课程的比重，加强信息技术、生物技术、纳米技术、智能系统等前沿的、接触工程本质的学科，引入跨学科学习理念培养学生实践创新能力。

3.3.3 引入市场力量与工程团体，构建校企实践平台

工程教育为满足未来行业、企业界的需要，除专业知识与技术能力外，更需要毕业生具备明确问题、分析并解释问题的能力，实践教育是培养学生综合素养和创造力的重要途径。[①] 地方高校应首先引入市场力量与工程团体，与高新技术企业、地方政府、行业协会、相关科研机构等协同创新，以企业为主体打造工程实践平台，立足于满足区域经济发展和技术创新的需求，围绕学生工程实践能力的提升与工程创新精神的培养加深产学研融合。

同时，地方高校应充分调动政府部门与高校自身的政策经费等资源，联合行业企业的优势力量，建设融教育、培训、研发为一体的共享型协同育人实践平台，[②] 积极推进企业与高校的深度合作，将行业和企业需求贯穿整个工程人才培养过程。只有通过与社会，尤其是企业的联合培养，使企业参与到学校教育的课程体系设计、培养目标修订、教学内容改革以及教师队伍培养中，地方高校才能更准确地构建符合社会经济发展需要的培养体系。

另外，各高校工程团体是工程创新的重要组成部分，地方高校应引入工程团体力量，通过他们最广泛地团结和组织区域及高校的工程技术人员，搭建合作交流平台并完善相应的体制机制。地方高校应鼓励组建相关的校内工程团体，根据具体的工程项目吸纳相应工程专业的学生与教师，促使师生在具体的项目中学习及解决具体的工程问题。同时对于民间自发形成的工程团体，地方高校应积极介入并给予相应的支持。与

---

① 赵建华. 大学生实践能力的概念、结构与影响因素分析 [J]. 中国大学教学, 2009 (07): 67-69.

② 陆国栋, 李拓宇. 新工科建设与发展的路径思考 [J]. 高等工程教育研究, 2017 (03): 20-26.

工程团体合作不仅为工程毕业生提供了实习的平台,而且更加强了学校与企业间的合作与交流。

3.3.4 优化工程人才动态评价体系,培养全面发展的前瞻性工程师

目前地方高校的评价体系忽视了培养结果到人才培养输入的再循环,造成了评价系统各部分的孤立,这不仅不利于评价系统的持续发展,也不利于改进、完善人才培养机制。第一,地方高校在以学生为本、以产出为导向和持续改进教育教学理念的前提下,不仅要加强评价系统各部分的联系与反馈,把培养结果反馈到人才培养的输入过程,也要实现各个小系统之间的内部循环,只有这样才能实现工程人才培养的可持续改进。第二,高校工程人才培养应引入第三方评价。目前国际工程教育认证标准体系中,如《华盛顿协议》《悉尼协议》《都柏林协议》《首尔协议》等协议成员,世界医学教育联合会(WFME)及国际医学教育组织(IIMF)等机构均属于第三方机构范畴。因其中立客观的评价视角,第三方机构更具权威性和公正性,第三方评价在国际社会也被认为是工程教育认证的通行范式。地方高校应借鉴国际通用做法,这对于自身教育质量体系的完善也具有意义。第三,地方高校在人才评价体系构建中应以培养全面发展的前瞻性工程师为目标,突破现有模式,立足于培养多样性人才,借助新一代的信息技术、人工智能技术等培养高端工程人才,同时增强工程专业学生面向未来的意识。地方高校应打造较为宽松灵活的评价政策与体系,不局限于学术论文、科研项目、科研经费等量化指标的评价,关注学生本身创新思维、跨学科知识、人格与伦理以及人文综合素质的评价,侧重学生的综合素质与工程实践能力的评价而非单一的学业成就评价。

第4章 首都高校本科生工程实践能力评价指标体系构建

4.1 首都高校本科生工程实践能力评价指标体系构建目标

本章所建指标体系分为总目标与分目标。总目标是为了促进首都高校本科生工程实践能力发展，提高工科大学生工程实践能力水平。分目标可分为以下几个方面。

4.1.1 测量首都高校本科生工程实践能力水平

通过本研究所构建的指标体系，提供了测量首都高校本科生工程实践能力水平的平台。该评价指标体系能够有效瞄准国际工程教育前沿，测量首都高校本科生工程实践能力水平，使首都高校本科生工程实践能力评价有科学客观依据，评价结果更加合理客观。

4.1.2 提升首都高校本科生工程实践能力水平

本研究所制定的工程教育实践能力评价指标要素基于国际认证标准，指标体系具有全球取向的能力维度。因此，将本研究构建的评价指标体系运用到首都高校本科生工程实践能力评价中，能够为学生评价提供科学合理的结果，使学生认识到自身工程实践能力的不足，使教师意识到学生工程实践能力结构上的短板，进而提高工程实践能力的培养意识，为提高首都高校本科生工程实践能力水平奠定基础。

4.1.3　提升首都高校工程实践教育质量

本研究所构建的评价指标体系是一套可行、可测的系统性评价指标体系。通过测评首都高校学生工程实践能力，充分了解国际化教育背景下首都高校学生工程实践能力存在的不足。根据测评结果可以对首都高校本科生工程实践能力的培养提出针对性意见，有效建设与改革工程实践教育模式，进而促进工程教育质量发展。

4.2　首都高校本科生工程实践能力评价指标体系构建原则

首都高校本科生工程实践能力评价指标体系不是由若干个指标简单叠加而成，[1] 而是按照一定逻辑和准则将若干个指标有机结合，是对首都高校本科生工程实践能力评价进行加工的过程。整个指标体系的制定过程一定会遇到一系列的问题，比如，指标所包含的内容有所交叉重复、所建立的指标覆盖不够全面、所建立指标的应用性不强、指标体系的发展要随评价内容的发展而变化等。因此，建立指标体系的过程中要遵循一定的原则，对指标的整理、选择、评价过程进行指导，进而制定出相对完整、合理且合乎逻辑的评价指标体系。本研究在构建首都高校本科生工程实践能力评价指标体系时依照以下原则。

4.2.1　整体性原则

整体性原则代表着评价指标体系能够全面且准确地反映首都高校本

---

[1]　刘淼．企业科技创新能力评价体系及应用研究［D］．保定：华北电力大学硕士学位论文，2017．

科生的工程实践能力，不能以偏概全、不能遗漏重要的指标项。构建的指标体系中，各个指标共同构成一个层次分明、主次得当的有机统一体，彼此之间相互联系又相互独立。① 从微观到宏观，从抽象到具体，评价指标体系的整体构建要具有逻辑层次，能够反映我们的评价目标，不断深入，形成一个系统完整的首都高校本科生工程实践能力评价指标体系。②

4.2.2 方向性原则

方向性意味着首都高校本科生的工程实践能力评价要有导向性，更具有目的性。一方面，制定首都高校本科生工程实践能力评价指标体系时不能偏离评价目标，要能够准确地反映首都高校本科生的工程实践能力；另一方面，指标体系的构建要顾及工程教育发展规律与教育改革方向，要面向工程实际、面向未来。因此，在确定评价指标项时，一定要以目标为导向进行切合实际的工程实践能力评价指标筛选，不能偏离评价目标，③ 整个过程不能偏离首都高校本科生的工程实践能力，以便准确地判断并了解首都高校本科生工程实践能力的现状。

4.2.3 可操作性原则

可操作性原则指评价指标体系中最低层次的指标必须是具体的、明确的、可测量的。部分评价指标体系的实际应用情况存在脱离实际、难以应用等问题，为了避免类似结果的发生，本研究在构建首都高校本科生工程实践能力评价指标体系时，在对各项指标进行筛选时除了对照英、美等国认证标准以及梳理国内外文献，还听取了首都高校工科教师、工科大学生、企业代表以及该领域的工程教育专家的意见，竭力构

---

① 李艳华. 电子书包环境下学生学习过程评价指标体系构建研究 [D]. 吉林：东北师范大学硕士学位论文，2018.
② 姜亚同. 工科本科生学习结果评价指标体系研究 [D]. 哈尔滨：哈尔滨工业大学硕士学位论文，2015.
③ 程书肖. 教育评价方法技术 [M]. 北京：北京师范大学出版社，2007.

建出符合实践检验的工程实践能力评价指标体系。[①]

4.2.4 相互独立性原则

相互独立性原则是指首都高校本科生工程实践能力评价指标体系中，每个指标都应该是相互独立的，各级指标中不能存在包含以及交叉重复的关系，[②] 即首都高校本科生工程实践能力评价指标体系既要全面地反映首都工科大学生工程实践能力的状况，[③] 又要避免指标的重复，即上下级的指标项之间、同层级的指标项之间都要注意内容的交叉重复，在此基础上形成完整且全面的评价指标体系。

4.3 首都高校本科生工程实践能力评价指标体系构建思路及方法

通过对国内外文献的梳理，发现学术界对首都高校本科生工程实践能力评价指标体系的研究并不多见。但是在国际工程教育专业认证背景下，各国认证标准对本科生工程实践能力提出了一定的要求，且各国认证标准是基于当今世界高等工程教育的特征与未来工程教育方向的精准描述与把握构建的。可见，工程教育专业认证标准是构建科学、合理与完善的首都高校工程实践能力评价指标体系的价值基础。本研究的首要目的就是对各国认证标准以及国内外相关文献中的本科生工程实践能力特征要素进行提取，并在此基础上构建适用于本科生工程实践能力的评价指标体系。

首先，从《华盛顿协议》各会员工程教育专业认证标准着手，结

[①] 李艳华. 电子书包环境下学生学习过程评价指标体系构建研究 [D]. 长春：东北师范大学硕士学位论文，2018.

[②] 李艳华. 电子书包环境下学生学习过程评价指标体系构建研究 [D]. 长春：东北师范大学硕士学位论文，2018.

[③] 张海，邓长寿. 地方高校青年教师工程实践能力定量评价体系研究 [J]. 黑龙江教育（高教研究与评估），2012（12）：22-23.

合美国、英国及欧洲等国家与地区工程教育专业认证标准，根据本研究中对工程实践能力概念的界定，汇总其对本科生工程实践能力的特征描述。然后根据相互独立性原则等指标构建原则，删除有交叉重复关系的指标，保留特征要素，初步形成"首都高校本科生工程实践能力特征要素群落"①。接着梳理国内外文献，汇总国内外工程教育研究前沿对本科生工程实践能力的特征描述，对"首都高校本科生工程实践能力特征要素群落"进行补充，在理论分析与逻辑论证后，对汇总的"首都高校本科生工程实践能力特征要素池"进行理论分析，根据同层次指标相互独立原则，合并归类相似选项，形成基于文献分析②的首都高校本科生工程实践能力特征要素群落。随后对首都高校本科生进行访谈，删除重复指标后对首都高校本科生工程实践能力特征要素进行补充。之后邀请工程师、工科教师、工程教育相关专家等对要素群落进行筛选与补充，形成"首都高校本科生工程实践能力特征要素池"③（简称"要素池"）。

以上形成的"要素池"为评价指标体系构建的主要来源。接着遵循"整体性原则""方向性原则""相互独立性原则"，借助小组讨论法，对"要素池"进行分析整理，从内容上与逻辑上对指标内容进行提炼，构建初始的指标体系。借助德尔菲法反复向专家进行调查，集中专家的经验和智慧对构建的指标体系进行修改与完善，由此得出"首都高校本科生工程实践能力评价初始指标体系"。最后设计"首都高校本科生工程实践能力评价问卷"，采用因子分析法等方式对初始指标体系进行筛选，④得出最终的"首都高校本科生工程实践能力评价指标体系"。

---

① 韩晨光. 理工科大学生创业能力评价研究[D]. 北京：北京科技大学博士学位论文，2015.
② 高珊. 知识创业能力构成研究[D]. 北京：北京理工大学硕士学位论文，2015.
③ 李国香. 基于华盛顿协议的北京市属高校工科毕业生素质评价研究[D]. 北京：北京工业大学硕士学位论文，2019.
④ 任婉秋. 基于学生角度的全日制工程硕士实践教学质量评价研究[D]. 北京：北京工业大学硕士学位论文，2018.

4.4 首都高校本科生工程实践能力特征要素提取

4.4.1 基于各国认证标准的高校本科生工程实践能力特征要素

首都高校本科生工程实践能力特征要素池的建立，主要基于国际工程教育专业体系下对毕业生工程实践能力的要求以及各国工程师标准的参考。基于国际标准构建工程实践能力要素池旨在保证工程教育人才培养质量的同时，重视工程伦理和可持续发展教育以及学生的跨文化交流能力。

《华盛顿协议》规定了工程师专业认证方面的相互认可，在英国对应特许工程师（CEng），[①] 特许工程师的职责在于通过创新、创意与变革，利用新技术或现有技术，研发工程问题的解决方案，并且有承担高风险、复杂工程系统的技术责任。英国特许工程师需要具备的能力如表4-1所示。

表4-1 英国特许工程师能力标准

一级指标	二级指标
A 综合运用工程知识优化现有和新兴技术	A_1 保持并深化自己的知识和技能，以便采用、探索新技术和先进技术
	A_2 参与工程技术的创造和革新研发以及系统的持续改进
B 用恰当的理论和方法分析解决工程问题	B_1 确定潜在的项目和机会
	B_2 开展适当研究，从事工程解决方案的设计与开发
	B_3 管理设计方案的实施，并评估其有效性，主动从结果反馈中汲取经验教训

[①] 朱伟文，谢双媛. 英国工程专业能力标准及启示 [J]. 继续教育，2016，30（04）：7-10.

续表

一级指标	二级指标
C 发挥技术和商务领导才能	C_1 规划有效的项目实施
	C_2 计划、预算、组织、指挥并管理任务、人力和资源
	C_3 领导团队,帮助员工成长,以满足不断变化的技术和管理需求
	C_4 通过质量管理实现质量持续改进
D 展示有效的人际交流技巧	D_1 用英语同各种水平的人进行交流
	D_2 改进、提交、讨论建议书
	D_3 展示个人社交技巧,自信、灵活地应对新的和不断变化的人际关系
E 展示对职业准则的个人承诺,认识到对社会、职业和环境的责任	E_1 遵守所属工程机构相应的行为准则以及法律法规
	E_2 管理和应用工作安全、健康等制度
	E_3 以确保资源、环境、社会等可持续发展的方式从事工程活动
	E_4 为保持和提高职业竞争力,有必要开展持续的职业发展计划

资料来源：Engineering Council. Statement of Ethical Principles [EB/OL]. [2010 – 02 – 01]. https://www.engc.org.uk/standards – guidance/guidance/statement – of – ethical – principles/。

除此之外,早在 2005 年英国皇家工程学院（the Royal Academy of Engineering）和工程委员会（Engineering Council）共同制定了伦理原则来指导工程实践,该原则于 2007 年在对工程专业人士和伦理学专业人员进行广泛咨询后进行了修改。作为专业工程机构发布的行为准则的核心,伦理原则希望所有注册工程师和技术人员甚至是学生按照该行为准则,履行工程实践中的社会责任。具体指标内容如下：A 公平、公开、诚实、正直（fairness, openness, honesty, integrity）：A_1 工作方式要尊重其他当事人和个人的隐私、权利和声誉；A_2 尊重保密性；A_3 宣布利益冲突（declare conflicts of interest）；A_4 避免欺骗,并采取措施防止或报告腐败行为或职业不当行为,拒绝贿赂和不当影响（reject bribery and improper influence）。B 尊重生活、遵守法律、爱护环境、维护公共利益：B_1 将他人的健康和安全放在首位,并提醒注意危险；B_2 确保工作内容合理合法；B_3 认识到物理和网络安全（physical and cyber security）

以及数据保护的重要性；B_4 尊重和保护个人信息与知识产权；B_5 保护并尽可能提高建筑和自然环境的质量；B_6 将公共利益最大化，并将对自己和后代的实际和潜在不利影响降至最低；B_7 适当考虑自然资源的有限可用性；B_8 维护行业的声誉和地位。C 工作时要准确与严谨（Accuracy and rigour）：C_1 始终小心行事，仅在他们目前有能力或在主管监督下的领域提供服务；C_2 持续更新自我知识与技能；C_3 协助他人发展工程知识和技能；C_4 诚实、准确、客观和不带偏见地提出审查意见、证据和解释，同时尊重合理的备选观点；C_5 识别、评估、量化、减轻管理风险，不故意误导或允许他人被误导。D 领导力与交流能力：D_1 敏锐觉察到工程和技术给社会带来的问题，倾听他人的意见和担忧；D_2 促进平等、多样性和包容性；D_3 提高公众对工程成果的影响和益处的认识与理解；D_4 以专业身份所做的任何陈述都要客观真实；D_5 勇于质疑专业声明或政策。[①]

在日本，日本技术者教育认定机构（Japan Accreditation Board for Engineering Education，JABEE）负责高等工程教育专业认证工作，根据本研究中对工程实践能力的界定，结合小组讨论法，判断其教育目标中所包含的工程实践能力指标项如表 4-2 所示。

表 4-2　日本高等工程教育专业认证标准中涉及工程实践能力的指标项

序号	指标项
1	具备从全球的视角出发全面思考事物的能力
2	知道技术对社会、自然的影响，能够主动地承担起对社会的责任（遵循技术伦理）
3	具有运用数学、自然科学以及信息技术的相关知识的能力
4	具有运用专业领域专门技术的能力
5	具有综合利用各种科学、技术和信息知识，根据社会需要进行设计的能力
6	能够熟练使用日语，具有书面、口头表达能力以及参与会议讨论的交流能力，还要具有基本的国际交流能力

---

① 王宁. 日本高等专门学校第三方评价机制研究 [D]. 天津：天津大学硕士学位论文，2017.

续表

序号	指标项
7	具有主动学习与坚持学习的能力
8	具有根据限定条件,有计划地推进事业进步的能力

资料来源：袁本涛,王孙禺. 日本高等工程教育认证概况及其对我国的启示 [J]. 高等工程教育研究, 2006 (03)：58－65。

早在1986年,澳大利亚政府在面对日益复杂的工程环境时,[①] 就对高等工程教育中的工程实践做了再设计。因为其十分重视实践教育在工程教育中的质量,所以其在工程教育专业认证标准中对工程实践也有很大的体现。因此,澳大利亚工程技术专家第一阶段的能力标准也作为本研究的要素池来源之一。澳大利亚工程技术专家第一阶段的能力标准如表4－3所示。

表4－3 澳大利亚工程技术专家第一阶段能力标准

一级指标	二级指标
A 知识和技能基础	A_1 对基础自然知识、物理科学知识等工程基础知识有全面的和基于理论的理解
	A_2 对数学、数值分析、统计学以及计算机信息科学等支撑工程学科知识的理解
	A_3 深入了解工程学科的专业知识体系
	A_4 能够认识工程学科的知识发展和研究方向
	A_5 了解工程设计实践及影响工程设计实践的因素
	A_6 在具体学科中对工程的范围、原则、规范、职责和可持续发展的工程实践的理解
B 工程应用能力	B_1 能够应用现有的工程方法去解决复杂工程问题
	B_2 能够熟练运用工程技术、工具和资源
	B_3 能够应用系统工程与设计过程
	B_4 能够应用系统方法去执行和管理工程项目
C 职业和个人素质	C_1 能够遵守道德操守和职业责任
	C_2 能够在专业和专业领域进行有效的口头和书面交流
	C_3 能够有创意、创新、积极的行为举止

---

① 朱慧,陆国栋,吴伟. 澳大利亚高等工程教育：实践与借鉴 [J]. 中国高教研究, 2016 (09)：98－102＋110。

第4章 首都高校本科生工程实践能力评价指标体系构建

续表

一级指标	二级指标
C 职业和个人素质	C_4 能够专业使用和管理信息
	C_5 能够自我管理有序，行为专业
	C_6 具有作为团队成员的合作能力以及团队领导能力

欧洲工程教育认证标准的特色在于，基于使用范围的区域性，其认证标准适用性更强、针对性更高。欧洲工程教育认证标准（EUR-ACE）对工程实践能力指标项如表4-4所示。

表4-4 EURACE中工程实践能力指标项

序号	指标项
1	具有选择和使用适当设备、工具和方法的能力
2	具有将理论和实践结合起来解决工程问题的能力
3	具有了解适用的技术和方法及其局限性的能力
4	具有对工程实践中非技术影响的认识能力

基于对上述主要认证标准的体认，同时又参考了美国ABET等认证标准，对认证标准中使用的各类工程实践能力特征要素进行整理和收集，通过理论分析和逻辑论证对概念重复的指标进行剔除，初次提取得到120项特征要素，之后经过第二轮对高度相似项进行合并并整理后得到特征要素32项，最后经过小组讨论和分析对相关包含项中的上级特征要素进行删除，经过三轮筛选，得出16项特征要素。形成基于认证标准的"首都高校本科生工程实践能力特征要素池"（见表4-5）。

表4-5 基于认证标准的"首都高校本科生工程实践能力特征要素池"

序号	特征要素	序号	特征要素
1	具有工程知识的使用能力	9	具有工程任务的执行能力
2	具有工程知识的更新能力	10	具有遵守道德与法律准则的能力
3	具有协助他人发展工程知识的能力	11	具有勇于质疑专业说明或政策的能力
4	具有管理与领导能力	12	具有识别减轻管理风险的能力
5	具有工程项目评估能力	13	具有将公共利益最大化的能力
6	具有工程技术的创造和研发能力	14	具有保护环境资源可持续发展的能力
7	具有工程仪器的使用能力	15	具有确保他人健康与安全的能力
8	具有工程方案的设计与开发能力	16	具有团队合作能力

值得注意的是，借鉴其他国家教育制度时还需谨慎，各国制定制度的环境错综复杂，与其紧密联系的社会文化条件具有不可移植性。因此，基于认证标准整理的指标要素池还需与国内接轨，仍需梳理国内文献并结合访谈等进一步加工整理。

4.4.2 基于文献梳理的高校本科生工程实践能力特征要素

工程实践能力评价指标体系的构建不仅要借鉴国际上形成共识的理念、价值取向与标准，更重要的是要将国际上先进的东西与本国国情密切结合，在本土化的基础上实现国际化，这样构建的评价指标体系才有厚实的基础，才能为我国首都高校本科生工程实践能力的可持续发展提供源源不断的动力。因此首都高校本科生工程实践能力评价指标体系要素池的筛选除了参照国际标准外，还需大量参照国内相关学者的研究。

对于首都高校本科生工程实践能力特征要求的文献梳理，主要通过对2011~2019年国内外相关研究文献报告等文字材料提取分析，并结合我国国情进行整合，形成首都高校本科生工程实践能力特征要素的进一步研究。

2019年，迟明梅等构建了食品学专业的工程实践能力评价指标体系，包含课程学习、实验学习、实训学习、企业实习四个一级指标。[①] 2019年曲建光构建了新工科测绘类本科生工程实践能力评价体系，为五个方面。A 工程实践理论基础：基础知识水平、测绘类专业知识水平、测绘软件使用水平。B 工程实践积极性：社会责任感、职业荣誉感、自觉意识。C 测绘类工程项目管理能力：质量管理能力、进度管理能力、人力资源管理能力、风险管理能力。D 测绘类工程问题解决能力：问题分析能力、批判创新能力、方案设计能力、方案实施能力。E 团队合作能力：全局意识、沟通能力、适应能力、协调能力。

[①] 迟明梅, 孙玉梅, 乔玉新, 谢玮. CDIO 工程实践能力 AHP 评价机制构建——以烟台南山学院食品专业为例 [J]. 食品与发酵科技, 2019 (03)：124-126+131.

第4章 首都高校本科生工程实践能力评价指标体系构建

2012年，经合组织（OECD）想通过对高等教育中学生学习成果的评价（AHECD）来测量高等教育的质量，旨在跨越不同文化、不同背景、不同机构等来测量本科生的能力，[①] 其中，工程学评价框架中关键能力之一——工程实践能力的指标要求如表4-6所示。

表4-6 经合组织对本科生工程实践能力指标要求

序号	指标要求
1	具有选择和使用适当的材料、设备和工具的能力
2	具有理论与实践相结合解决工程问题的能力
3	具有理解适用的技术和方法及其局限性的能力
4	具有展示车间和实验室技能的能力
5	具有对职业道德、职业责任和工程实践规范等非技术含义的理解能力
6	具有能够理解并意识到工程实践的健康、安全和法律问题以及工程实践的责任，认清工程解决方案对全球经济、社会和环境的影响的能力
7	具有项目管理和业务实践的知识并了解其局限性的能力

资料来源：OECD, Group of National Experts on the AHELO Feasibility Study, Engineering Assessment Framework [R]. The 8th Meeting of the AHELO GNE Paris, 18-19 November 2011。

分析发现，经合组织在对学生工程实践能力进行要求时，认为工程实践技能与知识、非技术知识这三个维度对于解决问题、开展调查以及设计工程设备和流程非常重要。

基于对上述文献的体认，同时在中国知网、万方数据、Springer Link等数据库查阅大量与工程实践相关的文献，对各类工程实践能力特征要素进行整理和收集，在理论分析与逻辑论证的基础上，对概念重复的指标进行剔除，初次提取到108项首都高校本科生工程实践能力特征要素，之后对高度相似项进行合并，整理后得到特征要素92项，最后经过小组讨论和分析对相关包含项中的上级特征要素进行删除，经过三轮筛选，得出26项特征要素，形成基于文献梳理的"首都高校本科生

[①] 彭湃．工程教育学习成果的评价与国际比较——对AHELO工程学测评的教育评价学考察 [J]. 高等工程教育研究, 2016 (05): 33-38.

工程实践能力特征要素池"(见表4-7)。需要指出的是,首都高校本科生工程实践能力指标要素构建参考的文献更多来源于国内,考虑到首都高校本科生工程实践能力的本土化,使该要素池内的指标备选项仅具有工程实践能力的部分特征,结构仍然较为松散,需要进一步的加工整理。

表4-7 基于文献梳理的"首都高校本科生工程实践能力特征要素池"

序号	特征要素	序号	特征要素
1	基础知识技能	14	试验调试能力
2	创新能力	15	问题解决能力
3	学习能力	16	解释数据能力
4	运行测试能力	17	工程设计能力
5	科学工程思维	18	组织管理能力
6	发现问题能力	19	方案设计能力
7	应用能力	20	口头表达能力
8	信息处理能力	21	预测评估能力
9	影响评估能力	22	科研能力
10	方案实施能力	23	协作合作能力
11	动手实践能力	24	系统分析能力
12	知识运用能力	25	规划能力
13	专业技能	26	写作能力

4.4.3 基于访谈的高校本科生工程实践能力特征要素

首都高校本科生是工程实践能力的执行者,在课堂教学、生产实习、日常生活中,首都高校本科工科生对工程实践能力的内涵与结构深有体会,具有不可替代性。因此本研究通过对首都高校本科生进行访谈,对工程实践能力要素进行提取,要素提取对象及内容如表4-8所示。

第 4 章 首都高校本科生工程实践能力评价指标体系构建

表 4-8 基于访谈的"首都高校本科生工程实践能力特征要素提取"

对象	工程实践能力内容	特征要素提取
本科生（一）北京交通大学，机械专业	1. 量化分析能力：根据抽象的要求量化为具体的数值指标 2. 建模设计：结构设计、传动机构设计、控制系统设计 3. 仿真：结构仿真、动力学运动学仿真、控制系统的仿真 4. 调试：样机的制作（查出问题并改进）查错和改进 5. 制造：面向制造（工艺、成本与精度等切合实际）	量化分析能力 工程设计能力 模拟仿真能力 工艺制造能力
本科生（二）北京航空航天大学，计算机专业	1. 逻辑能力：将评价指标量化，运算过程抽象化，形成计算机可以理解的语言。例如，如果-if，只要就-while，尤其是算法方向 2. 编程能力：不是简单地写代码，而是变量命名规范，代码工整简单又功能强大。工程岗位尤其看重编程能力，代码可读性、兼容性要保证 3. 阅读能力：能够读懂别人的代码，不局限于自己的编程习惯与逻辑习惯 4. 终身学习能力：计算机行业发展迅速，知识与技术必须时刻保持与时代同步，接受新知识新技术	逻辑推理能力 编程能力 阅读能力 终身学习能力
本科生（三）北京工业大学，生物学专业	1. 通用知识能力：主要包括计算机应用能力、英语应用能力、数理化应用能力、信息和文献利用能力、生物学基础研究能力 2. 专业核心能力：需要掌握基因工程操作及功能分析、微生物发酵及其制品生产、细胞组织培养及制品生产、生物酶提取技术及酶制品生产等能力 3. 拓展能力：管理与营销能力，了解企业管理的基本流程和要求，基本原理、原则和方法；掌握以满足消费者需求为中心的营销活动规律。生物质能源的开发与利用能力：掌握能源生物的产能测定、植物生产技术、能源的提取技术等知识	计算机使用能力 外语使用能力 操作能力 管理与销售能力 新技术开发能力
本科生（四）中国矿业大学，岩土工程专业	1. 学科交叉能力：岩石力学和数学、线性代数、数理统计等学科相结合 2. 运用相关专业软件解决岩土工程方面的问题，如巷道的支护问题，地下空间的地质环境非常复杂，并且不像地上工程那样易于测量。地下空间内的工程的进行往往需要借助专业计算软件对整个施工过程进行模拟，确定最优方案后进行施工。在这个过程中，测定岩石的强度、观察岩石的结构、构造，地层的构成，等等，都需要岩	学科交叉能力 计算机模拟实验的能力 分析解释能力

61

续表

对象	工程实践能力内容	特征要素提取
本科生（四）中国矿业大学，岩土工程专业	土专业的知识，用计算机软件将所得数据计算，建立数学模型等都需要数学知识，能够正确使用软件解决这类工程问题就是本专业的工程实践能力	

最后，根据首都高校本科生工程实践能力要素，结合国际工程教育专业认证标准中对工程实践能力的要求，以及文献提取的相关要素，访谈中涉及的工程实践能力评价指标，通过小组讨论和咨询的方式对所得的52项特征要素进行融合，得出"首都高校本科生工程实践能力特征要素池"，共包含26项，如表4-9所示。

表4-9 基于三次筛选得到的"首都高校本科生工程实践能力特征要素池"

序号	特征要素	序号	特征要素
1	工程知识的使用能力	14	系统分析与解释能力
2	工程知识与技术的更新能力	15	逻辑推理能力
3	学科知识交叉运用能力	16	计算机模拟实验的能力
4	问题诊断能力	17	遵守职业道德的能力
5	问题整合能力	18	遵守相关法律的能力
6	应急处理能力	19	勇于质疑专业说明或政策的能力
7	工程项目评估能力	20	将公共利益最大化的能力
8	工程技术的研发能力	21	保护环境资源可持续发展的能力
9	工程方案的设计与开发能力	22	危机预防能力
10	工程模型的构建能力	23	确保生命健康与安全的能力
11	工程仪器的使用能力	24	组织管理与领导能力
12	工程方案的实施能力	25	团队合作能力
13	运行测试能力	26	语言表达与倾听能力

指标池当中的首都高校本科生工程实践能力特征要素是后续指标体系建设的重要渊源。但是各个要素在语言表述、结构层次、内容含义等方面需要进一步的加工处理。

4.4.4 基于专家评议的首都高校本科生工程实践能力特征要素

基于美、日、英、澳以及欧洲等国与地区的工程教育专业认证指标、文献梳理以及访谈所得的"首都高校本科生工程实践能力特征要素池"构建完成之后，本研究将该特征要素通过李克特量表的形式改编为问卷，邀请了北京工业大学、北京科技大学、中国机械工程学会教育培训工作委员会等11位教授和副教授级工程教育专家（包括5名工科教授、6名工程教育研究专家），中国国净（北京）环保科技有限公司执行董事、西尔自动化工程技术有限公司总经理等工程类企业管理人员5位，以及北京猎豹网络科技有限公司、北京英诺威驰科技有限公司、迪瑞医疗科技股份有限公司、罗氏诊断（产品）上海有限公司等土木、机械、电子、化工四个领域的工程技术人员14位进行作答。之后将30位专家的调查结果进行汇总，如表4-10所示。

表4-10 首都高校本科生工程实践能力特征要素专家评分结果

序号	特征要素	最重要	重要	一般	不重要	最不重要	评价分值
1	工程知识的使用能力	18	11	1			4.6
2	学科知识交叉运用能力	8	17	3	2		4.0
3	问题诊断能力	18	11	1			4.6
4	问题整合能力	9	18	3			4.2
5	应急处理能力	14	9	7			4.2
6	工程项目评估能力	7	13	9	1		3.9
7	工程技术的研发能力	4	15	10	1		3.7
8	工程方案的设计与开发能力	10	12	8			4.1
9	工程模型的构建能力	6	14	9	1		3.8
10	工程仪器的使用能力	9	11	8	2		3.9
11	工程方案的实施能力	10	14	5	1		4.1
12	运行测试能力	5	17	8			3.9
13	系统分析与解释能力	5	21	3	1		4.0
14	逻辑推理能力	5	19	5	1		3.9

续表

序号	特征要素	最重要	重要	一般	不重要	最不重要	评价分值
15	计算机模拟实验的能力	2	16	11		1	3.6
16	遵守职业道德的能力	10	15	4	0	1	4.1
17	遵守相关法律的能力	13	14	3	0		4.3
18	勇于质疑专业说明或政策的能力	4	14	10	0	2	3.6
19	将公共利益最大化的能力	8	12	10			3.9
20	保护环境资源可持续发展的能力	8	13	9			3.9
21	危机预防能力	8	16	6			4.1
22	确保生命健康与安全的能力	14	16				4.5
23	组织管理与领导能力	5	17	7	1		3.9
24	团队合作能力	10	20				4.3
25	语言表达与倾听能力	9	19	2			4.2

在对专家评分情况进行统计时,采取最重要记5分,重要记4分,一般记3分,不重要记2分,最不重要记1分,最后统计每项指标的平均值。由表4-10易见,有三个指标的重要程度平均分值较低,分别是:工程技术的研发能力、计算机模拟实验的能力、勇于质疑专业说明或政策的能力。调查者普遍认为这些指标的重要程度较低,因此将平均分低于3.8分的特征要素直接剔除。工程项目评估能力、工程模型的构建能力、工程仪器的使用能力、运行测试能力、逻辑推理能力、将公共利益最大化的能力、保护环境资源可持续发展的能力、组织管理与领导能力的平均分值在3.8~3.9,直接将它们作为有条件保留的备选要素纳入备选要素池。工程知识的使用能力、学科知识交叉运用能力、问题诊断能力等14项特征要素被直接纳入备选要素池。除此之外,有专家建议将遵守职业道德的能力与遵守相关法律的能力两个特征要素合并,部分专家建议将工程技术的应用能力、国际能力、工程技术的创新能力、外语使用能力4项特征要素补充进来,故将其作为备用要素纳入备选要素池中。至此,通过专家评分后所得的"首都高校本科生工程实践能力特征要素备选要素池"如表4-11所示。

表4-11 首都高校本科生工程实践能力特征要素备选要素池

备选类别	备选要素
保留备选要素	工程知识的使用能力、学科知识交叉运用能力、问题诊断能力、问题整合能力、应急处理能力、工程方案的设计与开发能力、工程方案的实施能力、系统分析与解释能力、遵守职业道德的能力、遵守相关法律的能力、危机预防能力、确保生命健康与安全的能力、团队合作能力、语言表达与倾听能力
有条件保留备选要素	工程项目评估能力、工程模型的构建能力、工程仪器的使用能力、运行测试能力、逻辑推理能力、将公共利益最大化的能力、保护环境资源可持续发展的能力、组织管理与领导能力
备用备选要素	工程技术的应用能力、国际能力、工程技术的创新能力、外语使用能力

基于专家评分对"首都高校本科生工程实践能力特征要素备选要素池"的初步筛选，相较于通过国际认证标准、文献梳理以及访谈得到的特征要素具有了更深一步的加工意义，也是后期首都高校本科生工程实践能力评价指标体系构建的重要依据。但是，目前该备选要素池中的备选要素还未得到各种理论和方法的检验与支持，其科学性和严谨性仍有待后期进一步的完善。

4.5 首都高校本科生工程实践能力评价要素体系的建立与完善

"首都高校本科生工程实践能力评价要素体系"的初步建立，基于本文对工程实践能力的界定：以科学知识为原理、以科学技术为手段、以工程伦理为指导、以沟通协作为支撑，发现、分析和解决在设计、研究、制造、管理或其他工程实践环节中所遇到的复杂问题的能力。主要依据"首都高校本科生工程实践能力特征要素备选要素池"，以及根据指标体系设置的导向性、科学性、可操作性等原则，对"备选要素池"中的备选要素进行上级指标的归纳，通过理论分析得出上级指标，初步构成"首都高校本科生工程实践能力评价要素体系"。

在理论分析的基础上，通过中国知网、SpringLink、The Engineering Index 等数据库查寻在国内外高水平期刊上发表过与"工程实践能力"内容相关论文的专家，尝试与在此领域有过较深研究的国内外工科教师、工程教育研究者取得联系，在争取对方同意后，采用德尔菲法，通过邮件访谈的方式邀请相关专家对指标体系进行修改与完善。来自上海交通大学、华中科技大学、广州大学、南昌大学、西澳大学（The University of Western Australia，UWA）等高校的 7 位从事工程实践教学或工程实践研究的专家学者都给予了非常详细的修改建议，对上述专家学者的看法进行归类整理后，最终形成了首都高校本科生工程实践能力评价要素体系，如表 4-12 所示。

表 4-12　综合专家评定意见形成的"首都高校本科生工程实践能力评价要素体系"

一级指标	二级指标	三级观测点
1. 问题分析与解决能力	1.1 问题诊断能力	在实践环节能及时发现工程项目中存在的问题，分析并确认问题产生的根源及原因
	1.2 问题整合能力	能够从不同的角度与层次看待分散、凌乱或复杂的问题，并将其进行系统归类，然后寻找解决方法
	1.3 应急处理能力	对突发的问题进行紧急处理，具备紧急情况快速处理的能力
2. 方案论证与设计开发能力	2.1 工程技术的创新能力	参与工程技术的革新研发以及持续改进
	2.2 方案设计与开发能力	依据项目需要，制订项目计划并形成设计方案
	2.3 方案论证能力	通过调研（如相关文档、类似系统方案、实地考察等），对工程项目方案进行分析与整合，对方案的可行性进行论证
	2.4 工程模型的构建能力	基于科学原理和假设，综合多方面知识进行工程模型建构
	2.5 系统分析与优化能力	以系统工程整体最优为目标，对工程方案、工程设计等各个方面进行系统的定性和定量分析，并根据反馈结果进行方案优化，从而改进工程项目的方向和方法，增进效益

第4章 首都高校本科生工程实践能力评价指标体系构建

续表

一级指标	二级指标	三级观测点
3. 工程应用与操作能力	3.1 工程知识的使用能力	在相应的工程情境中能够将工程知识用于解决实际问题
	3.2 工程技术的应用能力	在相应的工程情景中应用正确的工程技术解决问题
	3.3 工程工具的使用能力	熟知所在领域相关工程工具的性能和使用要领，能够针对工程问题选用相关的软硬件工具，如实践中的仪器仪表、仿真平台、基本的数据处理软件等
	3.4 学科知识交叉运用能力	能够完成多学科知识与工程知识的融合并应用
	3.5 工程标准的理解与应用能力	能够理解工程活动中各项各级标准和要求，在设计、研究、制造、管理等过程中能优先应用标准解决问题
4. 工程项目团队合作能力	4.1 组织协调与领导能力	在工程实践项目中，按照工程目标、工程任务和决策要求，对团队成员统筹安排，让其认同、接纳、支持、执行任务和决策
	4.2 工程项目管理能力	在项目的开发与实施过程中，具有对其计划、组织、协调、执行及控制的能力，以实现项目顺利验收且提高客户的满意度
	4.3 合作交流能力	在工程团队中，能够准确陈述客观事实与观点，并能够耐心听取他人意见，妥善处理合作中的矛盾与分歧，具有与其他成员团结协作完成工程项目的能力
	4.4 跨文化沟通能力	在国际工程团队中，懂得基本的交往礼仪与技巧，能熟练地使用外语与国际工程师进行沟通交流，且能够阅读、撰写国际工程方案
5. 社会非技术性能力	5.1 遵守职业规范和相关法律的能力	对相关职业规范和法律有明确的认知，能确保相关工程活动合法合规
	5.2 保护环境资源可持续发展的能力	在设计环节充分考虑工程对环境资源可持续发展的影响，能够及时了解工程项目所在地的工程背景与文化，在尽可能提高工程产品质量的前提下，确保以资源、环境、社会相互协调、可持续发展的方式从事工程活动
	5.3 确保生命健康与安全的能力	在工程项目中，能够意识到人的不安全行为与物的不安全状态，能够避免事故伤害、确保自己及工程人员的健康与安全
	5.4 危机预防能力	具有强烈风险防范意识，能有效地评估工程实施可能产生的社会影响，对工程实施可能产生的风险进行有效规避

随着工程环境的发展与变化，工程实践的范围也逐渐拓宽，工科毕业生不仅需要掌握科学知识与技术原理，更需要辽阔的工程视野与过硬的工程技能，工程实践能力结构的复杂程度也日益提升。在这个指标体系当中，问题分析与解决能力要求本科生在工程实践过程中具有对问题全面的分析能力，包括问题诊断能力、问题整合能力、应急处理能力三个二级指标。另外，在整个工程实践环节，设计阶段十分重要，科学的设计能够提高工程产品质量、减少工程项目成本、缩短生产周期，更好地满足社会生产与建设的需要。同时方案论证与设计开发能力在一定程度上体现了本科生的创新能力，主要包含工程技术的创新能力、方案设计与开发能力、方案论证能力、工程模型的构建能力、系统分析与优化能力。工程应用与操作能力是实践环节至关重要的能力，包括工程知识的使用能力、工程技术的应用能力、工程工具的使用能力、学科知识交叉运用能力、工程标准的理解与应用能力。另外，随着"一带一路"的建设，国际工程活动范围越来越广泛，我国跨国工程也与日俱增。工程建设实践中，国内外工程技术人才的交流也会越来越频繁。这便对工科生的工程项目团队合作能力提出了新的要求。特别是适应现代工程全球化、大规模、复杂性等特征所需要的能力，包括组织协调与领导能力、工程项目管理能力、合作交流能力、跨文化沟通能力。对于工科生来说，工程实践能力不应该仅仅关注技术能力，因为对于大多数工程师来说，技术能力只是体现他们工作能力的一小部分，因此社会非技术性能力也非常重要，社会非技术性能力反映了本科生职业素养层面的综合素质，是相关工程类企业对本科生的重要能力要求，包含遵守职业规范与相关法律的能力、保护环境资源可持续发展的能力、确保生命健康与安全的能力、危机预防能力。

4.6　本章小结

首先，基于首都高校本科生工程实践能力评价指标构建原则进行分析，借鉴美国、英国、日本、澳大利亚以及欧洲等国家和地区质量认证的标准、梳理国内外文献关于工程实践能力构成的要素以及对部分工科生进行访谈，确立26个工程实践能力的构成要素。之后邀请总计30名工科教师、工程教育专家、业界工程师及相关工程技术人员对其进行打分，对指标"要素池"中的备选指标进行删除与补充，进一步完善"首都高校本科生工程实践能力特征要素池"。

最后，依据首都高校本科生工程实践能力评价指标构建原则整合分析"要素池"内的备选指标。结合小组讨论法，从理论与逻辑等维度上提炼指标内容、设计指标评价体系，得出"首都高校本科生工程实践能力评价初始指标体系"。借助德尔菲法，邀请相关专家学者对初步构成的指标体系进行修改，逐步取得较为一致的意见，最终构成的评价体系包括问题分析与解决能力、工程项目团队合作能力、社会非技术性能力等5个一级指标，工程知识的使用能力、学科知识交叉运用能力、系统分析与优化能力、工程方案设计与开发能力等21个二级指标，以及21个三级观测点。

第 5 章 首都高校本科生工程实践能力评价指标体系确立

5.1 首都高校本科生工程实践能力评价问卷调查

本研究经过三轮的指标要素分析以及专家访谈整理得出了初步的指标要素体系，根据该指标要素体系设计进一步调整首都高校本科生工程实践能力评价问卷并发放，对回收的数据进行因子分析，根据因子分析结果对评价指标体系进行进一步的调整，用以确定终版的"首都高校本科生工程实践能力评价指标"和量表。

5.1.1 问卷编制思路

问卷设计主要包括两个部分。第一部分是对首都企业的工程师等相关工程技术人员基本信息的调查，包含性别、岗位和工龄等。该部分的设计，主要是为了衡量问卷填写者的类型范围，使参与本次问卷填写的工程师等工程技术类人员尽可能地覆盖各种类型。第二部分是对首都高校本科生工程实践能力评价的调查。该部分的问卷形式以前文中所建立的首都高校本科生工程实践能力评价指标体系（理论）为主要参考，共计 27 个问题。在对该部分问题进行作答时，采用李克特七级量表对首都高校本科生工程实践能力的重要度进行测量,其中"1"代表"非常不重要","5"代表"一般","7"代表"非常重要",以此类推。

5.1.2 问卷调查过程

本次调查以地处北京的企业中从事工程类相关工作的人员为调查对象,展开小范围问卷测试,主要采用"问卷星"进行数据收集,纸质问卷加以辅助。本次问卷所得数据将作为首都高校本科生工程实践能力评价指标体系最后确定和问卷调整的直接参考。

需要说明的是,为何选择首都企业。首先,《2019年北京地区高校毕业生就业质量年度报告》显示,2019年北京高校本科毕业生中理工类49252人,在京就业率为60.32%。可见,首都高校所培养的工程技术人才主要就业城市为北京。而北京企业的工程师等工程技术人才与首都高校毕业生的接触最为密切,由于地域的便捷性其最能了解首都高校本科生的工程实践能力。其次,企业的工程师等工程技术人员能从企业视角判断工科生需要怎样的工程实践能力来从事工程相关工作。因此,他们能够对首都高校本科生的工程实践能力进行最为直观的评价,故企业中的工程师等工程技术人员将被作为本次问卷调查的主体。

5.1.3 取样情况描述

企业工程师作为首都高校本科生工程实践能力的直接评价者,对首都高校本科生工程实践能力的评价更为直接。在选择企业类型时,主要选择工程类企业,但是由于我们现处在"工业4.0"时代,信息技术促进了各行各业的变革,工程已经渗透越来越广的领域,因此尽可能地覆盖各个行业。在企业规模上,尽可能覆盖各种规模。岗位人群也面向生产、研发、管理、销售等各个岗位。但评价者必须对首都高校本科生有过充分的接触且对工程实践能力结构有较为准确的认识。本研究选取了中国民航信息网络股份有限公司、中国航天科工集团有限公司、北京京东世纪贸易有限公司等企业进行问卷发放,发放的130份问卷中回收了117份,回收率为90%。

表 5-1　企业版问卷调查样本基本情况

指标	类别	人数（人）	百分比（%）
性别	男	80	68.38
	女	37	31.62
岗位类型	生产	12	10.25
	研发	22	18.81
	管理	29	24.78
	销售	44	37.61
	其他	10	8.55
工龄	1年以下	27	23.07
	1~4年	40	34.19
	5~10年	50	42.74
企业规模	大型	39	33.33
	中型	35	29.91
	小型	41	35.04
	微型	2	1.72

5.2　首都高校本科生工程实践能力评价效度分析

根据问卷调查结果进行探索性因子分析，以数据为支撑对"首都高校本科生工程实践能力评价指标体系"进行模型修正。再结合理论和实证的情况，得出最终的首都高校本科生工程实践能力评价指标体系。首先，对首都高校本科生工程实践能力评价问卷进行效度分析，然后再进行探索性因子分析。随后，采用主成分分析法对"首都高校本科生工程实践能力评价指标要素"进行删除、归类和解释。最后，对问卷进行信度分析，确定首都高校本科生工程实践能力评价指标要素的稳定性，从而构建首都高校本科生工程实践能力评价指标体系。

5.2.1 问卷效度分析的理论依据与处理标准

从严格意义上来说,效度是指一个量表实际能测出其所要测量的特性的程度,即其有效性。[①] 本研究对首都高校本科生工程实践能力评价问卷进行效度分析,通过因子分析的结果对评价问卷进行调整,完成后对本问卷的因子进行再命名。

5.2.1.1 问卷效度分析的理论依据

在教育评价中,"效度"是指在多大标准上测量它想要测量的内容,教育评价的效度主要取决于指标体系的合理性和所用测量工具的效度,只有具有一定效度的评价结果才可能具有一定的决策参考价值。[②]

在本次研究中,从指标特征要素的收集到指标体系的初步构建整个过程均有工程教育专家的参与和评价。故本问卷的内容效度(Content validity)符合要求。效标关联效度(Criterion-related validity),是指测验分数与一个外部效标的一致程度。但由于还未找到与首都高校本科生工程实践能力评价相对应的问卷用以匹配,所以本问卷的效标关联效度暂时无法测量。所谓构想效度(Construct validity),又称为结构效度,是指一个测试能够实际测试到所要测量的理论构想。[③] 对于构想效度的分析,常采用测验的同质性、测验区分效度、测验因素效度等方法来考察。[④] 本研究将测验内部结构,即用测验因素效度来对量表构想效度进行验证,该过程通过 SPSS 软件运用探索性因子分析等因素分析法得出。

5.2.1.2 因子分析的处理标准

为了验证所设计的问卷结构是否能够达到调研者的期望,有必要对问卷内容进行结构分析。在本文中,因子分析法被用来检验问卷的结构效度,具体细节包含四个步骤,如下文所述。

---

① 黄光扬. 教育测量与评价[M]. 上海:华东师范大学出版社,2014.
② 张志祯,齐文鑫. 教育评价中的信息技术应用:赋能、挑战与对策[J]. 中国远程教育,2021(03):1-11+76.
③ 朱德全. 教育测量与评价[M]. 北京:高等教育出版社,2019.
④ 张屹,周平红. 教育研究中定量数据的统计与分析——基于 SPSS 的应用案例解析[M]. 北京:北京大学出版社,2015.

第一步：验证变量是否有做因子分析的可行性。我们通过 SPSS 中的两种方法对此进行检验，包括巴特利特球形检验（Bartlett）以及 KMO（Kaiser–Meyer–Olkin）检验。具体地说，Bartlett 从变量的相关系数矩阵入手来获得一系列统计数据的相伴概率 p 值，需要注意的是，该方法的 p 值须有 $p<0.05$ 的关系，[①] 当 $p>0.05$ 时，表明因子分析方法不适合分析该统计数据。KMO 统计量主要用来检验当前变量中简单相关系数和偏相关系数的关系，其取值范围为 $0\sim1$。Kaiser 提出了一般的 KMO 量化标准：$KMO>0.9$，表示非常适合；$0.8<KMO<0.9$ 表示适合；在 $0.7<KMO<0.8$ 情况下表示一般；在 $0.6<KMO<0.7$ 范围时表示不太适合；KMO 值在 0.5 以下表示极不适合。[②] 由此可知，KMO 值在 0.6 以上才可以达到因素分析的基本标准。

第二步：建立因子变量。得到因子变量的方法有很多，在因子分析中，应用比较普遍的方法主要包括主成分分析法，另外还可以采用主轴因子分析法来构造因子变量。

第三步：阐述因子变量命名。主成分分析法被作为本研究的因子分析方法。在此种方法中，基于内定的 Kaiser 正态化处理，最大变异法被用来进行直交转轴。本研究基于 3 个基本原则处理不合适的内容：删除在公共因子上共同度小于 0.4、最大载荷小于 0.35 的题项；删除公共因子下只有 1 个题项的；删除在 2 个及以上公共因子上具有接近因子载荷的题项，本研究拟采用的删除标准是删除小数中十分位相同的因子载荷数值。

第四步：计算因子分数。在后续的数据建模过程中，将因子变量用来替换原有变量以便能够达到降维和简化[③]的效果。

[①] 杨晓明. SPSS 在教育统计中的应用（第二版）[M]. 北京：高等教育出版社，2012.
[②] 张屹，周平红. 教育研究中定量数据的统计与分析——基于 SPSS 的应用案例解析[M]. 北京：北京大学出版社，2015.
[③] 张屹，周平红. 教育研究中定量数据的统计与分析——基于 SPSS 的应用案例解析[M]. 北京：北京大学出版社，2015.

5.2.2 问卷效度分析的结果

对首都高校本科生工程实践能力的效度测量过程如下（见表5-2）。

表5-2 工程实践能力 KMO 和巴特利特球形检验

KMO		0.881
巴特利特球形检验	近似卡方	1758.463
	自由度	210
	显著性	0.000

表5-2是对首都高校本科生工程实践能力评价量表进行 KMO 和 Bartlett 检验的结果。KMO 值为 0.881，大于 0.8，即工程实践能力的变量间存在的共同因素较多。Bartlett 检验中的显著值为 0.000，小于 0.05，故拒绝 Bartlett 检验的零假设，认为首都高校本科生工程实践能力评价问卷做因子分析较为适合。

表5-3 因子提取结果

成分	初始特征值			提取载荷平方和			旋转载荷平方和		
	总计	方差贡献率（%）	累计方差贡献率（%）	总计	方差贡献率（%）	累计方差贡献率（%）	总计	方差贡献率（%）	累计方差贡献率（%）
1	8.512	40.535	40.535	8.512	40.535	40.535	3.814	18.160	18.160
2	3.016	14.360	54.895	3.016	14.360	54.895	3.772	17.961	36.121
3	2.127	10.130	65.025	2.127	10.130	65.025	3.205	15.262	51.383
4	1.377	6.558	71.582	1.377	6.558	71.582	2.934	13.973	65.356
5	0.971	4.624	76.206	0.971	4.624	76.206	2.278	10.850	76.206
6	0.608	2.896	79.102						
7	0.557	2.652	81.754						
8	0.529	2.519	84.273						
9	0.436	2.074	86.347						
10	0.403	1.917	88.264						
11	0.348	1.656	89.920						

续表

成分	初始特征值 总计	初始特征值 方差贡献率（%）	初始特征值 累计方差贡献率（%）	提取载荷平方和 总计	提取载荷平方和 方差贡献率（%）	提取载荷平方和 累计方差贡献率（%）	旋转载荷平方和 总计	旋转载荷平方和 方差贡献率（%）	旋转载荷平方和 累计方差贡献率（%）
12	0.335	1.593	91.513						
13	0.316	1.504	93.017						
14	0.253	1.207	94.224						
15	0.231	1.099	95.323						
16	0.211	1.007	96.329						
17	0.185	0.883	97.212						
18	0.167	0.793	98.005						
19	0.152	0.725	98.730						
20	0.136	0.649	99.379						
21	0.131	0.621	100.000						

注：提取方法为主成分分析法。

表5-3体现了采用所收集的数据做因子分析后的因子提取和因子旋转结果。特征根值（Eigenvalue）作为提取公共因子数量的依据，位于"初始特征值"的第一列，它是提取公共因子数量的依据。各因子变量的方差贡献率（Contribution Ratio）位于第2列，表示各公共因子包含的信息占总信息的百分比。[①] 第3列是因子变量的累计方差贡献率，表示前n个因子描述的总方差占原有变量总方差的比例。这3个值描述了初始因子解的情况。如第5行的0.971，表示第5个因子的特征根值，刻画了原有21个变量总方差贡献率为4.624%，是0.971/21的结果，这时累计方差贡献率为76.206%。观察表5-3可见，提取5个公共因子后，它们展现了原有变量大部分信息，即"工程实践能力"维度共抽取5个公共因子后，5个公共因子共解释76.206%的变量信息。

图5-1中横坐标是首都高校本科生工程实践能力评价指标的公共因子数，纵坐标是公共因子的特征值。我们在确定因素的数目时，可以借

[①] 张奇. SPSS for Windows 在心理学与教育学中的应用 [M]. 北京：北京大学出版社，2009.

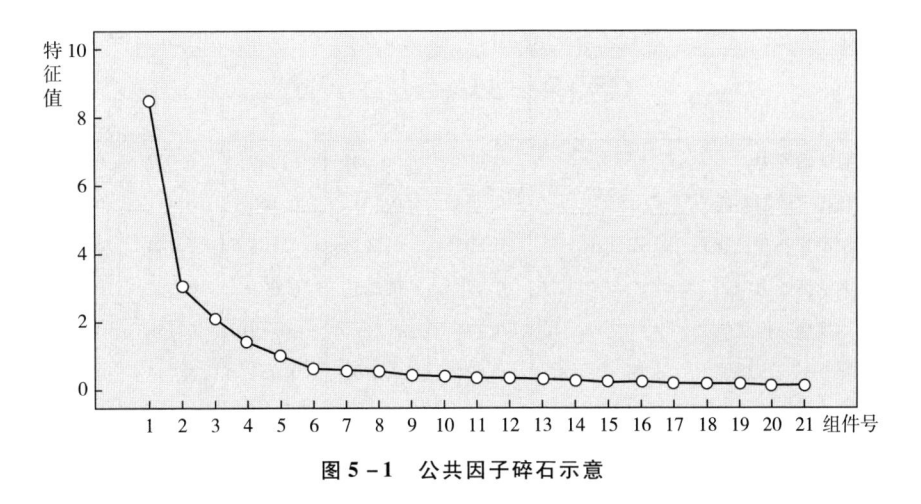

第5章 首都高校本科生工程实践能力评价指标体系确立

图 5-1 公共因子碎石示意

助公共因子碎石图检验（Screen Test），判断标准是取坡线突然激升的公共因子，也就是陡坡斜率较高的那一点，根据图5-1的横坐标可以看出在第5个公共因子以后坡度较为平缓，无特殊公共因子值得提取。[①]

表5-4为旋转后的成分矩阵，采用最大变异法进行直交转轴，由于是直交转轴，故综合总系数可视为变量与公共因子相关系数矩阵，即因子结构矩阵，转轴时采用凯撒正态化最大方差法。"工程实践能力"维度上各因子在旋转7次迭代后收敛。依据以上效度分析的处理标准与原则，"工程实践能力"维度上各因子均符合要求，不需要删除题项，提取公共因子5个，共可解释76.206%的原变量信息。首都高校本科生工程实践能力评价指标体系将以此为依据进行因子命名，并以此为基础开展评价指标体系和问卷的修正。

表5-4 旋转后的成分矩阵

类别	成分				
	1	2	3	4	5
问题诊断能力	0.222	0.131	0.164	0.109	0.837
问题整合能力	0.340	0.278	0.077	0.206	0.682

---

① 韩晨光. 理工科大学生创业能力评价研究［D］. 北京：北京科技大学博士学位论文，2015.

续表

类别	成分				
	1	2	3	4	5
应急处理能力	0.358	-0.083	0.230	0.032	0.754
工程技术的创新能力	0.768	0.153	0.160	0.111	0.359
方案设计与开发能力	0.807	0.227	0.163	0.143	0.230
方案论证能力	0.778	0.225	0.091	0.162	0.137
工程模型的构建能力	0.774	0.169	-0.191	0.156	0.149
系统分析与优化能力	0.828	0.270	0.034	0.044	0.144
工程知识的使用能力	0.319	0.758	0.074	0.274	0.257
工程技术的应用能力	0.252	0.850	0.073	0.093	0.066
工程工具的使用能力	0.254	0.776	0.102	0.190	0.101
学科知识交叉运用能力	0.203	0.788	0.160	0.099	0.095
工程标准的理解与应用能力	0.061	0.839	0.256	0.117	-0.070
组织协调与领导能力	0.040	0.244	0.793	0.297	0.164
工程项目管理能力	0.046	0.163	0.874	0.165	0.081
合作交流能力	0.102	0.111	0.772	0.270	0.100
跨文化沟通能力	0.005	0.084	0.794	0.181	0.138
遵守职业规范和相关法律的能力	0.046	0.183	0.368	0.739	0.229
保护环境资源可持续发展的能力	0.194	0.164	0.237	0.828	0.044
确保生命健康与安全的能力	0.077	0.174	0.230	0.765	0.284
危机预防能力	0.237	0.147	0.209	0.782	-0.100

注：提取方法为主成分分析法。旋转方法为凯撒正态化最大方差法，旋转在7次迭代后已收敛。

5.3 首都高校本科生工程实践能力评价信度分析

信度，是指可靠或稳定程度，而测验信度是指测量结果的可靠程度。[1]

---

[1] 朱德全. 教育测量与评价［M］. 北京：高等教育出版社，2016.

第 5 章　首都高校本科生工程实践能力评价指标体系确立

检验内在信度的目的是确定同一量表上的问题是否测量了同一的概念或特质。

检验外部信度的目的是确定同一问卷在不同时间多次对同一组被调查者进行测量时，结果是否一致。由于教育测量的对象是人，会受到各种主客观因素如评分者和测验的外部环境等的影响[1]，因此常用内在信度分析来测验信度。

以下对本研究中"问题分析与解决能力""工程应用与操作能力""工程项目团队合作能力""方案论证与设计开发能力""社会非技术性能力"5 个维度进行信度分析。

5.3.1　问题分析与解决能力的信度分析

从表 5-5 可知："问题分析与解决能力" Cronbach α 系数值为 0.864，大于 0.8，说明"问题分析与解决能力"的数据信度质量高。针对"问题诊断能力""问题整合能力""应急处理能力"任一项删除 α 系数，Cronbach α 系数值均降低，所以这三个题项均予以保留不做删除处理。三个题项的校正项总计相关性值均大于 0.4，说明"问题诊断能力""问题整合能力"和"应急处理能力"三者之间相关关系良好，信度水平较高。综合上文所述，"问题分析与解决能力"信度系数值高于 0.8，信度质量高，可以进行下一步的分析论证。

表 5-5　问题分析与解决能力的 Cronbach 信度分析

名称	校正项总计相关性（CITC）	题项已删除的 α 系数	Cronbach α 系数
问题诊断能力	0.774	0.784	0.864
问题整合能力	0.742	0.809	
应急处理能力	0.714	0.836	

5.3.2　方案论证与设计开发能力的信度分析

从表 5-6 可知："方案论证与设计开发能力" Cronbach α 系数值为

---

[1]　温忠麟. 教育研究方法基础（第 3 版）[M]. 北京：高等教育出版社，2017.

0.901,信度质量很高。"工程技术的创新能力""方案设计与开发能力"等任一题项被删除后,信度系数均没有提高,说明这五个题项应该予以保留不做删除处理。"工程技术的创新能力""方案设计与开发能力"等五个分析项的 CITC 值均大于 0.4,说明"方案论证与设计开发能力"下的五个分析项之间具有良好的相关关系,同时也说明"方案论证与设计开发能力"信度水平较高。综合上文所述,"方案论证与设计开发能力"信度系数值高于 0.9,表明数据信度质量高,可以进行接下来的分析。

表5-6 方案论证与设计开发能力的 Cronbach 信度分析

名称	校正项总计相关性（CITC）	题项已删除的 α 系数	Cronbach α 系数
工程技术的创新能力	0.803	0.870	0.901
方案设计与开发能力	0.815	0.866	
方案论证能力	0.701	0.891	
工程模型的构建能力	0.672	0.897	
系统分析与优化能力	0.785	0.873	

5.3.3 工程应用与操作能力的信度分析

观察表5-7,"工程应用与操作能力"的信度系数值,即 Cronbach α 系数值为 0.905,略高于 0.9,说明"工程应用与操作能力"的研究数据信度质量很高。针对"工程知识的使用能力""工程技术的应用能力""工程工具的使用能力"等五项指标任一题项删除 α 系数后,"工程应用与操作能力"Cronbach α 系数值信度系数会降低,甚至低于 0.900,说明这五个题项不应该做删除处理。且分析项的校正项总计相关性大部分位于 0.7~0.8,表示"工程应用与操作能力"的五个分析项之间的相关关系较好且信度水平较高。综合上文所述,"工程应用与操作能力"信度系数值高于 0.9,这说明其信度质量高,能够用于接下来深入的分析。

表 5-7 工程应用与操作能力的 Cronbach 信度分析

名称	校正项总计相关性（CITC）	题项已删除的 α 系数	Cronbach α 系数
工程知识的使用能力	0.832	0.875	
工程技术的应用能力	0.809	0.878	
工程工具的使用能力	0.758	0.886	0.905
学科知识交叉运用能力	0.689	0.903	
工程标准的理解与应用能力	0.779	0.882	

5.3.4 工程项目团队合作能力的信度分析

观察表 5-8 可知："工程项目团队合作能力"信度系数值为 0.907，高于 0.9，说明该题项的研究数据信度质量很高。针对"组织协调与领导能力""工程项目管理能力"等四项任一题项删除 α 系数后，其信度系数都有所下降，且低于 0.9，不仅不会提高信度而且会降低信度，说明这四个项目都不应该做删除处理。四个分析项的 CITC 值均处于 0.7~0.9，可见"组织协调与领导能力"等分析项之间相关关系较好，信度水平高。综合上文所述，"工程项目团队合作能力"信度系数值高于 0.9，这说明其研究数据信度质量高，接下来的研究可以继续使用该数据。

表 5-8 工程项目团队合作能力的 Cronbach 信度分析

名称	校正项总计相关性（CITC）	题项已删除的 α 系数	Cronbach α 系数
组织协调与领导能力	0.873	0.849	
工程项目管理能力	0.806	0.875	0.907
合作交流能力	0.763	0.893	
跨文化沟通能力	0.746	0.899	

5.3.5 社会非技术性能力的信度分析

由表 5-9 可知，"社会非技术性能力"的信度系数为 0.893，大于 0.8，与 0.9 接近，表示其数据信度质量较高。至于"遵守职业规范和相关法律的能力""保护环境资源可持续发展的能力"等题项中任意一个题项被删除后，α系数均有所降低，因此四个题项应该予以保留。表5-9中的校正项总计相关性大于0.7，说明"社会非技术性能力"中"遵守职业规范和相关法律的能力""危机预防能力"等四个分析项相关关系良好。综合上文所述，"社会非技术性能力"信度系数高，接下来的分析可以使用该数据。

表5-9 社会非技术性能力的Cronbach信度分析

名称	校正项总计相关性（CITC）	题项已删除的α系数	Cronbach α 系数
遵守职业规范和相关法律的能力	0.779	0.857	0.893
保护环境资源可持续发展的能力	0.830	0.838	
确保生命健康与安全的能力	0.736	0.874	
危机预防能力	0.725	0.877	

5.4 运用层次分析法计算评价指标权重

基于上述理论的分析，结合之前研究得出的首都高校本科生工程实践能力评价指标池，"首都高校本科生工程实践能力评价指标体系"拟采用层次分析法来计算首都高校本科生工程实践能力各指标项的权重值，为下一步评价打下基础。

指标权重计算的基本步骤如下：首先，设计调查问卷并向工程教育领域研究的专家及工作人员发放，使其依据层次分析法的评价尺度来填写，并回收问卷，本次研究共邀请21位专家依据上述要求对各指标进行判断分析，分别是高校工科教授15名、企业工程师等工程技术人员6名，删除无效问卷2份，保留19份。其次，构建出首都高校本科生工程实践能力评价同一层级评价标准的两两比较判断矩阵。最后，采用层次分析法来计算首都高校本科生工程实践能力评价指标体系的权重系数。

5.4.1 建立层次结构

在前文分析的基础上建立层次结构（见表 5-10 所示）。

表 5-10 首都高校本科生工程实践能力评价指标体系

序号	一级指标	二级指标
1	C_1 问题分析与解决能力	C_{11} 问题诊断能力
2		C_{12} 问题整合能力
3		C_{13} 应急处理能力
4	C_2 方案论证与设计开发能力	C_{21} 工程技术的创新能力
5		C_{22} 方案设计与开发能力
6		C_{23} 方案论证能力
7		C_{24} 工程模型的构建能力
8		C_{25} 系统分析与优化能力
9	C_3 工程应用与操作能力	C_{31} 工程知识的使用能力
10		C_{32} 工程技术的应用能力
11		C_{33} 工程工具的使用能力
12		C_{34} 学科知识交叉运用能力
13		C_{35} 工程标准的理解与应用能力
14	C_4 工程项目团队合作能力	C_{41} 组织协调与领导能力
15		C_{42} 工程项目管理能力
16		C_{43} 合作交流能力
17		C_{44} 跨文化沟通能力
18	C_5 社会非技术性能力	C_{51} 遵守职业规范和相关法律的能力
19		C_{52} 保护环境资源可持续发展的能力
20		C_{53} 确保生命健康与安全的能力
21		C_{54} 危机预防能力

5.4.2 构造对比判断矩阵

为了保证判断的科学性，对个别专家的极端判断数值进行了删除，具体过程为：首先计算 19 位专家个体判断矩阵中每一元素的平均值以及标准差，然后删除超过评价均值 2 倍标准差的判断数据，再次计算平均数，形成专家群体判断矩阵①，如表5-11至表5-16所示。

表 5-11　一级指标判断矩阵——工程实践能力

指标	C_1 问题分析与解决能力	C_2 方案论证与设计开发能力	C_3 工程应用与操作能力	C_4 工程项目团队合作能力	C_5 社会非技术性能力
C_1 问题分析与解决能力	1	7/4	4/3	9/5	9/5
C_2 方案论证与设计开发能力	4/7	1	5/3	3/2	4/3
C_3 工程应用与操作能力	3/4	3/5	1	4/3	5/3
C_4 工程项目团队合作能力	5/9	2/3	3/4	1	9/7
C_5 社会非技术性能力	5/9	3/4	3/5	7/9	1

表 5-12　二级指标判断矩阵——问题分析与解决能力

指标	C_{11} 问题诊断能力	C_{12} 问题整合能力	C_{13} 应急处理能力
C_{11} 问题诊断能力	1	2	2
C_{12} 问题整合能力	1/2	1	2
C_{13} 应急处理能力	1/2	1/2	1

表 5-13　二级指标判断矩阵——方案论证与设计开发能力

指标	C_{21} 工程技术的创新能力	C_{22} 方案设计与开发能力	C_{23} 方案论证能力	C_{24} 工程模型的构建能力	C_{25} 系统分析与优化能力
C_{21} 工程技术的创新能力	1	3	4/3	2	7/5
C_{22} 方案设计与开发能力	1/3	1	5/4	7/5	4/3
C_{23} 方案论证能力	3/4	4/5	1	1	1

---

① Satty 等人建议采取对因子进行两两比较建立成对比较矩阵的办法。一般采用1~9及其倒数的标度方法。相互比较因素的比较规则为：因素 I 与因素 J，若同样重要，则赋值1；稍微重要，则赋值3；明显重要，则赋值5；强烈重要，则赋值7；极端重要，则赋值9；上述两相邻判断的中值则分别取2、4、6、8。

续表

指标	C_{21}工程技术的创新能力	C_{22}方案设计与开发能力	C_{23}方案论证能力	C_{24}工程模型的构建能力	C_{25}系统分析与优化能力
C_{24}工程模型的构建能力	1/2	5/7	1	1	5/7
C_{25}系统分析与优化能力	5/7	3/4	1	7/5	1

表 5-14　二级指标判断矩阵——工程应用与操作能力

指标	C_{31}工程知识的使用能力	C_{32}工程技术的应用能力	C_{33}工程工具的使用能力	C_{34}学科知识交叉运用能力	C_{35}工程标准的理解与应用能力
C_{31}工程知识的使用能力	1	2	9/8	5/3	4/3
C_{32}工程技术的应用能力	1/2	1	3	5/3	3/2
C_{33}工程工具的使用能力	8/9	1/3	1	5/8	7/8
C_{34}学科知识交叉运用能力	3/5	3/5	8/5	1	5/4
C_{35}工程标准的理解与应用能力	3/4	2/3	8/7	4/5	1

表 5-15　二级指标判断矩阵——工程项目团队合作能力

指标	C_{41}组织协调与领导能力	C_{42}工程项目管理能力	C_{43}合作交流能力	C_{44}跨文化沟通能力
C_{41}组织协调与领导能力	1	7/8	1	7/3
C_{42}工程项目管理能力	8/7	1	8/9	7/3
C_{43}合作交流能力	1	9/8	1	7/3
C_{44}跨文化沟通能力	3/7	3/7	3/7	1

表 5-16　二级指标判断矩阵——社会非技术性能力

指标	C_{51}遵守职业规范和相关法律的能力	C_{52}保护环境资源可持续发展的能力	C_{53}确保生命健康与安全的能力	C_{54}危机预防能力
C_{51}遵守职业规范和相关法律的能力	1	2	1	2
C_{52}保护环境资源可持续发展的能力	1/2	1	8/7	7/6
C_{53}确保生命健康与安全的能力	1	7/8	1	5/2
C_{54}危机预防能力	1/2	6/7	2/5	1

5.4.3　一级指标权重计算过程与一致性判断结果

由于高校工科教师、工程师等工程技术人员对工程实践能力认识存在多样性，为了检验专家们对工程实践能力的判断矩阵是否一致，在利用 AHP 层次分析法进行首都高校本科生工程实践能力指标权重计算时需要进行一致性检验。计算过程如下：（1）计算一致性指标 CI 值，$CI = $（最大特征值 $\lambda_{max} - n$）/（$n-1$）。（2）结合判断矩阵阶数针对 RI 值查表，得到平均一致性指标 RI 值。（3）计算一致性指标 CR 值，$CR = CI/RI$，然后进行一致性判断（判断的标准为：$CR < 0.1$ 时，则判断矩阵满足一致性检验；$CR > 0.1$，说明该判断矩阵不具有一致性，需进行适当调整）。确定各个指标权重的计算过程如下：（1）将表 5-11 至表 5-16 的比较结果分别写成矩阵的形式，得到矩阵 $A_1 \sim A_6$。（2）对矩阵 $A_1 \sim A_6$ 的每一竖列进行归一化处理，得到矩阵 $B_1 \sim B_6$。（3）将矩阵 $B_1 \sim B_6$ 每一横行的数据相加，得到矩阵 $C_1 \sim C_6$。（4）对矩阵 $C_1 \sim C_6$ 的各数进行归一化处理，就得到首都高校本科生工程实践能力各指标的权重。

在一级指标"工程实践能力"判断矩阵基础上，运用 Matlab 软件计算二级指标"问题分析与解决能力"判断矩阵的最大特征值

$\lambda_{\max}=5.07$，相应的标准化特征向量 $W=[0.28,0.22,0.20,0.16,0.14]^T$，

一致性检验：$CI=(\lambda_{\max}-n)/(n-1)=(5.07-5)/(5-1)=0.018$

一致性比率：$CR=CI/RI=0.018/1.120=0.016$

$CI=0.018$，针对 RI 值查表为 1.120，$CR=0.016$，0.016<0.1，一级指标"工程实践能力"判断矩阵满足一致性检验。然后对首都高校本科生工程实践能力各一级指标权重进行计算，结果如下（见表 5-17）。

表 5-17 首都高校本科生工程实践能力评价指标体系一级指标权重设置

一级指标	问题分析与解决能力	方案论证与设计开发能力	工程应用与操作能力	工程项目团队合作能力	社会非技术性能力
权重	0.28	0.22	0.20	0.16	0.14

5.4.4 二级指标权重计算过程与一致性判断结果

在二级指标"问题分析与解决能力"判断矩阵基础上，运用 Matlab 软件计算二级指标"问题分析与解决能力"判断矩阵的最大特征值 $\lambda_{\max}=3.05$ 及相应的标准化特征向量 $W=[0.50,0.31,0.19]^T$，

一致性检验：$CI=(3.05-3)/(3-1)=0.025$

一致性比率：$CR=CI/RI=0.025/0.580=0.043$

$CI=0.025$，针对 RI 值查表为 0.580，$CR=0.043$，0.043<0.1，意味着二级指标"问题分析与解决能力"判断矩阵满足一致性检验，计算所得权重具有一致性，"问题分析与解决能力"的指标权重如表 5-18 所示。

表 5-18 "问题分析与解决能力"指标权重设置

二级指标	问题诊断能力	问题整合能力	应急处理能力
权重	0.50	0.31	0.19

在二级指标"方案论证与设计开发能力"判断矩阵基础上，运用

Matlab 软件计算二级指标"方案论证与设计开发能力"判断矩阵的最大特征值 λ_{max} = 5.127，相应的标准化特征向量 W = [0.32, 0.19, 0.17, 0.14, 0.18]^T，

一致性检验：CI = (5.127 - 5)/(5 - 1) = 0.032

一致性比率：CR = CI/RI = 0.032/1.120 = 0.029

CI = 0.032，RI = 1.120，CR = 0.032，0.032 < 0.1，"方案论证与设计开发能力"判断矩阵满足一致性检验，所得权重具有一致性，"方案论证与设计开发能力"的指标权重如表 5 - 19 所示。

表 5 - 19 "方案论证与设计开发能力"指标权重设置

二级指标	工程技术的创新能力	方案设计与开发能力	方案论证能力	工程模型的构建能力	系统分析与优化能力
权重	0.32	0.19	0.17	0.14	0.18

在二级指标"工程应用与操作能力"判断矩阵基础上，运用 Matlab 软件计算"工程应用与操作能力"判断矩阵的最大特征值 λ_{max} = 5.227 及相应的标准化特征向量 W = [0.28, 0.25, 0.14, 0.17, 0.16]^T，

一致性检验：CI = (5.227 - 5)/(5 - 1) = 0.057

一致性比率：CR = CI/RI = 0.057/1.120 = 0.051

本次针对 5 阶判断矩阵计算得到 CI 值 0.057，针对 RI 值查表为 1.120，因此计算得到 CR 值为 0.051，0.051 < 0.1，意味着本次研究判断矩阵满足一致性检验，计算所得权重具有一致性，"工程应用与操作能力"指标权重设置如表 5 - 20 所示。

表 5 - 20 "工程应用与操作能力"指标权重设置

二级指标	工程知识的使用能力	工程技术的应用能力	工程工具的使用能力	学科知识交叉运用能力	工程标准的理解与应用能力
权重	0.28	0.25	0.14	0.17	0.16

在"工程项目团队合作能力"判断矩阵基础上，运用 Matlab 软件计算"工程项目团队合作能力"判断矩阵的最大特征值 λ_{max} = 4.006 及

相应的标准化特征向量 $W = [0.28, 0.29, 0.30, 0.12]^T$，

一致性检验：$CI = (4.006 - 4)/(4 - 1) = 0.002$

一致性比率：$CR = CI/RI = 0.002/0.90 = 0.002$

计算得出 CR 值 = 0.002，0.002 < 0.1，"工程项目团队合作能力"判断矩阵满足一致性检验，所得权重具有一致性，"工程项目团队合作能力"指标权重设置如表 5-21 所示。

表 5-21 "工程项目团队合作能力"指标权重设置

二级指标	组织协调与领导能力	工程项目管理能力	合作交流能力	跨文化沟通能力
权重	0.28	0.29	0.30	0.12

在二级指标"社会非技术性能力"判断矩阵基础上，运用 Matlab 软件计算"社会非技术性能力"判断矩阵的最大特征值 $\lambda_{\max} = 4.099$ 及相应的标准化特征向量 $W = [0.33, 0.22, 0.29, 0.15]^T$，

一致性检验：$CI = (4.099 - 4)/(4 - 1) = 0.033$

一致性比率：$CR = CI/RI = 0.033/0.90 = 0.037$

本次针对 4 阶判断矩阵计算得到 CI 值为 0.033，针对 RI 值查表为 0.90，因此计算得到 CR 值为 0.037，0.037 < 0.1，意味着本次研究判断矩阵满足一致性检验，计算所得权重具有一致性，"社会非技术性能力"指标权重设置如表 5-22 所示。

表 5-22 "社会非技术性能力"指标权重设置

二级指标	遵守职业规范和相关法律的能力	保护环境资源可持续发展的能力	确保生命健康与安全的能力	危机预防能力
权重	0.33	0.22	0.29	0.15

将上述结果进行整理，得到最终的首都高校本科生工程实践能力评价指标体系权重，如表 5-23 所示。其中"问题分析与解决能力"这一指标权重最大，这与在本研究中对"工程实践能力"的定义的落脚点"是解决问题的能力"是一致的。另外"方案论证与设计开发能力"

"工程应用与操作能力"的权重均不低于0.20,"工程项目团队合作能力"与"社会非技术性能力"的权重均低于0.20。可见,在专家看来,在工程实践能力的结构中"技术科学"比"社会科学"更重要。

表5–23 首都高校本科生工程实践能力指标权重设置

一级指标	二级指标
C_1 问题分析与解决能力(0.28)	C_{11} 问题诊断能力(0.50)
	C_{12} 问题整合能力(0.31)
	C_{13} 应急处理能力(0.19)
C_2 方案论证与设计开发能力(0.22)	C_{21} 工程技术的创新能力(0.32)
	C_{22} 方案设计与开发能力(0.19)
	C_{23} 方案论证能力(0.17)
	C_{24} 工程模型的构建能力(0.14)
	C_{25} 系统分析与优化能力(0.18)
C_3 工程应用与操作能力(0.20)	C_{31} 工程知识的使用能力(0.28)
	C_{32} 工程技术的应用能力(0.25)
	C_{33} 工程工具的使用能力(0.14)
	C_{34} 学科知识交叉运用能力(0.17)
	C_{35} 工程标准的理解与应用能力(0.16)
C_4 工程项目团队合作能力(0.16)	C_{41} 组织协调与领导能力(0.28)
	C_{42} 工程项目管理能力(0.29)
	C_{43} 合作交流能力(0.30)
	C_{44} 跨文化沟通能力(0.12)
C_5 社会非技术性能力(0.14)	C_{51} 遵守职业规范和相关法律的能力(0.33)
	C_{52} 保护环境资源可持续发展的能力(0.22)
	C_{53} 确保生命健康与安全的能力(0.29)
	C_{54} 危机预防能力(0.15)

5.5 本章小结

本章首先根据首都高校本科生工程实践能力评价要素体系设计企业

第 5 章　首都高校本科生工程实践能力评价指标体系确立

版调查问卷，在北京多个企业进行随机问卷调查，共回收 117 份有效问卷，根据调查问卷的数据收集结果进行信度及效度分析，从而构建首都高校本科生工程实践能力评价指标体系，然后对评价指标体系进行进一步的调整，得出终版"首都高校本科生工程实践能力评价指标"和量表。邀请 21 位专家依据上述要求对各指标进行判断分析，构建出首都高校本科生工程实践能力评价同一层级评价标准的两两比较判断矩阵，采用层次分析法来计算首都高校本科生工程实践能力评价指标体系的权重系数。

第6章　首都高校本科生工程实践能力的实证评价

在开展首都高校本科生工程实践能力评价指标体系建设之后，根据该指标体系开展实地的首都高校本科生工程实践能力评价。

6.1　运用模糊综合评价法开展首都高校本科生工程实践能力评价

模糊综合评价法是目前我国学校教育评价中应用比较广泛的一种评价方法。这种评价方法一方面将定性判断与定量分析结合起来，比较科学；另一方面，有明确的目标和标准，评价结果是精确的数值便于比较。因此，可以借助该方法展开首都高校本科生工程实践能力的评价，进而科学客观地了解首都高校本科生工程实践能力水平。此次评价调查的对象是地处北京的企业中从事与工程行业相关工作的人员，要求他们通过其自身工作中对工程实践能力的感知对首都高校本科生的工程实践能力进行最为直观的评价，然后对调查结果进行模糊综合处理。

6.1.1　首都高校本科生工程实践能力评价对象基本情况

在企业的选择上，首先选择地处首都的企业，因为《2019年北京地区高校毕业生就业质量年度报告》显示，2019年北京高校本科毕业生 119801 人，其中理工类 49252 人，占比 41.11%，在京就业率 60.32%，可见首都高校的毕业生大部分就业地为北京。然后，从企业所处行业进行抽样调查，以工程类企业为主导，尽可能多地覆盖各个行业。岗位人群也面向生产、研发、管理、销售等各个岗位，但必须具备对工程实践能力结构需求的准确认识。且用人单位可以从首都高校毕业生的工程实践能力达成度是否符合产业和企业需求出发进行评价，因此，选取企业人员进行问卷的发放具有一定的合理性。

此次调查共回收问卷 420 份，剔除无效问卷 15 份。样本数据中，所处行业类别较多的为建筑业，科学研究和技术服务业，信息传输、软件和信息技术服务业，批发和零售业，采矿业，制造业等产业。参与调查的企业有中国建筑技术集团有限公司、北京艾之兰园林工程有限公司、中北矿业有限公司等 64 家，调查对象的统计学指标见表 6-1。

表 6-1 调查对象的统计学指标构成

单位：人，%

变量	类别	人数	百分比
性别	男	192	47.4
	女	213	52.6
	总计	405	100.0
受教育程度	大学专科	137	33.8
	大学本科	136	33.6
	硕士研究生及以上	132	32.6
	总计	405	100.0
工龄	1 年以下	115	28.4
	1~4 年	138	34.1
	5~10 年	101	24.9
	10 年以上	51	12.6
	总计	405	100.0
企业规模	大型	218	53.8
	中型	24	5.9
	小型	108	26.7

续表

变量	类别	人数	百分比
企业规模	微型	55	13.6
	总计	405	100.0

6.1.2 首都高校本科生工程实践能力实证评价过程

第一步：建立评价指标集。

主准则层评价指标集的建立如下：$U = \{U_1, U_2, U_3, U_4, U_5\}$，其中 U 代表首都高校本科生工程实践能力评价指标集；U_1 代表问题分析与解决能力，U_2 代表方案论证与设计开发能力，U_3 代表工程应用与操作能力，U_4 代表工程项目团队合作能力，U_5 代表社会非技术性能力。

次准则层指标集的建立如下：$U_1 = \{U_{11}, U_{12}, U_{13}\}$，其中，$U_1$ 代表问题分析与解决能力评价指标集合，U_{11} 代表问题诊断能力，U_{12} 代表问题整合能力，U_{13} 代表应急处理能力。$U_2 = \{U_{21}, U_{22}, U_{23}, U_{24}, U_{25}\}$，其中，$U_2$ 代表方案论证与设计开发能力评价指标集合，U_{21} 代表工程技术的创新能力，U_{22} 代表方案设计与开发能力，U_{23} 代表方案论证能力，U_{24} 代表工程模型的构建能力，U_{25} 代表系统分析与优化能力。$U_3 = \{U_{31}, U_{32}, U_{33}, U_{34}, U_{35}\}$，其中，$U_3$ 代表工程应用与操作能力评价指标集合，U_{31} 代表工程知识的使用能力，U_{32} 代表工程技术的应用能力，U_{33} 代表工程工具的使用能力，U_{34} 代表学科知识交叉运用能力，U_{35} 代表工程标准的理解与应用能力。$U_4 = \{U_{41}, U_{42}, U_{43}, U_{44}\}$，其中，$U_4$ 代表工程项目团队合作能力评价指标集合，U_{41} 代表组织协调与领导能力，U_{42} 代表工程项目管理能力，U_{43} 代表合作交流能力，U_{44} 代表跨文化沟通能力。$U_5 = \{U_{51}, U_{52}, U_{53}, U_{54}\}$，其中，$U_5$ 代表社会非技术性能力评价指标集合，U_{51} 代表遵守职业规范和相关法律的能力，U_{52} 代表保护环境资源可持续发展的能力，U_{53} 代表确保生命健康与安全的能力，U_{54} 代表危机预防能力。

第二步：建立评语集。以评价者对评价对象可能做出的各种总的评价结果为元素建立评语集，本研究设置评语等级数为7，即评语集为：

$V = \{V_1, V_2, V_3, V_4, V_5, V_6, V_7\}$，其中，$V$代表评语集合：$V_1$代表非常不满意，$V_2$代表不满意，$V_3$代表比较不满意，$V_4$代表一般，$V_5$代表比较满意，$V_6$代表基本满意，$V_7$代表非常满意。

第三步：进行一级模糊综合评价。首先，对问题分析与解决能力进行模糊综合评价，从指标层因素集中的单个因素出发进行评价，计算其综合评价值。

表6-2 问题分析与解决能力相关问题的统计调查结果

类别	V_1	V_2	V_3	V_4	V_5	V_6	V_7
U_{11}问题诊断能力	0.081	0.077	0.170	0.163	0.168	0.180	0.160
U_{12}问题整合能力	0.067	0.089	0.123	0.202	0.217	0.143	0.158
U_{13}应急处理能力	0.079	0.089	0.106	0.215	0.220	0.141	0.151

根据表6-2中数据，建立模糊综合评价关系矩阵R_{11}，由表5-18提取问题分析与解决能力的权重向量$A_{11} = [0.5005, 0.3137, 0.1857]$，选择模糊合成算子（矩阵乘法），计算其综合评价值：

$$B_{11} = A_{11} \times R_{11} = [0.50, 0.31, 0.19] \times$$

$$\begin{bmatrix} 0.081 & 0.077 & 0.170 & 0.163 & 0.168 & 0.180 & 0.160 \\ 0.067 & 0.089 & 0.123 & 0.202 & 0.217 & 0.143 & 0.158 \\ 0.079 & 0.089 & 0.106 & 0.215 & 0.220 & 0.141 & 0.151 \end{bmatrix}$$

$$= [0.0762, 0.0830, 0.1434, 0.1849, 0.1930, 0.1611, 0.1577]$$

对方案论证与设计开发能力进行模糊综合评价，从指标层因素集中的单个因素出发进行评价，计算其综合评价值。

表6-3 方案论证与设计开发能力相关问题的统计调查结果

类别	V_1	V_2	V_3	V_4	V_5	V_6	V_7
U_{21}工程技术的创新能力	0.077	0.064	0.202	0.205	0.22	0.104	0.128
U_{22}方案设计与开发能力	0.101	0.077	0.099	0.252	0.21	0.151	0.111
U_{23}方案论证能力	0.119	0.069	0.119	0.23	0.212	0.121	0.131
U_{24}工程模型的构建能力	0.086	0.094	0.099	0.23	0.212	0.146	0.133
U_{25}系统分析与优化能力	0.101	0.086	0.119	0.23	0.193	0.143	0.128

根据表 6-3 中数据，建立模糊综合评价关系矩阵 R_{12}，由表 5-19 提取方案论证与设计开发能力的权重向量 A_{12} = [0.32, 0.19, 0.17, 0.14, 0.18]，选择模糊合成算子（矩阵乘法），计算其综合评价值：

$$B_{12} = A_{12} \times R_{12} = [0.32, 0.19, 0.17, 0.14, 0.18] \times$$

$$\begin{bmatrix} 0.077 & 0.064 & 0.202 & 0.205 & 0.22 & 0.104 & 0.128 \\ 0.101 & 0.077 & 0.099 & 0.252 & 0.21 & 0.151 & 0.111 \\ 0.119 & 0.069 & 0.119 & 0.23 & 0.212 & 0.121 & 0.131 \\ 0.086 & 0.094 & 0.099 & 0.23 & 0.212 & 0.146 & 0.133 \\ 0.101 & 0.086 & 0.119 & 0.23 & 0.193 & 0.143 & 0.128 \end{bmatrix}$$

= [0.0945, 0.0757, 0.1381, 0.2264, 0.2107, 0.1290, 0.1260]

对工程应用与操作能力进行模糊综合评价，从指标层因素集中的单个因素出发进行评价，计算其综合评价值。

表 6-4 工程应用与操作能力相关问题的统计调查结果

类别	V_1	V_2	V_3	V_4	V_5	V_6	V_7
U_{31} 工程知识的使用能力	0.059	0.047	0.242	0.207	0.222	0.111	0.111
U_{32} 工程技术的应用能力	0.091	0.089	0.116	0.230	0.242	0.116	0.116
U_{33} 工程工具的使用能力	0.072	0.094	0.111	0.249	0.227	0.119	0.128
U_{34} 学科知识交叉运用能力	0.086	0.077	0.109	0.225	0.232	0.138	0.133
U_{35} 工程标准的理解与应用能力	0.106	0.069	0.109	0.227	0.220	0.126	0.143

根据表 6-4 中数据，建立模糊综合评价关系矩阵 R_{13}，由表 5-20 提取工程应用与操作能力的权重向量 A_{13} = [0.28, 0.25, 0.14, 0.17, 0.16]，选择模糊合成算子（矩阵乘法），计算其综合评价值：

$$B_{13} = A_{13} \times R_{13} = [0.28, 0.25, 0.14, 0.17, 0.16] \times$$

$$\begin{bmatrix} 0.059 & 0.047 & 0.242 & 0.207 & 0.222 & 0.111 & 0.111 \\ 0.091 & 0.089 & 0.116 & 0.230 & 0.242 & 0.116 & 0.116 \\ 0.072 & 0.094 & 0.111 & 0.249 & 0.227 & 0.119 & 0.128 \\ 0.086 & 0.077 & 0.109 & 0.225 & 0.232 & 0.138 & 0.133 \\ 0.106 & 0.069 & 0.109 & 0.227 & 0.220 & 0.126 & 0.143 \end{bmatrix}$$

= [0.0808, 0.0728, 0.1484, 0.2250, 0.2291, 0.1203, 0.1234]

对工程项目团队合作能力进行模糊综合评价,从指标层因素集中的单个因素出发进行评价,计算其综合评价值。

表 6-5 工程项目团队合作能力相关问题的统计调查结果

类别	V_1	V_2	V_3	V_4	V_5	V_6	V_7
U_{41} 组织协调与领导能力	0.052	0.284	0.281	0.220	0.084	0.044	0.035
U_{42} 工程项目管理能力	0.109	0.175	0.304	0.143	0.165	0.074	0.030
U_{43} 合作交流能力	0.074	0.094	0.109	0.225	0.217	0.128	0.153
U_{44} 跨文化沟通能力	0.096	0.141	0.314	0.215	0.165	0.062	0.007

根据表 6-5 中数据,建立模糊综合评价关系矩阵 R_{14},由表 5-21 提取工程项目团队合作能力的权重向量 A_{14} = [0.28, 0.29, 0.30, 0.12],选择模糊合成算子(矩阵乘法),计算其综合评价值:

$$B_{14} = A_{14} \times R_{14} = [0.28, 0.29, 0.30, 0.12] \times$$

$$\begin{bmatrix} 0.052 & 0.284 & 0.281 & 0.220 & 0.084 & 0.044 & 0.035 \\ 0.109 & 0.175 & 0.304 & 0.143 & 0.165 & 0.074 & 0.030 \\ 0.074 & 0.094 & 0.109 & 0.225 & 0.217 & 0.128 & 0.153 \\ 0.096 & 0.141 & 0.314 & 0.215 & 0.165 & 0.062 & 0.007 \end{bmatrix}$$

$$= [0.0808, 0.1772, 0.2402, 0.1983, 0.1578, 0.0803, 0.0655]$$

对社会非技术性能力进行模糊综合评价,从指标层因素集中的单个因素出发进行评价,计算其综合评价值。

表 6-6 社会非技术性能力相关问题的统计调查结果

类别	V_1	V_2	V_3	V_4	V_5	V_6	V_7
U_{51} 遵守职业规范和相关法律的能力	0.042	0.072	0.180	0.217	0.257	0.109	0.123
U_{52} 保护环境资源可持续发展的能力	0.077	0.079	0.101	0.202	0.254	0.123	0.163
U_{53} 确保生命健康与安全的能力	0.057	0.062	0.121	0.220	0.252	0.165	0.123
U_{54} 危机预防能力	0.096	0.059	0.114	0.205	0.190	0.175	0.16

根据表 6-6 中数据,建立模糊综合评价关系矩阵 R_{15},由表 5-22 提取社会非技术性能力的权重向量 A_{15} = [0.33, 0.22, 0.29, 0.15],选择模糊合成算子(矩阵乘法),计算其综合评价值:

$$B_{15} = A_{15} \times R_{15} = [0.33, 0.22, 0.29, 0.15] \times$$

$$\begin{bmatrix} 0.042 & 0.072 & 0.180 & 0.217 & 0.257 & 0.109 & 0.123 \\ 0.077 & 0.079 & 0.101 & 0.202 & 0.254 & 0.123 & 0.163 \\ 0.057 & 0.062 & 0.121 & 0.220 & 0.252 & 0.165 & 0.123 \\ 0.096 & 0.059 & 0.114 & 0.205 & 0.190 & 0.175 & 0.160 \end{bmatrix}$$

$$= [0.0477, 0.0669, 0.1281, 0.2010, 0.2464, 0.1495, 0.1358]$$

第四步，进行二级模糊综合评价。根据数据 $B_{11} \sim B_{15}$ 建立模糊评价关系矩阵 R_1。

$$R_1 = \begin{bmatrix} R_{11} \\ R_{12} \\ R_{13} \\ R_{14} \\ R_{15} \end{bmatrix} = \begin{bmatrix} 0.0762 & 0.0830 & 0.1434 & 0.1849 & 0.1930 & 0.1611 & 0.1577 \\ 0.0945 & 0.0757 & 0.1381 & 0.2264 & 0.2107 & 0.1290 & 0.1260 \\ 0.0808 & 0.0728 & 0.1484 & 0.2250 & 0.2291 & 0.1203 & 0.1234 \\ 0.0808 & 0.1772 & 0.2402 & 0.1983 & 0.1578 & 0.0803 & 0.0655 \\ 0.0477 & 0.0669 & 0.1281 & 0.2010 & 0.2464 & 0.1495 & 0.1358 \end{bmatrix}$$

由表 5 - 17 提取工程实践能力的权重向量 $A_1 = [0.28, 0.22, 0.20, 0.16, 0.14]$，选择模糊合成算子（矩阵乘法），计算其综合评价值：

$$B_1 = A_1 \times R_1 = [0.28, 0.22, 0.20, 0.16, 0.14] \times$$

$$\begin{bmatrix} 0.0762 & 0.0830 & 0.1434 & 0.1849 & 0.1930 & 0.1611 & 0.1577 \\ 0.0945 & 0.0757 & 0.1381 & 0.2264 & 0.2107 & 0.1290 & 0.1260 \\ 0.0808 & 0.0728 & 0.1484 & 0.2250 & 0.2291 & 0.1203 & 0.1234 \\ 0.0808 & 0.1772 & 0.2402 & 0.1983 & 0.1578 & 0.0803 & 0.0655 \\ 0.0477 & 0.0669 & 0.1281 & 0.2010 & 0.2464 & 0.1495 & 0.1358 \end{bmatrix}$$

$$= [0.0780, 0.0923, 0.1567, 0.2063, 0.2056, 0.1315, 0.1263]$$

6.1.3 首都高校本科生工程实践能力实证评价结果

在对首都高校本科生工程实践能力进行赋分时，按照95分为非常满意、90分为基本满意、85分为比较满意、75分为一般、70分为比较不满意、65分为不满意、60分为非常不满意进行赋分，从而得出首都高校本科生工程实践能力评价结果。85分以上（不包括85分）记为优秀，75~85分（不包括75分）记为良好，65~75分记为合格，65分以下（不包括65分）记为不合格。

表6-7 首都高校本科生工程实践能力得分

类别	非常不满意	不满意	比较不满意	一般	比较满意	基本满意	非常满意	分数	等级
工程实践能力总体	0.0780	0.0923	0.1567	0.2063	0.2056	0.1315	0.1263	78.42	良好
问题分析与解决能力	0.0762	0.0830	0.1434	0.1849	0.1930	0.1611	0.1577	79.76	良好
方案论证与设计开发能力	0.0945	0.0757	0.1381	0.2264	0.2107	0.1290	0.1260	78.73	良好
工程应用与操作能力	0.0808	0.0728	0.1484	0.2250	0.2291	0.1203	0.1234	78.87	良好
工程项目团队合作能力	0.0808	0.1772	0.2402	0.1983	0.1578	0.0803	0.0655	74.90	合格
社会非技术性能力	0.0477	0.0669	0.1281	0.2010	0.2464	0.1495	0.1358	78.55	良好

从表6-7可以看出，总体而言，首都高校本科生工程实践能力处于良好水平，方案论证与设计开发能力、工程应用与操作能力、社会非技术性能力、问题分析与解决能力均处于良好水平，与其他能力相比工程项目团队合作能力仅处于合格水平，存在较大的提升空间。

6.2 首都高校本科生工程实践能力培养存在的突出问题

为深入探究首都高校本科生工程实践能力培养存在的突出问题的成因，根据以上评价结果，对工科教师、业界人员、工科生开展了深入的访谈分析。工科教师的数量为3名，全部来自首都高校，既包含了青年教师又包括了经验丰富的骨干教师，且全部从事一线工程教育教学，熟知学校工程人才培养的过程，熟悉人才培养质量。[1] 企业人员5名，全部来自首都企业，大学生或研究生毕业于工科专业，其中3名毕业于首

---

[1] 余晓.面向产业需求的工程实践能力开发研究［D］.杭州：浙江大学博士学位论文，2012.

都高校，2名毕业于其他省份，从事与工程行业相关的工作，主要包括土木建筑、机械、计算机领域。工科学生的数量为9名，全部来自首都高校，包含土木工程、机械工程、计算机科学与技术、软件工程、交通工程、环境科学与工程等多个专业；包含从大二到大四的所有年级，大一学生不予考虑的原因是，访谈调查开展的时间为2020年11～12月，大一学生入学时间不到半年，对工程实践还没有明显的感知。综合实证评价及访谈调查结果进行深入的分析，发现首都高校本科生工程实践能力培养存在以下问题：工程项目团队合作能力相对薄弱、学校培养与企业需求脱节、工程实践能力整体水平不高等。

6.2.1 工程项目团队合作能力相对薄弱

首都高校本科生工程项目团队合作能力指标权重为0.1599，高校对工程项目团队合作能力的重视程度也不够高，与工程项目团队合作能力在工程实践能力结构中处于较低水平的实证结果相吻合。

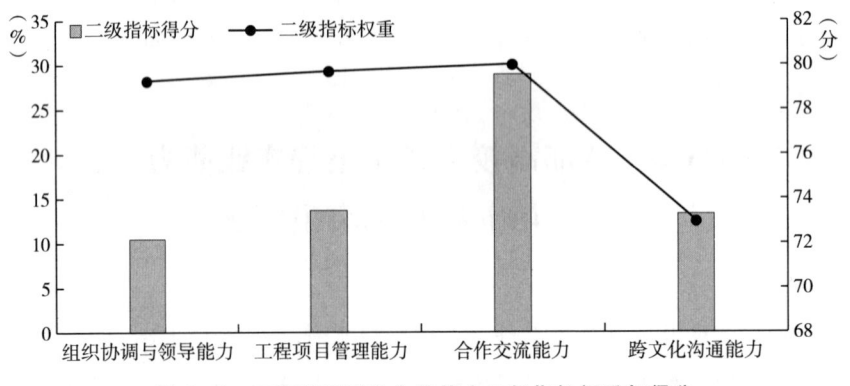

图6-1 工程项目团队合作能力二级指标权重与得分

在本研究中工程项目团队合作能力主要包括组织协调与领导能力、工程项目管理能力、合作交流能力、跨文化沟通能力。在二级指标权重分布中，合作交流能力权重最大，为30.03%，评价得分最高，为79.56分，实际得分与权重所处的位置较为一致。跨文化沟通能力权重最小，为12.48%，高校对跨文化沟通能力的重视程度不高，评价得分较低，为73.30。另外，在工程项目团队合作能力中，除了合作交流能力，组织协调与领导能力、工程项目管理能力、跨文化沟通能力均处于合格水平。这表明，在工程项目团队合作能力的培养过程中，组织协调与领导能力、工程项目管理能力、跨文化沟通能力应着重培养，从而提高首都高校本科生工程实践能力水平，进而提高首都高校本科生人才培养质量。

6.2.2 学校培养在一定程度上滞后于企业需求

从数据结果上看，企业认为首都高校本科生工程实践能力整体水平较高，这从侧面反映学校培养的人才在一定程度上并不能满足企业需求。在访谈中，一些工程技术人员也反映了与企业的真实需求相比，学校培养的人才基础较为浅显或过于偏向理论。例如，北大英华科技有限公司的一名产品经理，2014年毕业于北京某高校计算机专业，在接受访谈时他表示："对我来说项目管理能力是最重要的，但是我觉得我在学校中完全没有学到，其他能力比如技术开发、需求分析能力等在学校的课程中学到过，但是学得太浅了，更多的内容需要工作后自学。"又如，2018年毕业于北京某高校机械设计制造及自动化专业，现在就职于北京轨道交通技术装备集团有限公司的一名轨道车辆转向架设计师认为："本科学习的内容与工作需求的差异并不大，东西都是类似的，但本科学习的东西比较浅，本科仿真、设计等能力的培养比较少，但是工作中运用得比较多。还有一些实习，去参观的时候心里可以有个大概估量、有个认识，还包括我们学校自己的金工厂，都可以让自己懂一点。本科基本上就三年的课程，也就是基础的教育，学习的东西比较基础。"再如，北京×××有限公司的一名产品经理，2014年毕业于北京某高校计算机专业，在接受访谈时他表示："我觉得学校教育与社会需求是脱节的，据我观察，我发现有过社会培训的人他的一些工作能力更好一些，比如郑州大学在大四的时候，学校会联合社会培训机构组织学生进行学习，他们培养的人才更满足社会需要。"类似的观点在首都高校本科毕业生中并不少见。无论是从数据结果还是访谈分析都可以看出学校培养的人才在一定程度上落后于企业需求。

6.2.3 首都高校本科生工程实践能力整体水平有待提升

对于首都高校的工科生而言，良好的工程实践能力意义非凡。不仅能体现其较高的素质，而且对其未来的就业、工作等影响也巨大。然而从表6-7可以看出，虽然首都高校本科生工程实践能力处于良好的等级，但是分数仅为78.42分，与能力等级优秀的85分差距较大。可见，在工程师及工程技术人员看来，首都高校本科生工程实践能力整体水平存在较大的提升空间。访谈时一位已经被保研的大四同学就对自身工程实践能力是否满意回答如下："我不是很满意自己的能力，如果现在去就业我觉得还不行，我觉得我现在不具有充分的专业素养。我觉得我比较专注于课业内的内容，我平时会花很多时间来研究啊复习啊学习这些课业内的内容，对于基本知识的学习还是比较满意的。但是对课业外一些比较火的应用内容就关注得比较少，了解和使用得比较少，比如我本科参加的竞赛也比较少。"由以上工科生的表述可以看出，即使是学习成绩优秀的学生，也存在对自己的工程实践能力水平不是很满意的现象。一位从事八年工程实践教学的工科教师就现在大四毕业生的工程实践能力是否能满足创业需求回答如下："本科毕业生基本能满足大部分工作的需要，没有太大的问题，本科毕业就可以。以前大专、本科生很多，在工作中慢慢积累工程经验就可以。一般来说，我们工科生到行业里会有半年的实习期，在工作的前半年就可以得到锻炼，工作中很成熟的工程师都需要去实践。"由以上工科教师的表述可以看出，虽然教师认为目前本科毕业生的工程实践能力能够满足实际工作的需求，但是仍然需要去工作中继续学习才能更好地满足岗位的需求。这也与实证评价结果——首都高校本科生的工程实践能力处于良好等级相吻合。

另外，问题分析与解决能力、方案论证与设计开发能力、工程应用与操作能力、社会非技术性能力得分均处于78~80分，表明在企业眼中，首都高校本科生工程实践能力中这些能力差别并不大。

6.3 首都高校本科生工程实践能力培养存在的问题归因分析

为深入探究首都高校本科生工程实践能力培养存在的突出问题的归因，结合相关文献分析，发现首都高校本科生工程实践能力培养存在以下问题：工程项目团队合作能力不被重视，课程中难以得到真正锻炼；课程内容先进性不足，学校能力培养落后于企业需求；实践性教学环节问题凸显，教学效果不显著。

6.3.1 工程项目团队合作能力不被重视，课程中难以得到真正锻炼

在本研究中，工程项目团队合作能力包括合作交流能力、跨文化沟通能力、工程项目管理能力、组织协调与领导能力。一个完整项目的实施包括准备、实施和总结三个步骤，由于时间以及内容的限制，团队的负责人以及各成员必须分工明确、团结协作，充分利用专业知识解决实际的工程问题，[①] 才能使工程项目高效完成。作为未来的工程师，本科生工程项目团队合作能力的培养至关重要。在上述评价结果中，除了合作交流能力处于良好水平，其余均处于合格水平。

6.3.1.1 外语能力作为跨文化沟通能力的基础不被重视

在本研究中，跨文化沟通能力要求学生在国际工程团队中，懂得基本的交往礼仪与技巧，能使用外语与国际工程师进行沟通交流，且能够阅读、参与撰写国际工程方案。外语能力作为跨文化沟通交流的工具就显得尤为重要。在访谈时，部分学生表述如下："英语沟通能力并没有从学校学到，而且自己的英文不是很好，主要是因为自己没有好好学，

[①] 陈鑫，张兄武，蔡新江，毛小勇，曹喜庆. 工科大学生创新能力培养的项目教学法探索与实践——以土木工程专业为例 [J]. 实验室研究与探索，2019，38（09）：194-199+246.

不是很认真,在学校里要是好好学肯定也能提高。其他团队合作、语言沟通、表达倾听感觉不是很难。我觉得我们做技术的这些不是很重要。""外语能力,我觉得大学外语水平的提升甚至不及高中,因为外语课是可以水过去的,我就是没太认真学,要认真学肯定能提高。""外语能力我觉得学校不是很注重,我自己收获也不是很大。"类似的观点在首都高校本科毕业生中并不少见。可以看出,部分理工科学生认为对于工程技术人员来说,外语不重要,由于缺乏学习驱动力,外语的学习便极易流于形式。另外,在对工科教师进行访谈时,询问其在专业基础课中是否对外语能力有所培养,老师回答如下:"像外语能力是没有的,因为有专门的英语课去培养他们的外语能力。"从这位老师的观点中我们可以看出,对于很多专业课老师来说,他们都认为外语能力的培养依托英语课而非专业课。然而,对学生自身来说,外语应用能力是跨文化沟通能力的基础与关键,只有夯实英语基础,才能掌握好跨文化沟通的策略。另外,在跨文化沟通能力中,语言与工程文化密不可分,高校工程文化教学薄弱,[①] 在专业教育以及实践性教学环节中渗透不足。

6.3.1.2 工程项目管理能力的培养偏向理论缺少实践

在本研究中,工程项目管理能力主要是指能在项目开发与实施过程中,对项目计划、组织、协调、执行及控制的能力,以实现项目顺利验收且提高客户的满意度。很多工科专业都有工程项目管理课程来培养学生的工程项目管理能力。调查显示,课程授课主要面向大二、大三的学生,他们普遍缺乏工程项目的经验,让学生脱离工程项目的实践进行理论学习很难提升学生的工程项目管理能力。在对学生进行访谈时,问到工程项目管理的收获,一位土木工程专业的大三学生表述如下:"我们有工程管理课,初步了解了工程管理的五个方面,合同管理、质量管理、安全管理等。"可见,对于学生来说,工程项目管理课程的收获仅仅停留在对其知识表面的了解。另外,访谈时一位质量员表示:"就比如项目管理这门课,它更主要的是理论上的教学,并没有很明显地提高

[①] 王章豹,朱华炳. 面向新工科人才培养的工程文化教育的内涵、意义和路径 [J]. 中国大学教学,2020(08):14-18.

我的项目管理的能力，不过对我来说可能也有影响吧，不过是潜移默化的那种，等到真正的工作中我才有些体会，也就是说学校可能偏理论一些。"可见，以工程项目管理能力为例，在工程项目管理课程中，教师以知识传授为主，虽然会结合工程项目管理的案例，但是学生主要从理论层面进行学习,[①] 没有实践锻炼的机会，在项目的开发与实施过程中，对项目计划、组织、协调、执行及控制的能力很难得到提升。

6.3.1.3　工程项目团队合作能力在课堂实践教学中较少得到锻炼

另外，组织协调与领导能力、合作交流能力在课程中很少能得到锻炼。在本研究中，组织协调与领导能力指的是在工程项目中，能按照工程目标、工程任务和决策要求，对团队成员统筹安排，让其认同、支持、执行任务和决策。合作交流能力指的是在工程团队中，能够准确陈述工程事实，发表观点与看法，并能够耐心听取他人意见，妥善处理合作中的矛盾与分歧，具备与团队其他成员团结协作完成工程项目的能力。访谈时一位计算机科学与技术的大四学生表示："因为现在来讲不管是自己做项目还是说工作都不是一个人干自己的活，可能都有一个团队的规划和配合，如果我是一个组员我就要配合其他组员完成好我们该完成的工作。如果我是领导人我对任务应该有一个清晰的了解，对这个任务有一个细致的划分，对每个组员需要做什么应该很清楚，所以我觉得组织能力和配合能力很重要。"可见，学生已意识到合作交流的重要性。可是，在实际落实中，尤其是在课程中，合作流于形式的现象并不少见。北京某高校土木工程的一名大二学生说："沟通交流能力、合作能力主要是从生活中获得的，和朋友沟通多了也就具备了。但课程中得到的锻炼很少，因为大家的合作很应付，我们就是建一个群分任务自己做自己的，最后一个人总结。"目前就职于北京轨道交通技术装备集团有限公司的一位轨道车辆转向架设计师表示："沟通能力主要是通过学生会、社团中获得的，课程中也会有几个人合作设计一些东西，但是不多。"由以上对学生和企业中的技术人员的访谈可以看出，合作交流能

[①] 徐姣姣，项勇，黄佳祯. 浅析工程项目管理专业课程教学新思路［J］. 教育现代化，2020，7（27）：77-79.

力和组织协调与领导能力大多在学生会、社团、项目竞赛等活动中获得，课堂上对于工程项目团队合作能力的培养较少，且课堂合作常常流于表面、难以深入其中，这在一定程度上制约了学生合作交流能力以及组织协调与领导能力的发展。

由以上分析可以看出，首都高校本科生工程实践能力中工程项目团队合作能力不足主要是因为：学生自身不重视跨文化沟通能力的培养，尤其是忽视外语的学习；学校在培养工程项目管理能力时重理论、轻实践；课堂中的合作交流流于形式，制约了本科生组织协调与领导能力、合作交流能力的发展。

6.3.2 教学内容与行业发展相脱节，学校培养落后于企业需求

近些年，我国紧随国际上"回归工程"的教育理念，针对我国高校本科生工程实践能力不足的问题开展了"卓越工程师教育培养计划"项目、CDIO 工程教育改革、"新工科"建设①等一系列的工程教育改革。各个高校的教育教学改革也进行得如火如荼，探索专业实践教学体系、进行实践课程改革、打造实践教学平台等。可见，在一定程度上本科生工程实践能力的培养得到了学校的重视。很多大学在工程实践教学改革方面进行了科学的顶层设计，然而在探索和实践中内容陈旧、质量不高的"水课"等问题严重制约了学生工程实践能力的形成，课程与教学改革的"最后一公里"还未完全打通。随着一系列课程改革的推进，高校课程设置、教学目标及培养定位等变化明显，但课程的教学大纲、内容和目标，教学方法、形式和手段更新及应对速度缓慢，造成"教"与"学"不匹配。②

---

① 王荣德，王培良，王智群，钱懿. 应用型高校工程实践与创新能力培养模式探索 [J]. 中国高校科技，2019（10）：59-62.
② 徐锋，范剑，许晨光. 新工科背景下地方高校材料力学金课建设路径与探索 [J]. 力学与实践，2020，42（02）：226-231.

6.3.2.1　先进技术应用不足且课程内容更新缓慢

随着产业发展步伐加快，产业中的内容、新技术的应用需要融入高校教育教学中。在对首都高校部分工科教师进行访谈，问其课程内容是否变化时，有教师表示："×××这门课从2013年开始讲，到现在总共讲了8年。因此目标大纲每五年变一下，这是要求的，所以教学目标有一点变化。因为是专业基础课，所以教学内容变化不是很大。对于教学方法，PPT有一些更新。还有教学形式上也会有一些变化，比如去年春天因为疫情教学的形式是网课。"然而由以上表述可以看出，由于是专业基础课，教师认为教学内容不需要有多大改变，许多工科教师都持有类似的观点。就职于超通智能制造技术有限公司的一位助理工程师表示："就比如画图，据我了解很多'985'学校包括我们学校还使用手绘，但这其实已经是很落后的。我们当时八个班，4个老师，只有一个老师教的卓越工程师计划的班级用的是计算机。这个课为时2~3周，就一直画图，老师偶尔会来指导给平时分，最后交的作业会给成绩。课程内容也存在一些问题，就是太传统、太经典，和以前的一样。我做这个，我五年前的师兄做这个，我十年前的师兄还是做这个。"除此之外，以工程测量课程为例，电子水准仪、GPS RTK等先进的测量仪器已投入现代化工程建设，但是在课程中很多高校还是以教授传统测量为主。对于土木工程行业来说，目前该领域需要能熟练应用BIM、结构检测、装配式建筑等新技术、新工艺的土木工程人才，然而部分高校还未曾引入新知识和新技术更新教学内容。

由以上表述可以看出，从企业角度出发，企业新技术没有及时出现在教学内容中的现象普遍存在[1]，然而教师却没有意识到课程内容的不足。教学内容更新缓慢、信息化教学手段较为落后、先进技术训练不足等问题在一定程度上导致了学校培养的人才滞后于企业需求。

6.3.2.2　教师缺乏行业经验难以结合企业内容进行教学

由于北京科研型大学众多，首都高校在进行教师招聘时往往更注重

---

[1] 郭涛. 高校工程实践贯通培养对标保障体系的设计与探索［J］. 实验室研究与探索，2018，37（12）：249-251+265.

教师的科研水平，希望所聘教师可以为本校向高水平研究型大学迈进添砖加瓦。越来越多的教师是名校博士、拥有海外留学经历、手持多篇学术论文，[1] 但他们往往缺乏从业经验，不了解产业界需求。与此同时，James Trevelyan 在邮件中也表示："现在许多教师往往不了解学生进入工作后的实际工作内容，教师在进行教育教学时很难做到对症下药。"北京某高校市政工程系老师在接受访谈时谈道："现在的教师大多数都是博士一毕业就到高校就职，没有什么工程经验，实践能力很弱，而且年轻教师占很大的比例，年轻教师的工程实践能力本就很弱。"年轻教师缺乏企业行业实践经验，理论课程难以结合工程实践。访谈时首都高校一位科学管理与工程的老师表示："因为我的课程属于专业基础必修课，内容比较基础。授课的时候，相对于其他课程比较无聊，不易理论联系实际。不能很好地结合案例，不生动，可能会影响学生学习积极性，进而影响对学生能力的培养。"虽然有些课程是专业基础课，不需要学生去动手、去实践，但是由于教师缺乏实践经验，在授课时往往只能讲解理论，难以结合企业行业的实际需求。一方面，教师对企业缺乏了解，可能会导致学生觉得所学内容难以满足企业需要，学习积极性不高；另一方面，课程也容易变得枯燥无聊进而降低学生的学习兴趣。

工科教师本身工程实践能力不足、不了解企业需求。工科教师承担培养未来工程师的重任，工科教师理应兼具教师和工程师的双重身份。然而，当前工科教师普遍具有较高学历，从高校博士毕业后就就职于高校，没有行业背景和相应的工程实践经验，与行业脱节，从而导致学校培养的人才滞后于企业需求。

6.3.2.3 教师去企业中进修学习存在诸多障碍

企业中的一线生产实践内容，一直是新型实践性教学内容的重要来源。为此，许多教师想去企业进修，学习企业先进的知识、提升自身的工程实践能力、改革教学内容，然而政策的落实存在层层阻碍。访谈有教师表示："学校是很重视实践教学这方面的，因为每年评估都需要这

---

[1] 赵静野. 关于教师工程实践能力问题的思考 [J]. 中华文化论坛，2009（S1）：151-152.

些。但是真正能够得到落实的还是很少，尤其是对教师的工程实践能力的一个提升，还是远远不够的。""年轻教师刚进入岗位，既要科研又要上课，再加上生活压力比较大，没有什么时间去搞实践"。另外，我国部分学者的研究也表示工科教师的工程实践能力不容乐观。朱正伟等人通过对全国1683名教师和542名行政人员进行调查来研究工科教师的工程实践能力状况，结果显示，近40%的教师认为其工程实践能力需要提升，而近50%的行政人员认为整个工科教师群体工程实践能力难以支撑卓越工程师的培养。[①]试想高校教师本身未曾在企业中学习锻炼，不曾了解企业对工程师的真实需求，又怎么能培养社会需要的人才呢？

6.3.2.4 学生难以意识到课程内容的落后

在对首都高校本科生进行访谈时，问其对学校培养方式、课程体系及内容设置是否满意，一名软件工程专业大二学生说："学校现在是以软件工程大类培养，分方向：大数据、软件技术、嵌入式系统三个方向，因为我也选到了心仪的软件技术方向，我觉得自己能力的发展也不错，目前还没有意识到学校培养的不足。基本觉得学校的培养没什么问题，还挺满意的。"一名交通工程专业大三学生表示："我觉得课程建设基本上能够满足我的需要。"一名已经被保研计算机科学与技术专业的大四学生说："对学校我还是比较满意的，老师水平足够、挺好的。"由以上表述可以看出，学生对课程内容、培养体系等的建设基本满意。然而杨芳等学者的研究表明，有些学生实习后发现，有些课程的知识在实习时根本用不到，甚至感觉学校的课程似乎远远偏离了企业需求。[②]可见，在一定程度上，学生不能意识到课程内容的不足，因此也很难在学校中及时与教师交换意见，提升课程内容品质。

---

① 朱正伟，马一丹，周红坊，李茂国．高校工科教师工程实践能力现状与提升建议［J］．高等工程教育研究，2020（04）：88－93＋148.
② 杨芳，陈雷，张艳萍．应用型本科学生对课程现状评价的实证研究——以上海 S 校机械工程学院为例［J］．中国职业技术教育，2018（17）：11－16＋22.

针对首都高校本科生工程实践能力存在学校培养落后于企业需求的问题做了如下归因：部分教师在一定程度上缺乏行业实践经验，在教育教学中难以理论结合实际，且没有及时向企业学习，及时更新教学内容、丰富技术方法。甚至部分教师没有及时调整课程内容且没有意识到自身课程内容存在的问题。与此同时，学生也没有意识到课程内容的滞后。但是企业却认为高校课程内容没有紧随企业步伐、缺乏先进制造技术及现代信息化手段等方式的训练。

6.3.3 实践性教学环节问题凸显，教学效果不显著

实践性教学环节主要由两部分组成：校内理论课程的实验课以及校内外的集中性实践教学环节。校内外的集中性实践教学环节主要包括金工实习、参观实习、集中实习和毕业实习等模式。[①] 然而，工程实践能力在实际培养过程中存在以下问题。

6.3.3.1 班级规模过大，个体层面的工程实践能力很难得到充分锻炼

高等教育规模不断扩大、教师资源配备难以满足教学需求。随着我国高等教育规模不断扩大，高等工程教育的教师数与学生数相比存在总量不足的问题。[②] 1998 年北京地区在校本科生仅为 181311 人，[③] 1999 年我国高校开始扩大招生规模，高等教育入学率快速增长，据《2018~2019 学年度北京教育事业发展统计概况》，2018 年北京高校普通本科在校生 507099 人，理工科 211871 人，本科院校教职工数量为 112143 人，专任教师 62667 人。[④] 而 2014 年北京高校普通本科在校生数量为

---

① 刘世平，骆汉宾，孙峻，丁烈云．关于智能建造本科专业实践教学方案设计的思考[J]．高等工程教育研究，2020（01）：20-24．
② 丁三青，张阳．三位一体的工科教师培养体系研究[J]．高等工程教育研究，2007（06）：26-30．
③ 朱薇．北京高等教育事业发展分析[J]．北京高等教育，1999（05）：48-49．
④ 北京市教育委员会．2018-2019 学年度北京教育事业发展统计概况：高等教育（2018版）[R]．2019．

489292 人，理工科 205600 人，① 教职工 109201 人，专任教师 60297 人。2014 年与 2018 年北京地区在校生与专任教师比均约为 8∶1，看上去随着学生的增加专任教师的数量也在增加。然而，事实上，研究生的扩招以及科研型教师的增加在一定程度上降低了本科生的教师资源比例，教师资源不能很好地满足本科生的教学需求。目前就职于超通智能制造技术有限公司的一位助理工程师说："现在的问题就是招的学生太多了，资源没有跟上。感觉本科教育就和义务教育似的，10 年前 1 个老师带几个学生，学生还可以动动手，现在一个老师带几十上百的学生，老师也就在一个班的学生面前演示一下，不可能照顾到所有学生。"在许多大学，十多年前，教师可以引导大多数学生进行实际操作实验。现在，教师可能要面对几十人甚至数百人。这些教师不能给他们很好的指导，可能只能进行一次示范，在一定程度上削弱了学生的实践能力。在对澳大利亚专家 James Trevelyan 进行邮件访谈时，他表示不仅是中国，世界上很多国家都面临这个问题。可见，师生比过低、班级过大等问题会导致学生缺乏足够的指导和实践，在一定程度上降低个体层面的工程实践能力。

6.3.3.2 部分"实践课程"流于形式，教学效果欠佳

一方面，教师和学生都存在着不同程度的不足问题，这便导致实习实践极易流于形式。北京某高校土木工程专业大三的学生在接受访谈时表示："我们学校大二的时候有认知实习课程，就是去了解，没有涉及操作。当时就是去 CBD 等一些地方参观，认知实习是 15 天，一般来讲是第一天在学校学理论，第二天去参观，就这样循环。但是有几天老师也不想讲，就在教室坐着，总共就去了几个地方。"可见，在进行认知实习时，存在师生参与意愿均不高的现象，且参观实习等方式因为学生过于集中，学生难以深入其中，极易产生走马观花、流于形式的问题。② 另一方面，质量不佳、不及时调整的"水课"，教学效果也不佳。

---

① 北京市教育委员会. 2014－2015 学年度北京教育事业发展统计概况：高等教育（普通本科分形式、分学科学生数）[R]. 2015.
② 陈超，谭毅，马文英，杨雄. 校外实习基地深度参与高校工程教育合作模式研究 [J]. 西南师范大学学报（自然科学版），2020，45（07）：163－167.

访谈时北京某高校交通工程专业一名大二的学生说："有的课程能锻炼到能力，有的水课就没有什么效果，比如有一门课程叫工程测量，分小组去勘测学校里的道路，去做修路前的准备，有几次实践。这些实践类的考试还是比较能反映我们能力的，因为要真的做实验、做记录，老师也会真的看，我觉得还挺锻炼能力的。但是道路勘测设计这门课，就考查学生对实际修路的规范与标准、一些常用模型等的掌握情况，就是背书，但因为疫情我们就开卷考试，所以最后就什么能力也没培养到。"面对疫情突发状况，倘若教师只是将线下的教学内容搬到了线上，而不进行精心的"再设计"，极易导致"水课"的产生。可见，质量不高、流于形式的"实践课程"教学效果欠佳，严重制约了首都高校本科生工程实践能力的培养。

6.3.3.3 学生追求升学就业、大四实习实践黄金期没有被充分利用

2019 年，我国高等教育毛入学率达 51.6%，[①] 实现向普及化迈进的历史性跨越。就首都来说，截至 2020 年 6 月 30 日，教育部公布北京市普通本科院校有 67 所，其中"985"高校有 8 所（占全国的 21%），"211"高校有 26 所（占全国的 23%）。2019 年首都高校中普通本科毕业生 117729 人，理工科毕业生 48260 人；硕士、博士毕业生 86622 人，理工类 38483 人。[②] 可见，首都本科层次与硕博层次的人才培养数目均很庞大，再加上"双向选择、自主就业"以市场为导向的就业机制形成，以及北京独特的地位对外来人才的吸引，与硕士博士相比，首都高校本科毕业生就业压力不断增加。在此情况下，一方面，读研深造成为大四学生减轻就业压力的新途径；在对 9 名本科生进行访谈时，除 1 人没有明确的计划外，其余 8 人均计划通过申请国外研究生或者国内考研、保研等途径继续深造。虽然有的学生还没有明确的职业发展目标，但是普遍觉得自己的水平难以胜任理想工作而选择继续深造。且新冠肺

[①] 梁丹，焦以璇.建成世界规模最大高等教育体系，服务经济社会能力显著提升——"十三五"高等教育取得突破性进展［N］.中国教育报，2020-12-04.

[②] 北京市教育委员会.2018-2019 学年度北京教育事业发展统计概况：高等教育（2018版）［R］.2019.

炎疫情突袭而至让大家意识到工作稳定的重要性，公务员、事业编等"铁饭碗"成为大家追求的目标。倘若将毕业实习安排在大四上学期，考研的同学便难以认真参加；安排在下学期，学校统一安排的实习又难以满足学生就业的需求。部分学生由于考研、考公务员等其他考试，难免缺乏实习动力，降低实习效果。访谈时也有教师表示："有一些学生因为考研，实习去敷衍这个肯定也是有的，但是这个也不好调整，因为都是教学计划的安排。"

然而大四阶段是学生把大一至大三的理论基础知识学完，可以将理论用于实践的"关键期"，是走向工作岗位前的过渡阶段，是发展学生工程实践能力的黄金期。毕业于北京某高校的土木工程专业、现在就职于中国建筑第二工程局有限公司的一位质量员在接受访谈时谈论道："就我们学校来说，我记得当时学校让学生们自己去找实习单位，有的人只是盖个章并没有真的去实习实践，有的人也只是走个过场，希望学校能统一且规范地组织实习，真的学到一些东西。而且对我目前而言，监督与检查的能力挺重要的，但是学校没有什么实际的培养，虽然有现场的参观实习，但是收获并不大。"该质量员的回答可以从侧面反映，存在许多学生心理层面上不认真对待实习、行为层面上逃课、躲避实习[①]的现象。可见，部分学生由于考研、考公务员等其他考试，难免缺乏实习动力，降低实习效果。由于学生盲目追求升学等原因，大四实习与实践黄金期没有被充分利用，这在一定程度上影响了本科生工程实践能力的发展。

学生工程实践能力的养成需要充足的时间以及有效的实践体系持续发挥作用，才能产生良好的效果。通过以上表述可以看出，面对实践教学环节，一方面，随着高等教育的不断扩招，班级过大等问题导致学生缺乏充足的实践指导；另一方面，高校对实习重视不够、实习流程管理不规范、实习基地质量及数量欠佳。学生为了全身心备考或准备材料，出现"功利性学习"的现象。教师也因为精力有限，出现意愿不足的

---

① 刘晶月. 研究型大学大四阶段教学管理的困境与突破——基于南京大学的实证研究 [J]. 高校教育管理，2012, 6 (03): 99-103.

问题。这在一定程度上造成了本科生工程实践能力不高。

6.4 本章小结

运用模糊综合法开展首都高校本科生工程实践能力实证评价，首先由企业人员就首都高校本科生工程实践能力进行满意度评价，再对调查结果进行模糊综合处理。结果发现，首都高校本科生工程实践能力处于良好水平。其中，问题分析与解决能力、方案论证与设计开发能力、工程应用与操作能力、社会非技术性能力得分相差不大，均处于良好水平，而工程项目团队合作能力相对较低，处于合格水平，也是首都高校本科生相对的短板，仍有较大的提升空间。

为了验证实证评价结果，展开访谈调查，综合实证评价及访谈调查结果进行深入的分析。发现：一是首都高校本科生工程项目团队合作能力相对薄弱。二是学校工程实践能力培养滞后于企业需求。三是首都高校本科生工程实践能力整体水平不高。通过基于模糊综合评价法得出的首都高校本科生工程实践能力评价结果，以及用案例分析法得出的验证性结论，梳理首都高校本科生工程实践能力方面存在的问题，分析其影响因素并做归因分析。发现首都高校本科生工程项目团队合作能力培养不被重视、课程中难以得到真正锻炼；教学内容与行业发展相脱节，学校能力培养落后于企业需求；实践性教学环节问题凸显，教学效果不显著。

第7章 提升首都高校本科生工程实践能力的建议

从上述首都高校本科生工程实践能力培养的问题分析可知，首都高校本科生工程项目团队合作能力不被重视，课程中难以得到真正锻炼；教学内容与行业发展相脱节，学校培养落后于企业需求；实践性教学环节问题凸显，教学效果不显著。这反映了首都高校本科生工程实践能力水平不高和首都高校本科生工程实践能力培养环节不完善。为此，应该对与其相关的能力与培养环节进行强化和完善。根据首都高校本科生工程实践能力评价的分析结果，以及对9名首都高校本科生、3名首都高校工科教师及6位地处首都的企业从业人员的访谈，结合域外先进经验，针对首都高校本科生培养现状，提出如下对策。

7.1 关注工程项目团队合作能力的培养

学生工程项目团队合作能力不足的原因有：学生自身不重视跨文化沟通能力的培养，尤其是忽视外语的学习；学校在培养工程项目管理能力时重理论、轻实践；课堂中的合作交流流于形式，制约了本科生组织协调与领导能力、合作交流能力的发展。为了改善首都高校本科生工程项目团队合作能力本文提出如下对策建议。

7.1.1 充分利用课内教学资源提升学生工程项目团队合作能力

7.1.1.1 英语课程引入专业内容、专业课中渗透工程文化

随着"一带一路"的建设以及经济的全球化,未来越来越多的工程师需要跨出国门,参与海外工程项目,从事国际工程建设。国内工程项目也出现越来越多的国内外公司的联合体。项目成员来自不同的国家,跨文化沟通能力在项目的运行过程中对于减少矛盾冲突、提高工作效率尤为重要。

因此,一方面,要抓实大学英语课程的建设,与专业外语相融合,提高课程内容质量,提高学生对外语的重视程度。现阶段,所有高校大学英语教学采取千篇一律的教育教学方式,没有针对专业特性、学科特点进行差异化建设。另外,许多理工科学生对外语的学习也不重视。因此,大学英语课程应该针对学生的专业特点对教学内容进行及时调整,合理引入专业英语内容、适当提高趣味性,提高学生对课程的重视程度。且外语的学习不能仅停留在语言上,更应该深入文化,外语教师也需要适时进行文化教学。另一方面,专业课中加强对工程文化知识的渗透。科学合理地使用现有的教育教学资源,引导、鼓励教师将工程文化渗透专业课教学,[①] 还可以指导学生借助网上丰富的学习资源进行学习,全面提升跨文化沟通能力。

7.1.1.2 工程项目管理课程可以深入工程情景

虽然工程项目管理的课程内容偏向理论、缺乏实践环节,但是让没有工程项目管理经验的学生全部参与到真实的工程项目中也是不切合实际的。因此,对工程项目管理课程的内容进行改革就显得十分必要。

首先,可以在课程中或者寒暑假让学生深入企业进行参观实习,学

[①] 王章豹,朱华炳. 面向新工科人才培养的工程文化教育的内涵、意义和路径[J]. 中国大学教学,2020(08):14-18.

生虽然不能亲手去做，但是可以在一线生产活动中[①]对工程项目管理有一个明显的感知，对工程项目管理的内容、程序、方法有更加直观的了解。深入工程情景并不一定要去企业，在课题中也可以通过教学内容的转换实现教学深入工程情景。比如，一方面，可以在课程中进行工程项目管理的情景模拟，实现知识到实践的过渡，学生在模拟情景中也可以在一定程度上提高自身的工程项目管理能力；另一方面，教师在授课时可以结合自身经历、行业中的典型案例以及国内外工程项目管理的最新成果，采用小组合作等方法，引导学生进行工程项目案例分析，[②] 注重课堂上的练习。

7.1.1.3 实施小班教学提高工程项目团队合作能力的教学效果

小班化教学是一种班额较小、人数上限界定为35人的课堂教学形式。[③] 2019年中国教育事业发展统计公报显示，我国高等教育毛入学率为51.6%，标志着我国高等教育已经进入普及化阶段。随着高等教育的扩招，大班教学成了越来越多高校的选择，然而工程实践类课程需要老师的指导，师生比过高，教师便难以照顾到所有学生，课程合作也极易流于形式。

在对首都高校一名大二交通工程专业的学生进行访谈时问其如何获得工程项目团队合作能力，该学生表述如下："团队合作能力发展得比较多，除了大一的基础课以外，因为我们学院比较小，老师也比较多，基本上是小班授课，我们学院一个年级一共80多个人，分三个专业，交通运输规划类、交通运输道路类、交通设备与控制，三个专业又分为四个班，基本上20多人一个班，老师会把我们分成小组一起完成一些任务、做一些报告，我觉得还是挺培养团队合作能力的。"在学生看来，小班教学有利于团队合作能力的培养。事实上，小班制课程能降低师生比，有助于教师关注每个小组的交流合作，促进师生交流互动。另外，交流合作也更具有含金量，进而提升学生的工程项目团队合作能力。因

[①] 张军伟，孙书伟. 工程项目管理课程教学的改革与创新［J］. 湖北函授大学学报，2014（09）：117-118.

[②] 徐姣姣，项勇，黄佳祯. 浅析工程项目管理专业课程教学新思路［J］. 教育现代化，2020（27）：77-79.

[③] 赵菊珊，廖旭梅. 卓越小班化教学的典型特征与教学策略研究［J］. 中国大学教学，2019（03）：13-18.

此，可以借助实施小班教学，提升学生工程项目团队合作能力，改善工程实践能力弱项。

7.1.2 优化课外项目竞赛活动平台，注重学科交叉合作

7.1.2.1 拓展学生课外实践活动渠道

在工程实践过程中，任何项目与技术的完成往往不是一个人努力的结果，而需要团队成员合作完成。① 在对首都高校本科毕业生进行访谈时问其如何能提高工程项目团队合作能力，一名就读于北京某高校软件工程专业的大三学生说："语言表达能力、外语应用能力主要是通过参与项目获得的，比如全国大学生交通运输科技大赛，因为需要看论文所以外语应用能力也得到了锻炼"。一名交通工程专业的大二学生说："多做项目，这种方式和上课不一样，可以从各方面提升能力，可以推动我的学习。至于团队合作能力，因为学校要求创新学分，需要真的去组队，会提升团队合作能力，比如之前参加的项目，'星火'校级比赛，需要主动联系学长学姐，就很锻炼社交能力、分工合作等。"可以看出，大学生参加项目竞赛对工程实践能力的培养至关重要，参与项目与竞赛是锻炼学生工程项目团队合作能力的有效手段。又如，目前就职于超通智能制造技术有限公司的一位助理工程师说："团队合作能力、信息收集能力、沟通能力、学科交叉运用能力在学院的学习社团中获得多一些。这个社团是这样的，有一个老带新的过程机制，每年大约10%的学生留下来，一起参加比赛，我觉得锻炼了很多能力。"由以上表述可以看出，部分工科毕业生在回想本科的学习经历时，结合当前的工作需要能体会到本科的项目经历对工程项目团队合作能力的提升有很大的帮助。高校应鼓励学生参加理工科专业竞赛，如全国大学生数学建模竞赛、ACM 国际大学生程序设计竞赛（计算机专业）等。

为此，首都高校还可以充分利用其地理位置的优势，首都高校云集、交通便捷，可以联合北京其他高校组织举办项目竞赛，还可以自己

---

① 张晓芬，周鲜华. "以学生为中心"的大学生工程实践能力多元评价研究［J］. 现代教育管理，2021（02）：77-83.

组织、打造本校特色竞赛项目，为学生提供充分的项目参与机会。另外，依托国际交流和合作处，组织小型国际项目竞赛，为学生跨文化沟通能力的培养提供各式各样的平台。随着来华留学生规模的不断扩大，我们可以借助校内资源，由国际交流和合作处牵头，不仅可以与来华留学生展开小型工程项目合作，广泛鼓励来华留学生与国内学生展开交流合作，而且可以邀请外籍教师作为指导教师，加强来华留学生、外籍教师与国内学生的合作交流，全面提高学生的跨文化沟通能力，实现留学生与国内学生跨文化沟通能力培养的双赢。

7.1.2.2 注重学科交叉，强调合作的系统与集成

在学科交叉合作中关注学生工程项目团队合作能力的培养。与传统工程相比，现代工程更具系统性与集成性，随着知识的进步，加上对当今世界复杂性的认识，研究人员从单一学科的角度解决了一些以前无法解决的复杂问题。工程师会越来越频繁地遇到需要跨越单一学科边界的解决方案的问题。越来越多的工程需要团队合作和跨越多个技术领域的综合专业知识。这对学生工程实践过程中的沟通、管理、合作等能力均提出了更高的要求。因此，首都高校可以效仿 MIT（Massachusetts Institute of Technology），鼓励学科交叉合作，提升学生的工程项目团队合作能力。MIT 一直鼓励师生跨部门、领域和机构边界合作解决问题，来自不同领域的师生经常在跨学科中心、实验室和超越部门或学校界限的项目中一起工作，这导致了 MIT 与工业界和其他领先研究机构达成了数以千计的富有成效的伙伴关系，[①] 有效地提升了学生的工程项目团队合作能力。

7.2 强化企业需求的培养理念

从上述首都高校本科生工程实践能力培养的问题分析可知，企业对首都高校本科生各层面的工程实践能力水平的满意度不高，主要是因为

---

① MIT. MIT and Industry [EB/OL]. https：//web.mit.edu/facts/industry.html. Massachusetts Institute of Technology.

学校没有树立以企业需求为导向的培养理念，在一定程度上影响了首都高校本科生工程实践能力的培养效果。因此，我们应该强化企业需求的培养理念，提高课程内容的先进性。

7.2.1 紧随业界发展步伐提高课程内容先进性

7.2.1.1 培养方案的修订应适当参考企业人员的建议

工程人才培养方案对人才培养目标、课程体系、毕业生要求等做了规定，不仅体现了专业办学的定位，而且是教师进行教育教学的重要依据，对工科生工程实践能力的培养具有重要的指引作用。而工程人才培养方案的制定既要符合教育教学规律，保持相对的稳定性，又要根据社会的不断进步以及企业的现实需求，适时地进行调整与修订。

在制定培养方案时应充分认识到企业作为首都高校本科生的最终实践基地，调动企业参与首都高校本科生工程实践能力培养的积极性，将企业对首都高校本科生工程实践能力的现实需求细化到具体的培养环节中。因此，一方面，各高校在进行培养方案的修改时可以深入企业参观学习，邀请企业专家、雇主参与培养方案的修改。比如，清华大学在2015年进行培养方案修订时就意识到原来的培养方案中存在与社会需求逻辑关系不清晰的问题，因此机械工程系在2015年修订本专业培养目标时注重了与企业的对接[①]，让机械工程相关企业也参与了培养目标的修订，有效地结合了企业的需求。另一方面，坚持收集"直系友"对现有培养目标的改进意见。因为直系友是来自同一学校学院的，是值得信赖的，愿意无私分享经验，他们的经验具有更强的参考性和可复制性。

7.2.1.2 开设讲座型课程引进企业最新教学内容

为低年级同学开设讲座型课程，根据学科需要在培养方案中规定学时要求，如12课时等，每次课程或每两次课程邀请企业、行业、科研院所等专家进行授课。授课应该从宏观上阐述学科的相关内容，开阔学

---

① 清华大学机械工程系：全国工程教育专业认证自评报告 [R]. 2015 – 08 – 15.

生的视野，涉及国内外最近学科动态与进展。① 使学生了解本专业学科发展脉络、就业内容、科研方向等业界动态。

在对首都高校本科生进行访谈时问其如何能提高工程实践能力，一名土木工程专业的大三学生表述如下："我们有一门课的上课形式类似于讲座，每周都有一些校外的专家或者老师过来讲土木工程概况，让我们更深刻地理解土木工程，让我们找准自己的发展方向，也能扩展知识，这是课表里的必修课。"又如，首都高校一位科学与工程专业的老师在访谈时表示："比如学校最近出了2020版的培养方案，这版本内容就有所改变，设计某些课程的一些学时是校外设计院的一些工程师来授课，可能会让学生对真正的实习实践有一个更好的了解，也更了解业界真正的需求。"可见，在师生看来，开设讲座型课程，适当提高企业在人才培养中的地位，有利于提升学生对工程实践的认知，促进工程实践能力的培养。

7.2.1.3 充分利用首都企业资源扩大课外实践平台建设

北京作为我国的首都，不仅汇集了一系列重点行业，如计算机、通信和其他电子设备制造业，而且高端技术制造业、战略性新兴产业企业也不计其数。首都高校可以充分利用其优势，借助北京雄厚的实习实践的企业资源，为学生提供实习实践平台。如北京科技大学的工科试验班就与大型企业共建"国家级工程实践教育中心"及"工程教育基地"②，支持本科生完成创新实践教学活动。同样，清华大学也非常注重学生的实践教育，不仅与北京市建筑设计研究院、中国建筑集团有限公司展开合作成立工程实践教育中心，③ 更是将合作的企事业单位、研究院所扩展到全国，有效地提升了本科生的工程实践能力。

虽然首都高校普遍有意识建立实习基地，但是仍然存在校外工程实

---

① 汪大翚，孙云岳.开设"讲座型"课程，培养"开创型"人才[J].化工高等教育，1985（01）：3-5.
② 北京科技大学教务处.工科试验班（卓越计划）[EB/OL].https：//jwc.ustb.edu.cn/tspy/rcpyms/ddc6a19b3b934b62bac01e0a0cc3c72d.htm，2020-06-30.
③ 清华大学教务处.实践教学[EB/OL].https：//www.tsinghua.edu.cn/jyjx1/bksjy/sjjx1.htm.

践教学基地数目不足的问题，以北京化工大学为例，现有3个国家级教学基地，12个国家级实践教学基地，5个北京市级校外实践教学基地，2个北京高等学校示范性校内创新实践基地。① 而在美国的麻省理工学院，目前就有700多家公司正与教师和学生就共同感兴趣的项目开展合作，包括福特汽车、谷歌、英特尔、三星、赛诺菲、壳牌、西门子、道达尔等全球领军企业。② 可见，首都高校实习、实训等展开校企合作的数量远远不足，首都高校应积极创造条件，充分借助、利用国家政策、校友资源，与更多企业展开更全面的合作，为学生提供丰富的实习实践机会。另外，随着现代制造业的新工种和新设备不断出现，为提升现代制造实习内容，学校应多关注全球工程项目，为学生提供在全球范围内学习技术和观摩工程的机会，建立专业网络，并在多元文化和国际环境中获得现实世界的工作经验，来加强工程实践教育。③

7.2.1.4 "毕业设计"前增设"工作实习"

大四上学期的专业实习和大四下学期的毕业设计是学生工程实践能力形成的关键阶段。通过大一到大三的学习，学生在专业理论、专业知识等方面有充足的学习准备。在对首都高校工科毕业生进行访谈时有一位学生表示："最后的毕业设计其实是对你大学四年的一个综合过程，是一切能力的整合，短时间内还是可以锻炼一些学习能力、创新能力，基本上毕业设计涉及的能力与工作还是对接得上的。"可见大四期间的毕业设计对于学生对接企业、从多方面提升学生工程实践能力具有举足轻重的作用。

在对工科教师进行访谈时，问其培养过程中哪些对学生工程实践能力有所帮助，她表示："我们专业的学生在大四上学期有长达一个半月的工作实习，工作实习有1学分，这是学校统一安排的，工作实习和大

---

① 北京化工大学教务处. 教学基地 [EB/OL]. https：//jiaowuchu. buct. edu. cn/512/list. htm.

② MIT. MIT and Industry [EB/OL]. https：//web. mit. edu/facts/industry. html. Massachusetts Institute of Technology.

③ Stanford University. Global Engineering Programs [EB/OL]. https：//engineering. stanford. edu/students – academics/global – engineering – programs.

四下学期的毕业设计在一起，我们真的会把学生放到公司或者设计院去做实际工程，时间加在一起差不多有五个月，有一些学生比较积极，寒假都会去，就能收获很多，我觉得效果还是很显著的。"这与德国在毕业环节的设计上存在异曲同工之妙，他们让学生进行一段时间的工作实习（生产实习），之后再进行毕业设计，由于源自企业的毕业设计的选题更加贴近实际应用，因此能够有针对性地锻炼学生的工程实践能力。[①]

我们可以借鉴德国的经验，结合我国部分院校的做法，对于部分专业，可以在进行毕业设计前让学生有一段工作实习的经历，采用工作实习（生产实习）、毕业设计、工作就业一体化流程。有针对性地生产实习和毕业设计，有利于学生将理论联系实际，进行深一步的理论知识的学习与专业能力的升华。同时也能发现自身工程实践能力的不足，给自己继续学习、提高的机会；也能让学生明确自己的职业定位，做好职业规划。

7.2.2 引进与培训相结合全面提升教师工程实践能力

工科教师是工程教育的中坚力量，只有具有高水平工程实践能力的教师，才会有高质量的工程实践教育教学，才能培养出具有高水平工程实践能力的工程技术人才。针对首都高校部分工程教师工程实践能力不足的现状，提出以下建议。

7.2.2.1 引进具有高水平的工程师教师

引进具有高水平的工程师教师，让工程师走进首都高校的课堂。清华大学傅水根教授曾说："只有工程师才能培养出工程师。"要想提高本科生的工程实践能力，则需要高水平的工程师的引领。一方面，在招聘全职教师时，首都高校在每年的人才引进中可以将适当名额向具有一定行业经验、实践经验的优秀教师倾斜。适当降低教师的科研要求，面向企业，招聘具有丰富工程实践经验的工程师作为专任教师，还可以适

---

① 顾涵，房勇. 基于工程教育专业认证标准和 OBE 理念对毕业设计环节的创新探索与实践［J］. 实验技术与管理，2020，37（11）：209－212.

当招聘退休的工程师作为实践教师回学校任教。另一方面，还可以聘请具有高水平工程实践能力的工程师作为兼职教师，聘请企业的技术人员作为兼职教师到学校进行指导，加强学生的实践训练，从实践中加强学生能力的培养。随着信息技术的革命与在线教育的普及，兼职教师授课可以采用远程授课的方式，这样在对教师聘请时就不受时间与地域的限制，可以考虑其他省市甚至其他国家的工程师。

7.2.2.2　将教师到企业进修次数与职称评价相挂钩

让首都高校的工科教师深入企业、紧随行业培养工程人才。对于青年教师来说，其成长历程多为从博士到讲师，其获得工程实践能力培训提高的机会十分有限。① 访谈时首都高校一位工科教师表示："因为我的工程实践经验不是很丰富，我没有接触过，对其了解就在书本上，我对自己不是特别满意。现在不是有一些方案，比如提供条件让教师在设计院待三年，实际上我觉得是可行的，但是现在还没下来真正的文件。"可见，教师也是期待、渴望提升自身工程实践能力的，但是在政策落实上还存在一定的障碍。因此，高校对工科教师的实践能力培养的政策应该具有落地性，在政策上、经费上均予以落实，不能纸上谈兵，为青年教师提供工程实践能力发展的平台。

为此，首先，高校可以规定教师职业生涯中需要去企业进修的次数，无论青年教师还是有过行业经验的教师，企业进修都可以转化为教师工作量，完成每一次后方可参与下一次的职称评定。将"工程实践能力"作为教师"职称评价"的重要指标，将提高自身工程实践能力转变为工科教师的自我诉求和自觉行动。其次，高校应积极为教师搭建进修、实习平台，完善教师业务培训机制。总之，对于高校来说，要鼓励教师去高校、企业等学习培训，实现自我提升与增值，提高教师本身的工程实践能力以及教育教学能力。对于教师来说，无论青年教师，还是有多年教学经验的教师，都要积极争取到企业锻炼的机会、主动参加校

---

① 邓丽群, 孙山. 地方高校工科青年教师教学能力提升研究——基于"大工程观"教育理念 [J]. 四川轻化工大学学报（社会科学版），2020, 35（02）: 89 - 100.

企合作项目,[①] 深入对行业的了解,关注自我专业能力成长,致力于提升自身工程实践能力。

7.2.2.3 给予教师更多的时间精力进行教学

高质量课程建设的核心在于教师,许多人认为培养方案的任何一门课程都很重要,只是教师在教学过程中给它注了"水",使之变成"水课"。[②] 而教师要想打造一门"金课",必须有能力、有动力、有精力。课程内容不仅要扎实,还需要生动有趣。为此,应该完善高校教师激励机制、充分利用各种精神激励手段[③]鼓励教师上好课。除此之外,教师对课程所投入的时间和精力直接影响着课程质量,为此,高校应该为教师科学减负,减少与教学活动无关或者关系不大的工作,为教师留出充沛的精力与时间去教学。

留出更多的精力后,一方面,教师要认真参加学校培训,在每一年课程开始前的假期应该深入企业实习调研,了解企业需求,提升自身工程实践能力;另一方面,教师要积极将学习内容、调研结果与课堂教学紧密相连,在课程中突出学生工程实践能力的培养。

7.3 加强实践性教学环节的建设

7.3.1 提高实践性教学地位,注重工程实践能力贯穿式培养

7.3.1.1 培养方案的制定与落实应突出实践性教学环节

在此方面,北京工业大学城市交通学院的做法值得借鉴。大多数高校的培养方案包含培养目标、毕业生基本能力要求、课程体系及学分分

---

① 杨芳,陈雷,张艳萍.应用型本科学生对课程现状评价的实证研究——以上海 S 校机械工程学院为例 [J].中国职业技术教育,2018 (17):11 - 16 + 22.

② 张毓龙."金课"理念下高职院校的课程建设 [J].江苏高教,2020 (12):152 - 156.

③ 庄敏.高校教师激励机制的现实困境与对策研究 [J].经济研究导刊,2020 (35):92 - 93.

配等。但北京工业大学城市交通学院将主要实践性教学环节及主要专业实验单独列出,[①] 有意识地提高实践性教学环节的地位,将实践操作技能和实际工作的需求紧密结合。这种做法可以在思想层面引起高校教师对实践教学的重视,进而提升实践教学的地位,是值得借鉴的做法。除此之外,学校还可以将工程实践能力培养目标面向首都高校四年人才培养体系逐级分解,形成学年递进式培养目标,增加实践教学环节的关联性,使学生在经历一个完整的学习过程后,工程实践力有系统的提升。

7.3.1.2 推行"1+1"理论与实践并行式课程建设

工程人才的培养既需要教授理论知识也需要传输实践技能,因此课程的建设必须权衡好理论课与实践课之间的关系。因此可以设置"1+1"理论+实践课程,即一节理论课加一节实践课,理论课与实践课穿插进行。在对首都高校毕业生进行访谈问其工程实践能力如何获得时,部分学生回答如下:"比如大一上(学期)C语言专业课有64课时,然后配有C语言实践课32课时。大一下(学期)有C++语言专业课,然后配有C++语言实践课,这学期有数据结构课,则配有数据结构实践课。实践课基本上就是拟一个项目,然后动手做出来,小项目每周上交,大项目每月、每两个月上交。项目使学生的应用能力得到了开发。还有就是所有的课程累加起来,这样一个逐渐积累的过程也是对专业能力的一个锻炼。课程设计可能对偏向实践的东西更有效,还是可以学到很多的。"

由以上表述可以看出,工程实践能力是一个累积的过程,从学生视角出发,"1+1"理论与实践并行式课程有利于本科生工程实践能力的培养,且实践课程中的项目也使学生的工程实践能力得到锻炼。因此可以在实践类课程中引入"基于项目的学习"教学法,通过项目设计及

[①] 北京工业大学城市交通学院. 北京工业大学交通运输类本科大类培养方案(2015版)[EB/OL]. http://cmt.bjut.edu.cn/jyjx/pyfa/bkspyfa/2015119/14470522777328957_1.html.

提升训练难度实现工程实践能力递进式培养。① 项目学习式学习（Project-based learning）理念，倡导学生在现实生活中（Real-world）或对个人有意义的项目（Personally meaningful projects）中发现真实问题，在问题的牵引下学生在实践过程中合理运用知识，去解决相关的实际问题，进而完成项目任务。② 将项目学习应用于工程实践教学，③ 落实以成果为导向的工程实践教育，不仅具有一定的可行性，而且具有独特的优势和意义，可以全面提升实践教学质量、实现工程实践能力递进式培养。

7.3.1.3　注重课后学习环节的延伸

以首都某高校电子科学与技术专业为例，学生毕业需修满160学分和第二课堂12学分。核心课程中电路分析占比最大，5学分80学时，其他的核心课程基本上是3学分48学时。按每学期16个教学周计算，大多数课程学时量每周基本上为3学时，最多5学时。可见，对于学生来说，每门课程的学习量偏少，不能满足学生深入学习的需要④。要想夯实理论基础，拓展知识深度，学生必须在课下进行深入的自学。教师要注重学生兴趣的培养，激发学生课下求知欲。访谈时，有学生表示，"因为本科的课程是有限的，而且毕竟浅，再有就是培养一种兴趣，不管从课程本身还是课业体验来说，是对一个后续的学习兴趣的培养，就比如这节课的数据结构我听得很高兴、觉着很有趣，这样的话课下我就更愿意去学习这方面的内容，再有就是考试上如果我考得更好我也就更愿意去学"。

---

① 韩婷，郭卉，尹仕，张蓉. 基于项目的学习对大学生工程实践能力发展的影响研究[J]. 高等工程教育研究，2019（06）：65-72.
② 李金梅. 综合实践活动课程中的项目学习：理念、优势与改进[J]. 教育学术月刊，2021（02）：85-90.
③ 张执南，陈珏蓓，朱佳斌，张国洋，谢友柏. 逆向教学设计法在项目式教学中的应用——以上海交通大学"工程学导论"为例[J]. 高等工程教育研究，2018（06）：145-149.
④ 李正，唐飞燕. 美国佐治亚理工学院实践课程设置及我国的启示[J]. 高等工程教育研究，2017（01）：156-163.

要想提高学生课下学习的行动力，对于教师来说，首先要激发学生的学习兴趣，可以设计更为丰富多彩的课程，专业基础课的讲解可以结合更多的实践案例。另外，相比于理论知识的重要性，在有限的学时中教师在课上更应该注重学习方法的讲授，教会学生如何学习。还可以适当布置学习任务，让学生自主积极参与，进而引导学生提高其工程实践能力。

7.3.1.4 "制作为先"打破实验室只承接教学大纲任务的局面

作为一流的研究型大学，MIT除了关注学生的研究（Research）、领导力发展（Leadership development），以及全球经验（Global experience）外，还关注学生的制作（Making）。麻省理工学院的工学院认为制作（Making）和打破（Breaking）是教育系统中的基础部分。[1] 为此麻省理工学院提出了"每一天我们的学生都在制作"（Every day our students are making）的口号，推行制作先行（Making first）的教育理念。在MIT所有一年级本科生被邀请到制造室（Maker lodge）去学习如何操作3D打印机、激光切割机、数控铣床等其他工具。甚至在MIT，还有"创造者沙皇"来监督所有这些活动。

而我国大部分高校不仅没有设备齐全的面向所有学生开放的制造室，而且专业实验室也未曾充分利用。以我国大部分高校的3D打印实验室为例，实验室不仅不对其他专业的学生开放，而且对本专业的学生也只在学校统一安排的教学任务时才开放。且在上课时，由于设备数目有限，教师讲解过多，学生操练过少，往往一课时就要安排多批学生进行实验。[2] 我们可以效仿麻省理工学院，提出"制作为先"的口号，提升学生的动手能力。由学校统一规划，购买先进3D打印机、激光切割机、数控铣床等工具设备，建立制造室。由专门人员管理，不限专业全时段开放，鼓励学生课余时间亲自动手制作。这样能全面提升学生动手

---

[1] School of Engineering. We See Making and Breaking as A Fundamental Part of Our Educational Ecosystem [EB/OL]. https：//engineering. mit. edu/students/making/.

[2] 莫远东，连海山，莫德云，严伟聪. 校企共建3D打印实验室在实践教学中的应用探讨 [J]. 实验室研究与探索，2020（08）：232-235.

能力。

7.3.2 关注学生个体差异提供多种分流途径

7.3.2.1 培养学生自主学习的能力

学生个体层面的学习在整个学习过程中发挥主体性作用，是高质量学习的核心要素，并对学习效果有着最直接的影响。[①] 因此，提高学生的自主学习能力至关重要。北大英华科技有限公司的一名产品经理，2014年毕业于北京某高校计算机专业，在接受访谈时他表示："大部分计算机领域的人都需要自主学习，技术更新换代很快，需要报网课、看书，进行终身学习，包括我现在，虽然下班很晚，我回去也是要看书、看一些培训课程来学习的。"可见，科技不断进步，工程不断发展，工程实践能力的内涵与结构也会与时俱进。因此，作为未来的工程师，理工科学生要具备重视学习的意识、自主学习的能力来不断完善自身的工程实践能力。

一方面，在课程中，教师要注重激发学生学习兴趣，进而提高学生的学习动机。在对首都高校一名大四毕业生进行访谈时问其如何提升工程实践能力，他的表述如下："学校其实教给你的不仅是知识的使用，而且教你学知识的能力，就比如学校一遍遍教你怎么学C语言，然后你就可以去自学其他C++等语言，你应该具有这种自主学习的能力。"因此，教师应有意识地去培养学生的自主学习能力。在课堂教学中要注意"以学生为中心"，引导学生主动探寻知识。充分利用现代化信息手段，为学生营造优良的学习条件。对学生来说，要及时发现自身工程实践能力的短板，补齐短板。

另一方面，学生要有意识地提高自主学习的能力。在对一名企业工程技术人员做访谈时询问其提高工程实践能力的建议，他表示："我在学校时也参与过一些项目，我记得当初是团队四人合作开发了选课辅助系统，在参与项目的过程中，我发现了自己的很多问题，意识到自己的

[①] 黄榕. 大学生学习主体性测量及其效果的实证研究——来自江苏省大学生知识竞赛的数据探索[J]. 黑龙江高教研究，2019，37(10): 114-120.

很多不足，使自己在未来的学习中，有一定的目标，觉得这些项目对自己帮助很大。"由以上表述可以看出，学生应该有意识地寻找自身不足、自身学习兴趣以及未来发展方向。在课堂之外学生要努力钻研，积极查阅资料、自主进行探究性学习，主动提升自身工程实践能力。

7.3.2.2 科学分流对学生进行差异化培养

在对首都高校毕业生进行访谈时问其如何提高工程实践能力，有学生表述如下："（教师）在教学中尽量做到关注每一位学生；不要只站在讲台上讲授，而要经常走到学生中间对学生进行指导，与学生进行互动。"在访谈时还有学生对老师提了以下建议："希望老师注重个体差异，而不是去看平均值。比如大部分人说会了，一部分人说不会，老师就像没听见（一样）。"在访谈时，首都高校某位教师便有意识地关注学生个体差异："本科生，如果他想读研，就会有意识地培养他的科研能力，有的基础比较好的就去引导他做课题。如果就业就是需要培养工程能力，理论联系实际更多一些。比如有的学生学习主动性不强就弄理论，把重点放在基础知识上。"可见，学生希望得到教师的关注。虽然有的老师意识到学生个体的差异，但还是有老师难以做到促进每一位学生的发展。因此，教师在进行教育教学时，对学生的个体差异应该有所注重，引导学生找到学习方法以及明确发展方向。

另外，首都高校中研究型院校众多，大部分学生有继续深造的想法或者意愿。因此，应该尽早做好首都高校本科生职业生涯规划的教育工作，强化首都高校本科生的职业意识。毕业于首都某高校的一位工程技术人员表示："学校的培养更倾向于对设计等高端人才的培养，我觉得X大是更倾向于培养高端学子的学校，当时本科的同学也更多地去深造、去读研等。"首都高校一位有8年教学经验的老师说："每个人的能力不一样，个体存在差异。另外每个人发展方向和就业方向不一样。就业时设计院、施工单位、管理岗位等对能力的侧重点也不一样。公务员、事业单位对能力的要求也不一样。"可见，每一个学生都是独一无二的个体，对工程实践能力的发展目标也存在结构性差异。因此，学校应该在大二或者大三告知学生整个大学阶段的实习安排，让学生提前规划,避免大四时,众多职业考试与实习"撞车"。高校在大三或者大四将学生进行分流,分为读研深造类,或者就业类,延伸工程人才培养的弹性,为学生的不同选择提供多元化教学和制度设计,进而培养出具有不同结构层次的工程人才。

7.4 本章小结

针对第 6 章提出的首都高校本科生工程实践能力培养存在的问题,以及对其深入的归因分析,本章基于对工科生、工科教师、企业中工程师等工程技术人员等的访谈,提出了以下对策建议:一是关注工程项目团队合作能力的培养;二是强化企业需求的培养理念;三是加强实践性教学环节的建设。

本篇结论

研究结论

经过前文 1~6 章的论述,本文已经对首都高校本科生工程实践能力的结构、现状、影响因素以及提高建议做了较为系统的研究。本章全面总结论文的研究结论,在此基础上指出研究的局限及展望。

本研究以工程实践能力为研究对象,运用成果导向理论、能力本位理论、人力资本理论,基于理论研究和专家访谈,构建了首都高校本科生工程实践能力评价指标体系,其中,一级指标 5 个,二级指标 21 个,三级观测点 21 个。

根据本研究的目的和特点,运用了层次分析法和模糊综合评价法,对 420 位企业中从事与工程行业相关工作的人员展开实证调查,结果发现,首都高校本科生工程实践能力处于良好水平。其中,问题分析与解决能力(79.76)、方案论证与设计开发能力(78.73)、工程应用与操作能力（78.87）、社会非技术性能力（78.55）分值相差不大，均处于良好水平。而工程项目团队合作能力（74.90）分值相对较低，处于合格水平，也是首都高校本科生相对的短板，仍有较大的提升空间。为了验证实证评价结果，对工科生、工科教师、工程业界人员展开访谈调查，综合实证评价及访谈调查结果进行深入的分析。结果发现，首都高校本科生工程实践能力存在如下问题：一是首都高校本科生的工程项目团队合作能力相对薄弱；二是学校工程实践能力培养与企业需求脱节；三是首都高校本科生工程实践能力整体水平不高。基于访谈调查以及实证调查结果对其进行归因分析，发现首都高校本科生工程实践能力存在问题的原因如下：工程项目团队合作能力不被重视，课程中难以得到真正锻炼；教学内容与行业需求脱节，学校能力培养落后于企业需求；实践性教学环节问题凸显，教学效果不显著。

最后，针对问题提出提升首都高校本科生工程实践能力的对策建议：一是关注工程项目团队合作能力的培养；二是强化企业需求的培养理念；三是加强实践性教学环节的建设。

主要创新点

从研究视角看：很少有人将《华盛顿协议》成员工程教育专业认证标准作为本科生工程实践能力评价要素池的筛选来源。从研究内容看：工程实践能力具有鲜明的时代特征，本研究所定义的工程实践能力的内涵与结构与时俱进，符合时代发展需求。从研究方法来看：本文采用定性与定量相结合的研究方法，主要采用比较研究法、问卷和访谈法以及统计分析法来对本科工科生工程实践能力的评价指标展开研究。不仅运用SPSS等现代统计分析软件分析整理所收集的数据，而且对首都高校本科生、工科教师、工程师、工程教育专家、企业管理人员进行深入的访谈。深入了解首都高校工程实践教学的实际情况与不足，获取学生、业界人士、教师、专家对首都高校本科生工程实践能力的看法以及提升建议。

第二篇　高等工程教育：高职高专篇

工程专业技术人才是工程界不可或缺的重要力量，也是国家得以发展的基本支撑，高职高专工科毕业生是工程专业技术人才的主要新生力量，对高职高专工科毕业生的培养水平决定了其进入社会后是否能够承担工程专业技术人才所应承担的责任、是否具备一名合格的工程专业技术人才的专业素质等。在国际工程教育界，《悉尼协议》作为一项针对三年制高等工程职业教育毕业生、具有国际实质等效性的协议，对我国高职高专工科毕业生素质的提升有着重要的参考意义。目前，我国高职高专工科毕业生的培养还存在着较大的问题，对其的评估体系也尚未建立，而评估是促进我国高职高专工科毕业生素质提升的主要手段之一。因此，针对我国高职高专工科毕业生素质的评价指标体系的建立尤为重要，在此基础上，对目前我国高职高专工科毕业生素质的评估也应得到重视。

本研究依据成果评价理论，首先，通过对《悉尼协议》的分析和文献的指标形成指标要素池。其次，根据专家评分的结果，对指标要素池进行删减与合并，构成了初步的《悉尼协议》背景下高职高专工科毕业生素质评价指标。然后，依据初步形成的评价指标设计调查问卷，对评价指标进行实证验证，通过实证的结果对评价指标进行修正。最后，运用层次分析法对最终的评价指标进行赋值，建立了最终的《悉尼协议》背景下高职高专工科毕业生素质评价指标体系，包含4个一级指标，8个二级指标和16个三级指标。随后，选取河南省"1+X"证书试点院校、"双高计划"院校和本地企业作为研究样本，运用该评价指标体系对高职高专工科毕业生素质开展评价研究，运用模糊综合评价法对数据开展分析。实证研究结果表明：高职高专工科毕业生素质构成中，工程实践能力最弱，个人与专业能力次之，工程基础能力和工程管理能力较好。在工程实践能力上，高职高专毕业生安全意识偏弱是导致该一级维度整体得分偏低的主要因素；而导致个人与专业能力不足的主要因素是自信与独立、多任务处理能力缺失。在实证分析的基础之上，融入了案例支持结论。究其根本，高职高专工科毕业生工程实践能力和个人与专业能力较差的主要原因可归结于三大问题：校企合作问题、人才培养问题和多方监管问题。根据实证分析结果，本研究提出了以校企合作、人才培养、多方监管为横坐标，以高职高专院校、企业和国家为纵坐标的三维优化体系。通过高职高专院校的微观调控、企业的积极合作和国家的政策落实及有力监管等措施，形成一条最优化的提升路径。

第 8 章 绪论

中国经济发展正处于从"数量"到"质量"的转变过程。如何保障质量的标准和达成是转变过程中面临的一大问题,需要相关研究者和实务工作者谨慎地做出选择,高职高专工科教育作为我国高等教育的核心成分之一,所培养的毕业生素质是我国综合国力得以提升的源泉力量,也是基础保障。本文通过对高职高专工科毕业生素质评价进行研究,力求在高职高专工科毕业生素质评价的理论和评价工具上做出一定的贡献。

8.1 问题提出

中国正处于科技发展的重要跃升期,[①] 科技发展已经成为国家实力提升的重要保障和高校面临的重大课题。工科大学生是中国科技发展中坚力量的后备军和基础,而高校作为工科大学生培养的主要场所,在国家科技发展和国际竞争中承担着不可推卸的责任。《国家中长期科学和技术发展规划纲要(2006-2020年)》明确提出,应加强优秀专业技术

---

① 中华人民共和国科学技术部. 国家"十二五"科学和技术发展规划[EB/OL]. http://www.most.gov.cn/kjgh/, 2015-04-16/2018-11-25.

人才的培养和引进,[①] 也为高等工程教育的发展指明了方向,即在培养科技创新人才的同时要兼顾专业技术人才的培养。开展有效的高职高专工科毕业生素质评价工作是为国家和社会科技发展引入优秀工程技术做准备。随着国际化进程加快,许多发展中国家意识到国际教育认证评估对人才跨国流动以及工科毕业生素质提升的重要作用,国际工程专业教育认证体系被国际组织分为《华盛顿协议》(Washington Accord,WA)培养专业工程师,《悉尼协议》(Sydney Accord,SA)培养工程技术专家以及《都柏林协议》(Dublin Accord,DA)培养工程技术员。2016年6月我国正式成为《华盛顿协议》的成员之一,实现了我国本科阶段工程教育专业认证的国际接轨,然而作为拥有世界上规模最大的现代职业教育体系的国家,我国对《悉尼协议》的国际标准学习较少,对高职高专工程教育阶段的重视度还多有不足,导致我国高职高专阶段的工程教育及工程技术专家培养仍然没有被其他国家认可的机会。2001年签订的《悉尼协议》是国际上对三年制工程专业技术人员学历资格互认协议,[②] 其较为完善的评价体系为我国高职高专工科毕业生素质的评价提供了坚实的理论和实践基础。《悉尼协议》作为目前得到国际社会普遍认可的工程技术专家层次学历互认协议,经由《悉尼协议》成员认证的工程技术专家学历在成员间具有实质等效性,为国际工程技术专家的流通提供了基本保障。中国作为世界第二大经济体,建立具有国际实质等效性的认证体系是实现本国工程技术专家全面发展的重要举措。工程技术专家与我国高等教育体系中高职高专层次较为对应,[③] 该层次工程教育国际实质等效性的建立将有助于高职高专工科毕业生素质的改善和国家工程技术教育的国际声望的提升。[④]

---

① 中华人民共和国中央人民政府. 中国科技发展报告[EB/OL]. http://www.gov.cn/gzdt/att/att/site1/20120428/001e3741a5581105945301.pdf, 2012-04-25/2018-11-25.
② 郑琼鸽,吕慈仙,唐正玲.《悉尼协议》毕业生素质及其对我国高职工程人才培养规格的启示[J]. 高等工程教育研究, 2016(04): 136-140+145.
③ 董少校. 我们离"悉尼"还有多远[N]. 中国教育报, 2014-12-11(05).
④ 董少校. 为什么要向"悉尼"进发[N]. 中国教育报, 2014-12-10(05).

8.1.1 选题背景

8.1.1.1 高职高专工科毕业生素质问题凸显

教育部职业教育与成人教育司司长王继平指出,目前全国共有职业院校1.23万所,在校生2680万人,高职教育占中国高等教育的"半壁江山"。[①] 由此可见,我国高职高专培养规模已与本科形成势均力敌的局面,其中工科生占据了较大比例。[②] 2018年11月14日中央全面深化改革委员会第五次会议审议通过的《国家职业教育改革实施方案》(简称《实施方案》)提出,要把职业教育摆在更为突出的位置并着力培育高素质劳动者和技术技能人才。[③] 高职高专工科毕业生是工程专业技术人员的主要来源,也是未来我国职业教育着重关注的对象。对高职高专工科毕业生素质的评估将成为国家验收院校教育成果的重要评价指标,企业人才选拔的考量标准和院校进行自我改进的参考依据。现阶段,我国高职高专工科教育的问题集中在"质"上。首先,我国高职高专工科毕业生素质难以满足需求,专业与产业脱节。[④] 在2018年"两会"期间,教育部部长陈宝生指出,当前我国许多高职高专院校办学的地方性、区域性特点不够突出,未考虑地方产业结构与市场需求情况,盲目与普通本科院校学科设置相比,使专业链与产业链脱节,培养的高职高专工科人才适应社会的能力差,造成高职高专工科毕业生就业对口难,

---

[①] 中华人民共和国教育部. 全国职业院校设近千个专业,在校生人数超2600万 [EB/OL]. http://news.ifeng.com/a/20170830/51808282_0.shtml, 2017-08-30/2018-11-25.

[②] 中华人民共和国教育部. 专家微评:中国工程教育质量报告 [EB/OL]. http://www.moe.gov.cn/jyb_xwfb/s5148/201411/t20141113_178177.html, 2014-11-13/2018-11-25.

[③] 中央全面深化改革委员会第五次会议. 深刻总结改革开放伟大成就宝贵经验 不断把新时代改革开放继续推向前进 [EB/OL]. http://www.moe.gov.cn/jyb_xwfb/s6052/moe_838/201811/t20181115_354857.html, 2018-11-15/2018-11-18.

[④] 郑智勇,肖林,王书林. 改革开放40年我国高职教育的进展、问题与展望 [J]. 教育与职业, 2018 (20):33-38.

也导致毕业生的素质和知识结构与市场需求不匹配。① 其次，高职高专工科毕业生素质偏低，人才培育亟待实现由量到质的跨越。近年来，教育部对高职高专工科教育的重视程度不断提升，面对高职高专工科教育出现的问题，教育部明确提出要适当控制高职高专院校招生规模，相对稳定招生规模，强化内涵。②

8.1.1.2 评价是提高高职高专院校工科毕业生素质的必要措施

高职高专院校工科毕业生素质评价因其特殊性表现出以下三个特点：①需要长久规划的观念；②把握相对灵活的标准；③形成优胜劣汰的危机意识。③ 以上三点的建立和完善都与工科毕业生素质评价有密不可分的关系。首先，有效的工科毕业生素质评价将有助于管理人员客观地了解办学水平、办学能力和办学过程中存在的问题，从而建立长久的发展规划并保持持续改进。其次，工科毕业生素质评价的结果将为院校提供第一手的评估材料，便于从中发现问题，对不合理的评价标准进行适时的调整，避免评价标准过于死板和滞后。最后，对工科毕业生素质评价的结果使院校对自己的问题有清晰的认知，可与同类型院校和目标企业进行比对，及时了解自身存在的问题与不足并及时纠正和完善。所以，在现有的基础上，建立和完善对我国高职高专工科毕业生素质的评价是改进和提高我国高职高专工科技术人才素质的必经之路。

8.1.1.3 现阶段高职高专工科毕业生素质评价尚未完善

目前，我国对于高职高专工科毕业生素质评价的研究还较少。就现有的文献来说，我国关于高职高专工科毕业生素质评价的研究多呈现出缺乏理论基础、回收数据未得到深层次利用的情况。一方面，对理论知识的运用多数文献并未提及，少数提及理论知识的文献多集中于马克思

---

① 陈宝生．办好人民满意的教育是我们的奋斗目标和前进动力［EB/OL］．http：//www.gov.cn/xinwen/2018-03/14/content_5274087.htm, 2018-03-14/2018-12-02.

② 教育部．2016年全国高等职业院校适应社会需求能力评估报告［EB/OL］．http：//www.moe.edu.cn/jyb_xwfb/gzdt_gzdt/s5987/201712/t20171207_320819.html, 2017-12-07/2018-06-13.

③ 人才培养质量评价体系，百度文库［EB/OL］．https：//wenku.baidu.com/view/349985f3f61fb7360b4c6560.html, 2012-06-29/2018-11-25.

主义和就业导向相关理论进行展开；另一方面，对于回收的数据多数研究采取了描述性统计分析的方法，对数据的基本信息进行了统计分析，尚未深度挖掘数据间的内在联系。另外，我国对于工科毕业生素质的评价研究多集中于本科层次，对高职高专层次的研究尚未丰富，对高职高专工科毕业生素质的评价指标体系的构建也多通过文献分析法且研究方法较为单一，有待进一步的检验。

8.1.1.4 国内高职高专院校对加入《悉尼协议》的需求迫切

随着我国职业教育的发展壮大，高职高专院校也逐渐积极参与并希望建立与国际社会的实质等效性，从而为高职高专工科毕业生提供更多的发展机会。《悉尼协议》作为高职高专院校中工科专业的目标协议在高职高专院校中得到了积极回应和参与。目前，由于我国大陆地区尚未加入《悉尼协议》，上海健康医学院的医用电子仪器与维护专业参与并通过了我国台湾地区"中华工程教育学会"的认证，成为我国大陆地区首个通过《悉尼协议》认证的专业。2017年10月18日，福建船政交通职业学院道路桥梁工程技术专业也通过国际认证的形式得到《悉尼协议》的认证，据悉，目前福建省有6所高职高专院校正在进行试点[①]，而广东省的广东轻工职业技术学院、广州番禺职业技术学院、深圳职业技术学院和顺德职业技术学院均于2017年申请参加我国台湾地区"中华工程教育学会"专业认证试点。可见，我国大陆地区高职院校对于加入《悉尼协议》有迫切的需求。

8.1.2 研究意义

《悉尼协议》作为国际工程技术专家（Engineering Technologist）层次学历互认协议，代表了国际社会对工程技术专家的普遍要求，本研究将现阶段国际上普遍认可的高职高专阶段工程教育认证协议——《悉尼协议》作为评价指标构建的参考依据，将有助于我国高职高专工程教育的持续改进，基于《悉尼协议》建立我国高职高专工科毕业生素质的

---

① 柯政彦，罗涛.《悉尼协议》视野下我国高职院校中外合作办学的改进与发展方向[J]. 上海教育评估研究，2018，7（04）：24–27.

评价指标体系也将在一定程度上丰富和充实我国对高职高专工科毕业生素质评价的研究。

从理论意义上讲，目前国内相关评价研究缺乏理论基础，本研究拟根据《悉尼协议》对毕业生素质的评价标准，基于成果评价理论（Outcome-based Evaluation Theory）建立高职高专工科毕业生素质评价指标体系并进行实际评价。一方面，夯实我国相关研究的理论基础，为之后的研究提供理论支撑；另一方面，对于《悉尼协议》的深度分析将拓展我国对《悉尼协议》研究的内涵和外延。

从实践意义上讲，本研究根据国际普遍认同的《悉尼协议》的相关标准并结合国内学界构建的诸多标准，建立适用于我国高职高专工科毕业生的素质评价指标体系，同时本研究所开发的评价指标体系致力于帮助工科毕业生了解自身存在的不足，促进高校对工科毕业生素质所存在的问题及时发现与改进。

8.2 核心概念界定

8.2.1 素质（Attributes）

本研究所指的素质（Attributes）一词与国内对素质一词的普遍理解有所差异，由于 Attributes 来源于国外，故本研究对素质的理解也基于国外的文献来定义。在国外，Attributes 原意为属性，多用于计算机研究领域，在教育学中，对素质的定义来源于毕业生素质（Graduate Attributes），学界对其的定义包括三种：其一，指高校在学生就读期间培养学生的品质、技能和理解等能力，从而塑造其顺利进入职业生涯并为社会做出贡献的能力。[1] 其二，Harvey 等人认为毕业生素质指的是所有

---

[1] Bowden J., Hart G., King B., Trigwell K., and Watts O.. Generic Capabilities of ATN University Graduates [J]. Canberra: Aus-tralian Government Department of Education, Training and Youth Affairs, 2000.

与个体获得工作并维持工作的能力有关的因素。[①] 其三，以 Mohanty S. 为主的团队所提出的毕业生素质概念，指出毕业生素质是一系列美德和能力。[②] 目前对于素质（Attributes）、能力（Competencies）和技能（Skills）的论述中，对于技能的理解是由 Rainhz'm H. 对以往文献进行总结分析所得出的，技能侧重于个体专业方面的技术、操作能力以及通过培训和经验开发的过程所习得的与工作过程技术相关的知识。[③] 而对能力的理解则出自 Emil Rodolfa 的总结，能力通常被理解为专业人员达到进入行业的合格标准，并且能够以适当和有效的方式理解和完成某件事情。仅仅拥有知识或技能是无法得到认可的。由此可见，技能被包含在能力之中。[④] 所以，在国外，对素质、能力和技能概念关系的理解可以表示为：素质 > 能力 > 技能（见图 8 - 1）。

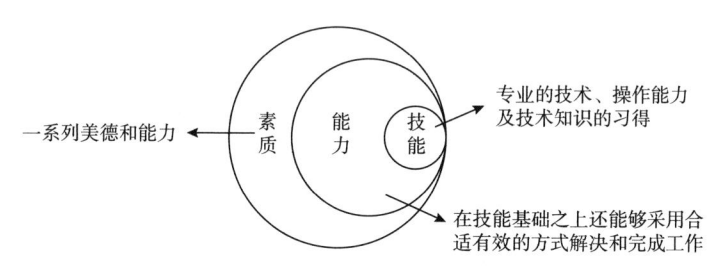

图 8 - 1　国外有关素质、能力、技能概念关系的界定

鉴于本研究是基于《悉尼协议》框架进行毕业生素质的评价指标体系构建，故本研究中所提的素质及其覆盖范围遵从国外对素质的界定，即素质包含着能力和技能。

---

① Harvey L.. Defining and Measuring Employability [J]. Quality in Higher Education, 2001: 97 - 109.

② Meenakshi S., Rath A. K., and Mohanty S.. A Review on Requisite Generic Attributes for Engineering Graduates [J]. Journal of Engineering Education Transformations, 2015 (4): 83 - 91.

③ Rainhz'm H.. The Social Construction of Skill [J]. Education and Work in Great Britain, Germany and Italy. 2013.

④ Rodolfa E., Bent R., Eisman E., Nelson P., Rehm L., and Ritchie P.. A Cube Model for Competency Development: Implications for Psychology Educators and Regulators [J]. Professional Psychology: Research and Practice, 2005: 347.

8.2.2 毕业生素质（Graduate Attributes）

毕业生素质（Graduate Attributes）的提出可追溯至 Simon Barrie 于 1828 年在英国诸多大学和 1862 年在悉尼大学群进行的毕业生素质相关研究。① 毕业生素质得到社会各界普遍重视是源于 19 世纪 80 年代毕业生素质研究在世界范围内的研究热潮，对毕业生素质的概念存在着一定的争议，② 主要包括三种类型。其一，以 Barrie S. C. 为主要代表人物对毕业生素质概念进行了深入研究分析的定义。1862 年 Wooley 等人提出，我们培养的毕业生应具有一个良好的理解能力，养成谦虚和独立思考的习惯，有广阔的视野且能够正确判断事物的重要性，同时能够承认自己的无知。③ Barrie 对此观点进行了进一步的深层分析并构建了毕业生素质概念的四阶段发展论：④ 第一阶段毕业生素质为基本的预期素质，包括基础学科知识和能力；第二阶段为一般能力和个人技能，以课程为载体，完成特定的能力；第三阶段是在前两个阶段的基础之上对专业知识的学习和掌握，这是大学必不可少的技能；第四阶段是能力的全面发展，能力是知识和学习的核心，有可能改变知识并创造新知识，提出毕业生素质可以概念化为支持课程，设计课堂教学和学习的输出和进步。⑤ 随后，Barrie 又对毕业生素质的概念进行了概括性的描述，即毕

---

① Simon Barrie, Rethinking Generic Graduate Attributes [J]. Quality Assurance in Education, 2005（27）：19-27.

② Palmer S., and Ferguson C.. Improving Outcomes Based Engineering Education in Australia [J]. Australian Journal of Engineering Education, 2008（14）：91-104.

③ Wooley C. cited in Candy P., Crebert G., and O'Leary J.. Developing Lifelong Learners through Undergraduate Education [J]. Commissioned Report No. 28 National Board of Employment Education and Training. Canberra：Australian Government Publishing Service, 1993.

④ Barrie S. C.. Conceptions of Generic Graduate Attributes：A Phenomenon Graphic Investigation of Academics' Understandings of Generic Graduate Attributes in the Context of Contemporary University Courses and Teaching [M]. Doctoral Thesis. University of Technology Sydney. 2003.

⑤ Barrie S. C.. A Conceptual Framework for the Teaching and Learning of Generic Graduate Attributes [J]. Studies in Higher Education, 2007：439-458.

业生素质是技能与素质的交织网络，位于科学知识和人类能力的核心。[1] Smith 等人在此基础上对毕业生素质的概念进行了总结，将其概念表述为非学科特定成果。[2] 其二，以 Bowden 为主的研究团队于 2000 年提出的对毕业生素质的另一种定义，主张毕业生素质应该是学生毕业时获得的用以应对未知社会的超越课堂习得的知识、能力和素质。[3] 其三，以 Meenakshi 和 Mohanty 为主的团队所提出的毕业生素质概念，指出毕业生素质是一系列美德和能力。[4]

国内对于毕业生素质的概念研究尚未清晰，仅有少数研究对毕业生素质进行了定义。其中，郑琼鸽等人针对《悉尼协议》对毕业生素质的解释将其定义为毕业时学生应达到的知识、能力和人格等方面的综合素质要求。[5] 张理晖等人认为毕业生素质指的是毕业生在先天生理的基础上，经过后天的教育和社会环境的影响，由知识内化、技能训练而形成的相对稳定的心理品质、社会修养和潜在能力的总称，对高职高专工科毕业生素质而言指专业素质、社会及个人素质三大类。[6]

本研究拟将 Bowden 与郑琼鸽等人对毕业生素质的定义综合作为本研究中毕业生素质的定义，即毕业时学生应达到的满足未来社会需求的

---

[1] Barrie S. C.. Academics' Understandings of Generic Graduate Attributes: A Conceptual Basis for Lifelong Learning [J]. Graduate Attributes, Learning and Employability. Springer, Dordrecht, 2006: 149-167.

[2] Barrie S. C., Hughes C., and Smith C.. The National Graduate Attributes Report: Integration and Assessment of Graduate Attributes in Curriculum [J]. Australian Learning and Teaching Council. 2009.

[3] Bowden J., Hart G., King B., Trigwell K., and Watts O.. Generic Capabilities of ATN University Graduates. Canberra: Australian Government Department of Education [J]. Training and Youth Affairs. 2000.

[4] Meenakshi S., Rath A. K., and Mohanty S.. A Review on Requisite Generic Attributes for Engineering Graduates [J]. Journal of Engineering Education Transformations, 2015: 83-91.

[5] 郑琼鸽，吕慈仙，唐正玲.《悉尼协议》毕业生素质及其对我国高职工程人才培养规格的启示 [J]. 高等工程教育研究, 2016 (04): 136-140+145.

[6] 张理晖，张宏彬.《悉尼协议》视域下高职现代学徒制目标标准的研究 [J]. 中国职业技术教育, 2018 (11): 10-14+46.

知识、能力和人格等方面的综合素质要求。

8.2.3 《悉尼协议》

《悉尼协议》（Sydney Accord）是由澳大利亚、加拿大、中国香港、爱尔兰、新西兰、英国和南非七个国家和地区于 2001 年联合签署的致力于发展和建立工程技术专家层次学历互认，实现国际实质等效性（the Principle of Substantial Equivalence）的重要协议，中国台湾地区，韩国、美国和马来西亚分别于 2014 年、2013 年、2009 年和 2018 年加入《悉尼协议》成为其正式成员[①]，虽然我国大陆地区目前还未加入《悉尼协议》，但全面加入国际工程教育认证体系是我国大陆地区工程教育走向国际化的必经之路。

《悉尼协议》所认证的工程技术专家与我国三年制高职高专工程教育较为匹配，承认签约成员的工科毕业生素质具有国际实质等效性，认可任何经由成员认证的高职高专工科专业达到国际上对工程技术人员从业的学历要求和工程标准。《悉尼协议》要求认证专业对学生在专业学习中的整体表现进行评价，以保证学生毕业时达到毕业要求，毕业后具有社会适应能力与就业竞争力，进而达到培养目标的要求[②]，协议所提供的对毕业生素质的要求[③]也为各国提供了参考。《悉尼协议》不仅提出了认证的具体标准，还通过这些标准为高校工科专业建设指明了方向。其中体现出来的专业建设范式包括：①以学生为中心；②以结果为导向；③倡导持续改进。

本研究所依据的《悉尼协议》背景主要有两项：第一，《悉尼协议》所对应的我国高等教育中高职高专工科毕业生层次；第二，《悉尼协议》对毕业生素质的十二项要求。

---

① International Engineering Alliance. Sydney Accord_Signatories [EB/OL]. http：//www.ieagreements.org/accords/sydney/signatories/.

② International Engineering Alliance. Sydney Accord [EB/OL]. http：//www.ieagreements.org/accords/sydney.

③ 郑琼鸽，吕慈仙，唐正玲.《悉尼协议》毕业生素质及其对我国高职工程人才培养规格的启示 [J]. 高等工程教育研究，2016（04）：136 – 140 + 145.

8.3 研究内容与思路设计

8.3.1 研究内容

本篇将高职高专工科毕业生素质的评价作为研究主题，以《悉尼协议》对工科毕业生素质的要求作为主要参考指标，选取河南省的高职高专工科毕业生作为分析的样本，力图解决如下问题：（1）理清我国高职高专工科毕业生素质评价的发展历程与现状；（2）构建一个基于《悉尼协议》背景的高职高专工科毕业生素质评价指标体系；（3）运用本文所构建的高职高专工科毕业生素质评价指标体系对河南省高职高专工科毕业生素质进行测评；（4）根据上述研究与分析，提出提升高职高专工科毕业生素质可操作的对策建议。

8.3.2 思路设计

本篇主要包括以下几步：首先，通过整合现有文献的研究对我国高职高专工科毕业生素质评价的研究历程和现状进行分析；其次，通过提取文献中的主要评价维度及相关指标和对高职高专院校目标企业进行问卷调查和访谈构建高职高专工科毕业生素质评价指标要素池。再次，对基于文献分析和实际调研建立的高职高专工科毕业生评价指标要素池进行要素提取，建立高职高专工科毕业生素质要素体系并结合《悉尼协议》对毕业生素质的12条要求构建初步的高职高专工科毕业生素质评价指标体系。然后，通过对高职高专工科毕业生的测试结果进行统计检验和因子分析，得出基于实证的评价指标体系和评价量表并赋予权重。最后，运用本文所构建的评价指标体系对河南省的高职高专工科毕业生进行实证研究，测评当前河南省高职高专工科毕业生素质，并结合调研结果及相关理论提出发展对策（见图8-2）。

图 8－2　本研究技术路线

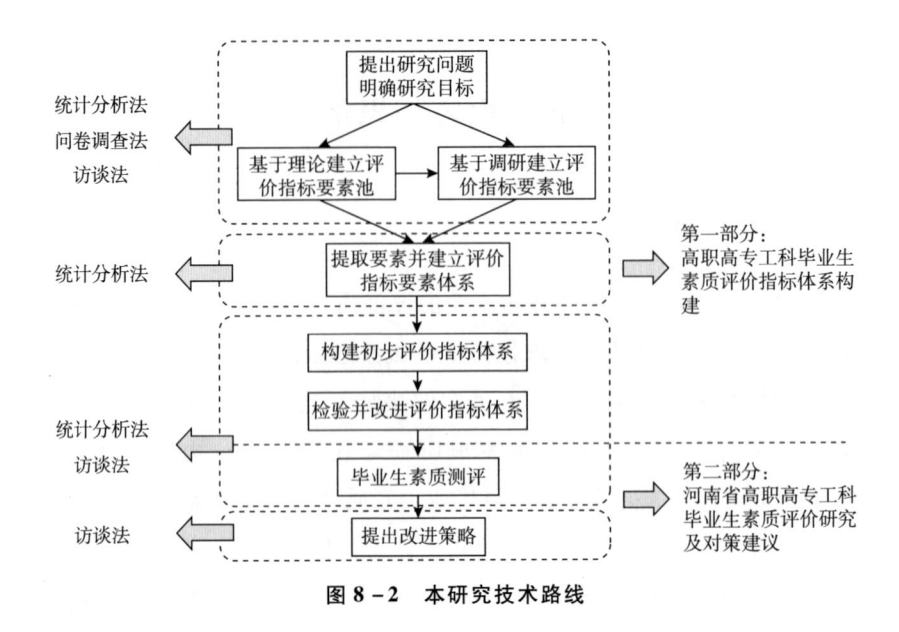

8.4　研究方法

本篇采用混合研究方法。在初步构建高职高专工科毕业生素质评价指标体系时，主要采用问卷调查法和访谈的方法；在对高职高专工科毕业生素质评价指标体系进行最终确认时，主要采用统计分析的方法；在采用构建完成的评价指标体系进行现状研究时，主要采用统计分析方法进行分析。

8.4.1　问卷调查法

构建高职高专工科毕业生素质评价指标体系前期，通过问卷调查了解高职高专院校及企业对高职高专工科毕业生素质的期望，为进一步构建评价指标体系提供实践基础。在对河南省高职高专工科毕业生素质进行评价时，运用研究所构建的评价指标体系进行实证研究以了解河南高职高专工科毕业生素质状况。

8.4.2 访谈法

研究前期，通过对高职高专工科教师和相关企业的访谈建立基于实际调研的高职高专工科毕业生素质评价指标合集，为后期评价指标体系的构建提供实践基础。实证研究阶段通过部分毕业生的访谈，一方面更为全面准确地了解首都高职高专工科毕业生素质的状况，另一方面为提升首都高职高专工科毕业生素质的对策研究提供第一手资料。

8.4.3 统计分析法

研究前期对国内外文献进行整理并采用SPSS统计分析软件进行描述性分析，归纳出高职高专工科毕业生素质评价指标要素池，为构建高职高专工科毕业生素质评价指标体系提供理论支撑。在对评价指标体系本身进行检验时，采用统计检验和因子分析等统计分析方法对评价指标体系有效性进行检验。在对评价指标体系进行赋值时，采用层次分析法进行赋值。

8.5 本章小结

随着信息化时代的到来，工程已成为各个国家发展所不可或缺的重要力量，工程技术专家的培养也随之成为各国发展的重心，引起了世界范围内的关注和讨论，而工程技术专家素质的评价也发挥着非常重要的作用，是工程技术专家素质的保证和工程工作得以顺利开展的基本保障。高职高专工科毕业生是工程技术专家的后备人才，也是工程技术专家的接班人。对高职高专工科毕业生素质所开展的评价研究将有助于保障工程技术专家的素质，促进社会和国家工程发展目标的达成。

高职高专工科毕业生素质涵盖了技能、能力和美德三个维度，具有较强覆盖性的评价目标，也是高职高专工科毕业生应当具备的基本素质和进入社会行业工作的基本素质保障。本研究的目标对象是高职高专的工科毕业生，目前对于毕业生素质的研究较多，但针对高职高专工科毕业生素质的研究还未完全展开。

本篇聚焦于对高职高专工科毕业生素质的评价，依据《悉尼协议》中毕业生素质的相关要求研究高职高专工科毕业生素质评价的相关理论。基于此，本研究综合采用多种研究方法得出一个高职高专工科毕业生素质的评价要素体系，通过实际访谈、调研和问卷发放对该要素体系进行进一步的提炼，构建高职高专工科毕业生素质评价指标体系，并进行实证验证。本研究拟采用的研究方法主要包括问卷调查法、访谈法和统计分析法，三种研究方法在各个环节相互配合，互相求证。本研究可以拓展目前国内对高职高专工科毕业生素质理解的内涵及外延，丰富相关的理论研究，同时为高职高专工科毕业生素质的评价提供评价工具的参考，并构建出符合现实情况的高职高专工科毕业生素质评价模型并加以验证。

第 9 章　高等工程职业教育评价的理论基础

通过一百多年的研究和探索，国外对于高职高专工科毕业生素质的研究已形成基本的研究体系，随着《悉尼协议》的联合缔约，对高职高专工科毕业生素质的研究也更进一步，逐步完成了理论研究与评价研究的融合。我国对于高职高专工科毕业生素质评价的相关研究开展得较晚，在经过近15年的发展时期后，相关理论研究已逐步丰富，相关理念已经与国际社会逐步接轨，评价研究则相对处于起步阶段，尚未形成公认度较高的评价指标体系。多数研究集中于分析评价目前存在的问题，关注现状问题。本研究通过对学术界现有研究成果的整合，以成果评价理论（Outcome – based Evaluation Theory）的研究框架为理论指导，进行高职高专工科毕业生素质的评价研究。

9.1　文献述评

本研究以递进的方式进行文献部分的整合和归类，共分为三个层面。第一，《悉尼协议》的相关研究是本研究评价工具建立的基础，包括内涵研究、意义研究以及在此背景下我国职业教育的现状和问题三个方面，用以完成指标体系与《悉尼协议》和国内现实情况的有效整合。第二，毕业生素质评价也是本研究的关键内容，现有的文献可分为两部分。其一，对毕业生素质评价指标的相关研究，对本研究的评价指标体系构建具有一定的借鉴意义；其二，对毕业生素质评价工具的研究，有利于本研究在建构评价指标体系的过程中综合多种评价方式，以确保指标体系尽可能地全面合理。第三，高职高专工科毕业生素质评价的研究是本研究的核心点，由评价指标、评价工具及评价过程中存在的问题构成，对这三点进行梳理的意义与毕业生素质评价指标和工具一致，都在于尽可能地保障指标体系的完整合理。

9.1.1 关于《悉尼协议》的研究

2001年《悉尼协议》的缔约及近年来国家对职业教育的关注吸引了国内众多学者在此领域不断进行探索，由于《悉尼协议》是基于《华盛顿协议》认证模式的延伸，因此国外学者对于《悉尼协议》的研究较为少见。国内研究者因其关注点的不同，研究视角各有特点，包括《悉尼协议》的内涵研究、意义研究、对我国职业教育的建设研究等。在对《悉尼协议》的研究过程中，我国职业教育的发展框架也逐渐凸显。

9.1.1.1 内涵研究

现阶段，学者对于《悉尼协议》的内涵研究主要集中在内容和专业建设范式两方面。王伯庆、高楚云和胡智清等对《悉尼协议》的主要内容和专业建设范式进行了全面的介绍，从培养目标、学生、毕业要求、课程体系、师资队伍、持续改进和毕业生跟踪反馈及社会评价七个方面解释了《悉尼协议》的内容，并就《悉尼协议》的四大专业建设范式（以学生为中心、以结果为导向、倡导持续改进、尊重专业个性）做了简要总结，认为《悉尼协议》在职业教育领域具有先进性和借鉴性，是我国职业教育得以发展的重要参考。[1][2] 随后，李春霞针对《悉尼协议》中以学生为中心和成果导向的专业建设范式进行了深层次的研

---

[1] 王伯庆. 参照《悉尼协议》开展高职专业建设 [J]. 江苏教育, 2014 (28): 16–19.
[2] 高楚云, 胡智清, 熊建武. 基于《悉尼协议》的高职高专院校专业建设改革思路 [J]. 机械职业教育, 2017 (10): 22–24.

究，强调高职院校应当在课程设置、教学目标制定和教学方法改革中坚持贯彻落实《悉尼协议》以学生为中心和成果导向的专业建设范式。①另外，郑琼鸽等人对《悉尼协议》中另一理念持续改进做出了分析，提出了持续改进过程中应当坚持的原则，即系统性、举证性、及时性和集体性四大原则。② 庄榕霞等人在此基础上对《悉尼协议》的认证机构、认证程序和认证标准进行解析，总结出《悉尼协议》的认证模式要素的特点，即认证机构多由专业工程师来担任以促进认证的专业性和职业性；认证程序一般包括申请、提交自评报告、学校访问和认证结果的确认等，用以保障认证的全面性；认证标准则以知识、能力和素养为分类标准进行划分，并提出33个相关二级指标；同时也指出《悉尼协议》的四大范式在其认证模式中得到了充分的体现。③

9.1.1.2 意义研究

目前，学者对于加入《悉尼协议》必要性的论述主要分为积极和消极两种态度。一是积极态度。学者们认为，在国际化的大背景下，加入《悉尼协议》将有利于提高我国工程技术教育的国际地位和人才培养水平，也是我国高职教育的内生需求。④ 如刘文华、徐国庆认为加入《悉尼协议》将提高我国高职教育的国际竞争力和国际声誉，并从国家政策环境、历史机遇及使命功用三方面进行了分析。⑤ 董少校则从人才培养水平的角度提出了我国加入《悉尼协议》的必要性，并从人才培养质量、国际认可度两方面进行论述。⑥ 柯政彦、罗涛和高军则站在国

---

① 李春霞. "悉尼协议"对我国高职人才培养的启示——以高职微电子技术专业为例[J]. 辽宁高职学报, 2017, 19 (11): 12-14+29.
② 郑琼鸽, 吕慈仙. 基于《悉尼协议》的高职人才培养质量持续改进模式探析[J]. 职业技术教育, 2018, 39 (08): 72-75.
③ 庄榕霞, 周雨薇, 赵志群. 高等职业教育开展《悉尼协议》专业认证的思考[J]. 中国职业技术教育, 2018 (01): 41-44+49.
④ 王钧铭, 徐胤莉, 王晓秋. 专业认证：高职教育质量保障的内生需求[J]. 中国高等教育评论, 2017, 8 (02): 95-101.
⑤ 刘文华, 徐国庆. 《悉尼协议》框架下高等职业教育发展策略探析——论我国职业教育的国际化[J]. 上海教育评估研究, 2016 (01): 16-19.
⑥ 董少校. 为什么要向"悉尼"进发[N]. 中国教育报, 2014-12-10 (05).

际交流的角度对我国加入《悉尼协议》的重要性进行论证，认为加入《悉尼协议》是提高高职院校办学水平的重要手段，提升高职院校毕业生素质的客观要求，推进高职院校与国际接轨的有效途径。[1][2] 二是消极态度。持消极态度的学者认为，追求与《悉尼协议》采用相同的评价标准来评价我国高职高专工科毕业生素质有悖于我们对不同人才类型和专业的基本认知。如学者王炜波提出，对于加入《悉尼协议》按照其标准来评价毕业生素质，我们应当采取谨慎而理智的态度，应当集百家之长建立自己的体系，形成中国模式与经验，为世界高等职业教育做出独特的贡献。[3]

9.1.1.3 《悉尼协议》背景下我国职业教育存在的问题及对策研究

黄旭伟认为在《悉尼协议》背景下我国职业教育还存在着国际化视野不够开阔、标准化建设规程不够完善、质量保障体系不够健全的问题，并以此提出相关利益者应当重塑专业建设理念、修订专业建设规划、再造专业建设流程、完善保障体系与支持机制建设、全面提高专业建设内涵、提升专业建设的国际化水准。[4] 刘文华、徐国庆从思想、专业和课程的角度指出《悉尼协议》背景下我国职业教育思想理念亟待更新和完善，专业设置应与社会需求和国际发展趋势相适应，课程体系应减少学术化课程的印迹，加强学生能力的培养课程建设。[5] 唐正玲等人则针对我国职业教育目前出现的问题借鉴《悉尼协议》专业建设范式提出我国职业教育应当注重共性与个性的统一、倡导持续改进、以学

---

[1] 柯政彦，罗涛.《悉尼协议》视野下我国高职院校中外合作办学的改进与发展方向[J]. 上海教育评估研究，2018，7（04）：24-27.

[2] 高军. 高职院校专业国际认证探索与研究[J]. 智库时代，2017（16）：274-275.

[3] 王炜波.《悉尼协议》适用于我国高职课程改革吗[N]. 中国教育报，2018-03-13（09）.

[4] 黄旭伟. 引入《悉尼协议》加强高职工程技术教育类专业建设[J]. 高等工程教育研究，2017（03）：197-200.

[5] 刘文华，徐国庆.《悉尼协议》框架下高等职业教育发展策略探析——论我国职业教育的国际化[J]. 上海教育评估研究，2016，5（01）：16-19.

生为中心、注重核心素养与专业能力的综合培养并强调结果评价。① 而陈丽婷则将职业教育改革对象归纳为目标体系、课程体系、支撑体系和指标体系。②

9.1.2 关于毕业生素质评价的研究

毕业生素质的评价不仅关系毕业生本身的发展趋势而且是对高校人才培养质量的认定方式，关于毕业生素质评价的研究主要体现在两方向。一是关于评价毕业生素质的指标确定的问题，不同的专业和培养层次间评价的指标也存在着差异。二是指标确定后的评价问题，在现有的心理学和教育学研究中普遍采取自我评价的方式来测量毕业生素质。自我评价的毕业生素质就是毕业生自我评价其完成学校培养目标的实际状况。Wood 和 Bandura 认为，自我评价的能力是个体自我效能信念的核心。③

9.1.2.1 毕业生素质评价指标研究

当前学术界有三种已得到实证检验的毕业生素质评价指标体系。一是由 Kift、Sally 通过在昆士兰科技大学进行试点所得出的五维评价指标，包括学科知识、道德态度、沟通能力、问题解决、信息素养。④ 二是由 Barrie、Simon 从终身学习的角度出发，认为毕业生素质主要体现在六个维度：研究与调查能力、信息素养、个人及知识自治、道德、社会和职业理解、沟通。⑤ 三是由 Coetzee M. 于 2012 年提出的八项核心技

---

① 唐正玲，刘文华，郑琼鸽. 《悉尼协议》认证标准及其对我国高职专业教学标准的启示 [J]. 职业技术教育，2017，38（04）：75–79.

② 陈丽婷. 《悉尼协议》范式下高职专业建设的本土化实践 [J]. 中国职业技术教育，2018（22）：59–65.

③ Wood R., Bandura A.. Social Cognitive Theory of Organizational Management [J]. Academy of Management Review, 1989 (14): 361–384.

④ Kift, Sally M.. Harnessing Assessment and Feedback to Assure Quality Outcomes for Graduate Capability Development: A Legal Education Case Study [J]. 2002: 1–21.

⑤ Barrie, Simon C.. Academics' Understandings of Generic Graduate Attributes: A Conceptual Basis for Lifelong Learning [J]. Graduate Attributes, Learning and Employability. Springer, Dordrecht, 2006: 149–167.

能框架,① 用以测量毕业生是否达成目标及其程度,提出毕业生素质主要体现在八个维度上,包括问题解决和决策、批判性思维、写作和口语(沟通技巧)、英语熟练程度、团队合作、人际交往能力、研究技能、信息素养,并在之后完成了对此指标框架的检验。② 除此之外,鲁宇红在社会市场的视角下构建了毕业生素质五维度指标,包括:学习能力、实践能力、社会交往能力、创新能力、抗挫折能力。③ 罗树坤等人从用人单位的角度提出了毕业生应具备的三类能力,即思想道德、知识能力和其他素质能力。④ 何莎莎等人则以 ISO9000 质量管理标准作为理论基础建立了毕业生素质评价指标体系,包含用户满意度、毕业生工作态度、专业知识与技能水平、思想素质、综合素质五个一级指标。⑤ 桑雷等人从新职业关系的角度设计了毕业生素质评价三维体系,分别为职业识别能力、岗位适应能力、资源获取能力。⑥ 近15年内,有诸多学者提出基于自己专业和研究领域的评价指标,Meenakshi 等人将 2002~2013 年所提出的评价指标进行分析,列举出 6 个高频次的评价指标,分别为团队合作能力、沟通技巧能力、创造力、问题解决能力、领导力、终身学习能力。⑦ Artess 等人对 2012~2016 年相关学术成果进行综述并提取

---

① Coetzee M.. A Framework for Developing Student Graduateness and Employability in the Economic and Management Sciences at the University of South Africa [J]. Developing Student Graduateness and Employability: Issues, Provocations, Theory and Practical Guidelines, 2012: 119-152.
② Coetzee M.. Measuring Student Graduateness: Reliability and Construct Validity of the Graduate Skills and Attributes Scale. Higher Education Research and Development, 2014: 887-902.
③ 鲁宇红. 社会市场视角下的大学生素质与能力的培养 [J]. 江苏社会科学, 2009 (S1): 8-11.
④ 罗树坤, 赖洪燕, 叶勇玲. 毕业生素质能力及用人单位人才规格需求调查分析 [J]. 中国高等医学教育, 2010 (07): 71-72.
⑤ 何莎莎, 王天恒. 毕业生质量与高校教学改革的互动机制探索 [J]. 中国成人教育, 2013 (03): 149-151.
⑥ 桑雷, 马蕾. 新职业关系下高职毕业生素质需求及优化策略 [J]. 职教论坛, 2012 (21): 55-57.
⑦ Meenakshi S., Rath A. K., and Mohanty S.. A Review on Requisite Generic Attributes for Engineering Graduates [J]. Journal of Engineering Education Transformations, 2015: 83-91.

出这 4 年学术界关注度较高的 34 项毕业生素质评价指标。[1]

9.1.2.2 毕业生素质评价工具研究

就毕业生素质评价工具的研究来说，国内外学者所采取的评价工具主要包括四种。其一，三方评价。这是由 Helfers、Duerden、Garland 和 Evans 所提出的自我评价的评价工具演变而来，这时的自我评价简单地指学生在每堂课后对自己的评价反思，强调评价方必须高度重视在评价过程中学生对自己的客观评价。[2] 随后，Brown R. W. 将这种评价工具引入团队合作能力培养质量的评价中，同时也是对自我评价进行的一次检验。[3] Nicol、David 和 Debra Macfarlane 在 2006 年对自我评价的评价工具进行了改造并建立了自我评价模型以指导学生对自己进行客观全面的评价，该模型将自我评价分为两部分。一部分是学生的内部评价，指对自己是否达成目标、是否完成目标的评价；另一部分是外部评价，即学生通过回答教师的问卷等在他人的引导下完成评价。[4] 而 Willey 和 Gardner 认为自我评价这一评价工具并不能对学生进行全面的评价，缺乏客观性，因此在自我评价的基础上加入了同伴评价以改进自我评价所存在的不足，形成了自我评价和同伴评价联合应用的评价工具。[5] Nicol 又对自我评价和同伴评价的评价工具做出了改进，提出在进行自我评价

---

[1] Artess J., Hooley T., and Mellors – Bourne R.. Employability: A Review of the Literature 2012 – 2016 [M]. York: Higher Education Academy, 2017.

[2] Helfers C., Duerden S., Garland J., and Evans D. L.. "An Effective Peer Revision Method for Engineering Students in First – Year English Courses [J]. Proceedings, 1999 Frontiers in Education Conference, Institute of Electrical and Electronic Engineers. 1999.

[3] Brown R. W.. Autorating: Getting Individual Marks from Team Marks and Enhancing Teamwork [J]. Proceedings, 1997 Frontiers in Education Conference, Institute of Electrical and Electronics Engineering. 1997.

[4] Nicol, David J., and Debra Macfarlane – Dick.. Formative Assessment and Self – regulated Learning: A Model and Seven Principles of Good Feedback Practice [J]. Studies in Higher Education, 2006: 199 – 218.

[5] Willey K., and Gardner A. P.. Using Self – assessment to Integrate Graduate Attribute Development with Discipline Content Delivery [J]. In Annual Conference of European Society for Engineering Education. Sense Publishers. 2008.

和同伴评价时应坚守批判性评价的原则，评价的作用在于找出问题所在。① Kearney 和 Perkins 则在此基础上提出了三方评价的评价工具，这三方是指学生、同伴和教师，进一步充实了该评价工具。② 廖志林等人提出了对三方不同的理解，认为三方应为学生、教师和用人单位，该评价工具也是目前国内外运用最为广泛的。其二，电子档案。③ Miller 和 Olds 提出采用建立学生档案的方式对毕业生的写作能力进行评价，该评价工具在艺术学、建筑学等专业已得到广泛的应用，但也是第一次引入毕业生素质的评价中。④ 随着信息技术的发展，Currant 等人将其改进为电子档案的形式引入英国机构并运用于学生的形成性和总结性评价之中。⑤ Balaban 等人也对该评价工具进行了研究并指出，电子档案的形式易于开发，评价和展示目标的达成度。⑥ 但随着学者们越来越意识到评价的重要性，Faulkner 和 Margaret 等人指出，由于学生较低的反思能力和个体发展规划的不全面性，通过电子档案进行评价不足以确保毕业生掌握所学技能并达到毕业要求，习得能力。⑦ 其三，绩效评价。该评价工具由 Prados 等人将其引入毕业生素质的评价之中，关注的内容小到毕

---

① Nicol, D.. The Foundation for Graduate Attributes: Developing Self-regulation Through Self and Peer Assessment [J]. The Quality Assurance Agency for Higher Education. Scotland, 2010.

② Kearney S. P., and Perkins T.. Developing Students' Capacity for Innovation, Creativity and Critical Thinking Through Contemporary Forms of Assessment: A Case Study in Progress [J]. Paper presented at ATN Assessment Conference, University of Technology, Sydney. 2010.

③ 廖志林，程君青，沈晓蕙. 高职高专毕业生质量评估体系的构建 [J]. 职业技术教育，2008，29（11）：71-72.

④ Miller R., and Olds B. M.. Using Portfolios to Assess Student Writing [J]. Proceedings, 1997 American Society for Engineering Education Conference. 1997.

⑤ Currant N., Haigh J., Higgison C., Hughes P., and Whitfield R.. Designing Eportfolio Based Learning Activities to Promote Learner Autonomy [J]. Bradford: University of Bradford. 2010.

⑥ Balaban I., Divjak B., and Kopic M.. Emerging Issues in Using ePortfolio [J]. Paper presented at the Learning Forum. 2010.

⑦ Faulkner, Margaret, et al.. "Exploring Ways that ePortfolios can Support the Progressive Development of Graduate Qualities and Professional Competencies." Higher Education Research & Development, 2013: 871-887.

业生在校期间各项活动、课程等方面的成绩,大到毕业生在毕业时能力培养的结果,是对学生从入学至毕业全程的评价。[①] 其四,小组活动。Keshavarz 和 Baghdarnia 在对学生可持续发展的研究中,运用小组活动的形式对学生的能力进行评价,小组活动主要是指为评价学生是否达成一种能力而有针对性地选取小组任务,在学生完成该任务的过程中对学生展开评价的工具。[②]

9.1.3 关于高职高专工科毕业生素质评价的研究

目前,国内外的高职高专工科毕业生素质评价研究主要集中于评价指标体系的建立及评价工具的选择,在此基础之上对高职高专工科毕业生素质评价的意义和问题也进行了专门的探讨和研究。

9.1.3.1 高职高专工科毕业生素质评价指标研究

按照时间的先后顺序,高职高专工科毕业生素质评价指标研究主要包括:1998 年 Jack McGourty 等人通过试点并对结果进行分析得出了分析、交流、创造性、解决问题、项目管理、研究、学习、系统性思维、团队合作和技术能力 10 项评价指标。[③] 随着美国工程教育专业认证标准 EC2000 的发布,Prados 等人根据 EC2000 相关要求进行了适应性的改进得出 14 项评价指标,分别为知识运用、实验设计、结果分析、产品设计、多学科知识、问题解决、道德责任、沟通、知识面、终身学习、对当代问题的了解、技术、技能和现代工程工具的使用。随后 Chan 和 Fishbein 对其指标体系进行了调整,将评价指标简化为 12 个,即工程知识、问题分析、调查、设计、工程工具使用、团队合作、交流、敬业、

---

① Prados J. W., Peterson G. D., Lattuca L. R.. Quality Assurance of Engineering Education Through Accreditation: The Impact of Engineering Criteria 2000 and Its Global Influence [J]. J. Eng. Edu., 2005: 165 – 184.

② Keshavarz M., and Baghdarnia M.. Assessment of Student Professional Outcomes for Continuous Improvement [J]. Journal of Learning Design, 2013: 33 – 40.

③ Jack McGourty, Catherine Sebastian, and William Swart. Developing a Comprehensive Assessment Program for Engineering Education [J]. Journal of Engineering Education, 1998: 355 – 361.

工程对社会及环境的影响、道德与公平、经济和管理学知识、终身学习。① 张一鹏站在课程的角度提出，高职高专毕业生素质的评价指标应包括专业素质和综合素质，即基本与核心知识和技能、职业道德、工作态度。② 陈旭平等人采用因果分析法构建了高职高专工科毕业生素质评价指标体系，指出个人活动能力、组织能力、学习能力、社会活动能力、信誉水平、公德水平和知识水平是评价的核心指标。③ 2016年Khairullina等人从用人单位和教师的角度通过访谈等方式构建了四维的高职高专工科毕业生素质评价指标，包括专业能力、个人素质、道德品质和沟通能力。④

9.1.3.2 高职高专工科毕业生素质评价工具研究

除上文所述毕业生素质评价工具之外，学界对于高职高专工科毕业生素质的评价工具主要分为四类，即评价量规（Rubric）、道德两难、毕业生素质信息分析系统（Graduate Attribute Information Analysis System，GAIAS）和实践评价。一是评价量规（Rubric）。评价量规是一种由来已久的过程性评价工具，是对学生整个学习过程进行评价和反馈的一种真实性评价工具，但Cicek, Jillian Seniuk等人为使该评价工具能够有效地评价高职高专工科毕业生素质对其进行适应性改进，将加拿大工程认证协会（Canadian Engineering Accreditation Board，CEAB）对高职高专工科毕业生素质的相关要求融入该评价工具的设计之中，强调在其运用过程中应注意保持持续改进，避免评价内容或评分方式过于机械

---

① Chan A. D., and Fishbein J.. A Global Engineer for the Global Community [J]. The Journal of Policy Engagement, 2009：4－9.
② 张一鹏. 高职化工类专业毕业生素质与课程设置分析 [J]. 教育与职业，2008（05）：121－122.
③ 陈旭平，熊德敏，吴瑛. 基于因果分析法的高职生综合素质评价体系 [J]. 高等工程教育研究，2011（06）：161－164.
④ Khairullina E. R., Makhotkina L. Y., et al.. The Real and the Ideal Engineer－technologist in the View of Employers and Educators [J]. International Review of Management and Marketing, 2016：134－138.

化，缺乏科学依据。① 二是道德两难。道德两难最初是心理学家科尔伯格在改进皮亚杰的研究方法后所提出的用以评价被试道德发展水平的评价工具，② 该评价工具通过向被试讲述一个道德两难的故事并由被试对故事中的人物进行点评来判断被试的道德水平，后来 Sindelar 等人通过采取将教师、学生、同伴和第三方评价者在前测和后测的打分比对的方法评价高职高专工科毕业生的道德能力和检测学校培养质量。③ 三是毕业生素质信息分析系统（Graduate Attribute Information Analysis System，GAIAS）。毕业生素质信息分析系统是由 George 在 Rubric 的基础之上开发的信息化评价系统，④ 其评价方式与 Rubric 类似，区别在于毕业生素质信息分析系统是由内部评价和外部评价相结合的评价工具，不仅包含了评价重视同时也包含了第三方系统对毕业生素质的评价信息，在综合三方信息后对毕业生素质做出综合评价。四是实践评价。实践评价在高职高专工科毕业生素质评价中的应用是由 Jeffers 提出的，主要应用于对高职高专工科毕业生工程知识、技能和团结合作等素质的评价。⑤ 此评价工具主要是通过将真实的工程项目交由学生小组完成，评价者则需要全程监控以评价学生在解决这个工程项目时所表现出来的综合能力，能够观察到学生在实践中的细节，有助于全方面地对学生进行评价，但也存在主观性过强的缺陷，一般与其他三种评价工具共同使用以获得尽可

---

① Cicek, Jillian Seniuk, et al.. Rubrics as a Vehicle to Define the Twelve CEAB Graduate Attributes, Determine Graduate Competencies, and Develop a Common Language for Engineering Stakeholders [J]. Proc. CEEA Canadian Engineering Education Conf., CEEC14. Canmore, AB, 2014.

② 陈琦，刘儒德. 当代教育心理学 [M]. 北京师范大学出版社，2007.

③ Sindelar M. F., Shuman L. J., Besterfield-Sacre M., et al.. Assessing Engineering Students' Abilities to Resolve Ethical Dilemmas [C]. Frontiers in Education, Fie. IEEE, 2003.

④ George A., Lethbridge T., and Peyton L.. Graduate Attribute Assessment in Software Engineering Program at University of Ottawa - Continual Improvement Process. Proceedings of the Canadian Engineering Education Association (CEEA), 2016.

⑤ Jeffers A., et al.. A Qualitative Study to Assess the Learning Outcomes of a Civil Engineering Service-Learning Project in Bolivia [C]. ASEE Annual Conference and Exposition, 2014.

能全面且客观的评价结果。Shuman等人强调,无论是何种评价工具都存在着缺陷,应采用多元评价的模式并提出电子档案、绩效评价、行为观察的组合可能会获取高职高专工科毕业生素质最全面的评价信息。①

9.1.3.3 高职高专工科毕业生素质评价意义研究

工科学生一般来说属于不同的学科群且来自不同的文化和社会背景,面临目前的全球化挑战,工科毕业生必须具备一定的素质,这在当前的全球就业市场也是非常重要的,这些素质能够为毕业生带来优势。对于像工科这样以技术为中心的专业来说,软技能,尤其是如何有效地使用技术知识也有促进和约束的作用。Bodmer等人坚持认为工程教育的意义在于不但要为学生的第一份工作做好准备,同时也要为25年后的职业生涯打好基础,这一观点表明工程教育必须为学生的职业提供初步能力。② Candy指出对高职高专工科毕业生素质的评价可以激发和提高学生对终身学习的投入。③ 朱立光等人认为对高职高专工科毕业生素质的评价符合我国职业教育对提高教学质量的迫切性,同时也是突破口。④ 刘琳等人从国家、社会和高校的层面指出,积极开展高职高专工科毕业生素质评价可以服务新经济发展的需要、解决人才供需矛盾、深化工程教育改革。⑤

9.1.3.4 高职高专工科毕业生素质评价存在的问题研究

国内外就高职高专工科毕业生素质评价存在的问题及对策展开的研

---

① Shuman L. J., Besterfield - Sacre M., and McGourty J.. The ABET "Professional Skills" —Can they be Taught? Can they be Assessed? [J]. Journal of Engineering Education, 2005: 41 - 55.

② Bodmer C., Leu A., Mira L., and Rutter H.. Successful Practices in International Engineering Education [J]. SPINE Final Report, 2002.

③ Candy P. C.. Self - Direction for Lifelong Learning [M]. A Comprehensive Guide to Theory and Practice, 1991.

④ 朱立光,张锦瑞,卢育红. 论地方工科院校高素质应用型人才的培养 [J]. 教育与职业, 2011 (08): 26 - 28.

⑤ 刘琳,朱敏. 高等工程人才培养的范式转变——关于"新工科"深层次变革的思考 [J]. 南京理工大学学报(社会科学版), 2017, 30 (06): 88 - 92.

究可分为理论和实践两个层面。从理论层面看，高职高专工科毕业生素质评价存在的主要问题包括：概念不清晰、环境与文化问题、理想主义和人才培养模式不合理。从实践层面看，高职高专工科毕业生素质评价主要存在以下问题：资源经费不足、对利益相关者的期望达成不足、与社会需求存在差距、研究氛围不浓。

  理论层面：一是概念不清晰。各国学术界对于毕业生素质的理解存在着较大的争议，学者对毕业生素质的表述因人而异，较为常见的包括：通用素质（Generic attributes）、通用技能（Generic skills）、毕业生能力（Graduate capabilities）、核心技能（Core skills）、关键技能（Key skills）等等。[①] 因此，Green 等人指出，若要建立一个成熟且在各国普遍适用的高职高专工科毕业生素质评价指标体系，首先应当明晰毕业生素质的概念，换言之，毕业生素质概念在国际范围内尚无统一定义，使构建的评价指标体系缺乏在各国间的流通能力。[②] 二是环境与文化问题。Crebert 首先提出了高校和学术界对毕业生素质概念的争议对高职高专工科毕业生素质评价所产生的影响，[③] 所谓环境与文化问题，是指高校抵制变革，认为对高职高专工科毕业生素质的评价不符合高等教育的特征，不愿将其融入教学之中。这也导致了毕业生素质的培养无法融入高校，评价也就无从谈起。三是理想主义。理想主义也可称为"规范主义"，是启蒙主义和理性主义的产物。提倡在国家交往中遵循道德标准，加强国际规范，建立"超国家"组织，通过建立世界政府、世界组织，来约束各国主权以实现世界秩序的稳定。由于其理想主义色彩浓

---

① Meenakshi S., Rath A. K., and Mohanty S.. A Review on Requisite Generic Attributes for Engineering Graduates [J]. Journal of Engineering Education Transformations, 2015 (28): 83-91.

② Green Wendy, Sarah Hammer, and Cassandra Star.. Facing up to the Challenge: Why is it so Hard to Develop Graduate Attributes? [J]. Higher Education Research and Development, 2009, 28 (1): 17-29.

③ Crebert G.. Institutional Research Into Generic Skills and Graduate Attributes: Constraints and Dilemmas [J]. Proceedings of the International Lifelong Learning Conference, 2002.

重,又称"乌托邦主义"。① Herok 等人认为,评价指标所涉及的内容不应表现出理想主义色彩。② 例如,目前普遍提及的终身学习不应出现在对高职高专工科毕业生素质的评价指标中,因为学生是否能够做到终身学习都无法得到验证,即在建立高职高专工科毕业生素质评价指标体系的过程中应针对确实可考证的指标进行设计,例如,终身学习这样的指标应考虑通过毕业生追踪等其他形式进行评价。四是人才培养模式不合理。周远清曾对人才培养规格进行了阐述,他提出"所谓人才培养模式,实际上就是人才的培养目标、培养规格和基本培养方式",在此基础之上,郑琼鸽等人提出,目前我国的职业教育工科人才培养规格存在不足,主要表现为缺乏工程伦理和工程文化的要求和以人为本的理念,这也会为高职高专工科毕业生素质评价带来评价结果不理想的影响。③

实践层面:一是资源经费不足。Green 等人认为在毕业生素质评价兴起时,高校对评价体系的建立尚未充分重视,导致了高职高专工科毕业生素质评价体系的发展始终受制于高校资源经费,停留在理论层面,难以付诸实践。④ 二是对利益相关者的期望达成不足。所谓利益相关者在此指的是高校、教师、学生、用人单位,Crebert Gay 提出高职高专工科毕业生素质的评价不仅仅是对学生有益的评价活动,更重要的作用是为高校的持续改进提供参考标准,但利益相关者均未重视对毕业生素质

---

① 理想主义,百度百科 [EB/OL]. https://baike.baidu.com/item/%E7%90%86%E6%83%B3%E4%B8%BB%E4%B9%89/1486485? fr = aladdin, 2012 - 06 - 29/2018 - 12 - 2.

② Herok G. H., Chuck J. A., and Millar T. J.. Teaching and Evaluating Graduate Attributes in Science Based Disciplines [J]. Creative Education, 2013, 4 (7B): 42 - 49.

③ 郑琼鸽,吕慈仙,唐正玲.《悉尼协议》毕业生素质及其对我国高职工程人才培养规格的启示 [J]. 高等工程教育研究, 2016 (04): 136 - 140 + 145.

④ Green, Wendy, Sarah Hammer, and Cassandra Star.. Facing up to the Challenge: Why is it so Hard to Develop Graduate Attributes? [J]. Higher Education Research & Development, 2009: 17 - 29.

的评价，导致评价活动的效力低下无代表性。① 三是与社会需求存在差距。现阶段全球化的快速推进和科学技术的快速发展对高职高专工科毕业生素质有了新的要求，职业院校所培养的工科毕业生素质与社会所期望的存在差距。Cox 等人通过对高校和企业就毕业生领导能力、变革能力和综合能力要求的对比发现，高校与企业在这三个指标中存在理解上的偏差，双方在理解层面不对等问题。② Petkau 则进行了具体能力差异的评价，从其调查结果可以看出，企业对专业技能的重视度要高于实际操作工程工具的能力，对道德品质的追求高于专业能力。③ 四是研究氛围不浓。Nalla 等人通过定量研究发现，学校的研究氛围，即教师研究的热情与学生参与研究的积极性都将对高职高专工科毕业生素质的评价产生积极影响。④

9.1.4 对现有成果的评价

通过对相关文献的梳理可以看出，国内外对于毕业生素质评价的研究成果较为丰富，对高职高专工科毕业生素质评价的研究也逐步凸显。学者们所做的相关研究为本研究的开展奠定了基础，从国外相关研究分析主要在以下几方面可以有所拓展。

从研究方法上看，首先，目前国内外用以评价高职高专工科毕业生素质的评价工具还未得到统一，不同的评价工具所得到的结果存在差异，对高职高专工科毕业生素质的评价标准也就不同。其次，国内的大多数测评问卷参照国外现有的量表或问卷进行改进，但国家间文化的差

---

① Crebert Gay. . Institutional Research into Generic Skills and Graduate Attributes：Constraints and Dilemmas［J］. Proceedings of the International Lifelong Learning Conference. 2002.
② Cox M. F. , Cekic O. , Ahn B. , and Zhu J. . Engineering Professionals' Expectations of Undergraduate Engineering Students［J］. American Society of Civil Engineers，2012（2）.
③ Petkau D. S. . Industry Perceptions of Graduate Attribute Requirements for the Workplace［J］. Proceedings of the Canadian Engineering Education Association，2015.
④ Nalla D. , and Nalla S. . Research Culture in Engineering Faculty：Its Effect on the Attainment of Graduate Attributes. In2016 IEEE Frontiers in Education Conference（FIE），2016.

异应在编制问卷或量表时得到充分的考虑，现有的量表是否适合还有待进一步证实。再次，国内大量研究通过对文献的整理和分析得出评价指标，缺乏理论基础和实践论证，所出问卷或量表虽然基于当前研究成员，但是与社会需求存在较大差距。最后，文献所述毕业生素质评价指标与高职高专工科毕业生素质评价并不完全符合，高职高专工科毕业生的评价所注重的素质与毕业生通用素质指标相比更为专业化，所以目前在毕业生素质评价领域的成熟量表并不适用于评价高职高专工科毕业生素质。

从研究对象上看，目前国内外对毕业生素质的研究多集中于对本科期间管理学等专业的评价，且各个学科都有覆盖，对高职高专工科毕业生素质的评价研究相对匮乏；另外，现有文献大多分析了影响高职高专工科毕业生素质评价的因素，但通过实证研究等方式提出具有针对性措施和对策的研究成果较少，与我国目前大力发展职业教育的政策不符。

本研究拟在文献和实地调研的基础上建立高职高专工科毕业生素质评价指标体系，并以实证研究的方式对我国高职高专工科毕业生素质及其影响因素进行研究，根据研究结果提出有针对性的完善策略。

9.2 理论基础

Robert L. Schalock 所提出的基于成果的评价理论是一种以结果为评价目标的评价理论，随着当前"结果导向"理念的广泛传播，这一理论被广泛运用于评价毕业生素质等领域，为毕业生素质的评价提供了理论支持。基于成果的评价是指对所有学生在学习结束后所能达到目标的程度进行评价，以促进学校教育的持续改进。[①] 基于成果的评价理论在教育学中主要用以解决五个问题：一是对目标对象来说，该培养方案都可以得到哪些成果？二是该培养方案能够在多大程度上满足需求？三是

---

① Robert L. Schalock. Outcome Based Evaluation [M]. Springer Science & Business Media. 2001.

该培养方案是否达到了最终目标？四是该培养方案是否有效？五是该培养方案是否高效？以此为分类标准，基于成果的评价被划分成四种类型，包括培养方案评价（Program Evaluation），成效评价（Effectiveness Evaluation），影响评价（Impact Evaluation）和政策评价（Policy Evaluation）。培养方案评价是指对使用该培养方案后达到培养方案预期结果的程度进行评价；成效评价是对该培养方案实现既定目标的程度进行评价；影响评价是对原培养方案和改进培养方案达成既定目标程度的差异的评价；而政策评价则是为了保证政策的公平性、有效性和高效性而进行的评价。

本研究拟采用该理论中的成效评价模型（Effectiveness Evaluation Model）进行高职高专工科毕业生素质评价指标体系的构建。成效评价与培养方案评价有相似之处，都是对培养方案实行结果的评价，但除此之外，成效评价的主要作用还包括：第一，对比培养方案期望目标与现实结果；第二，了解培养方案的实行结果；第三，为培养方案变更和持续改进提出形成性反馈。成效评价模型由战略与绩效计划、预期目标、评价目标和比较条件、评价方法、数据收集和分析以及实际结果六个步骤构成（见图9－1）。该模型以战略与绩效计划为起点并以此为参考制定计划的预期目标，随后根据预期目标制定此次评价的目标和比较条件，选取合适的评价工具对目标人群进行评价，对数据进行收集和分析，从而判断计划实际达成的结果，最后回到战略与绩效计划的持续改进，形成闭环。

在本研究中的适切性分析：本研究旨在建立高职高专工科毕业生素质评价指标体系并进行首都高职高专工科毕业生素质测评以提出可操作的对策建议，成果评价理论中的成效评价模型将贯穿研究始终，指导研究框架的构建，使其形成一个系统的评价体系。通过将研究内容与成效评价模型进行整合，构建本研究的实施框架（见图9－2）：首先，确定战略与绩效计划，根据《悉尼协议》对毕业生素质的要求以及学界和社会对高职高专工科毕业生素质的期望形成战略与绩效计划；其次，确认预期目标，整合《悉尼协议》与学界和社会对高职高专工科毕业生

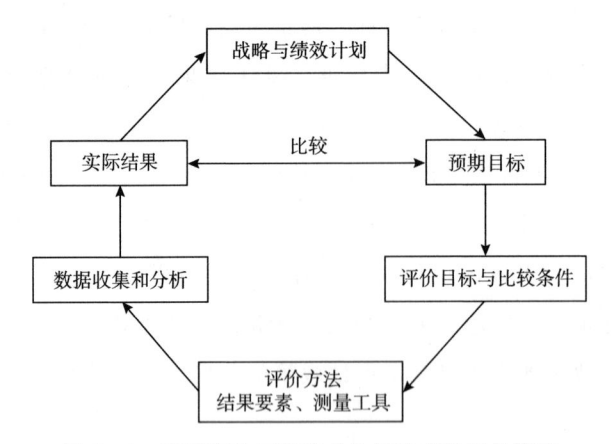

图 9-1 高职高专工科毕业生培养成效评价模型

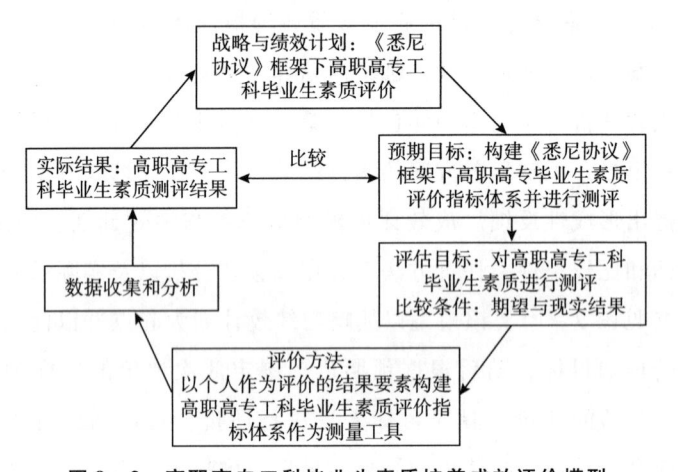

图 9-2 高职高专工科毕业生素质培养成效评价模型

素质的要求综合得出评价指标体系；再次，确定评价目标和比较条件，评价目标在于评价我国高职高专工科毕业生素质现状，通过预期目标和现实结果的比较分析两者存在的差距；然后，选择评价方法，以高职高专工科毕业生个体为评价的结果要素，以绩效评价构建的高职高专工科毕业生素质评价指标体系作为测量工具；最后，通过数据收集和分析了解我国高职高专工科毕业生素质现状并与预期目标进行比较得出两者差距，提出可操作的建议及对策。

9.3 本章小结

国内外对于《悉尼协议》的研究以内涵、意义及我国高职高专工科学生培养的现状三个部分为切入点。从这三个方面来看，国外对于《悉尼协议》的研究受《华盛顿协议》的影响较少，国内对于《悉尼协议》的研究也正处于发展阶段。现有的文献中，对《悉尼协议》的重视程度正在不断提升，也为本研究提供了较好的理论支撑。

对毕业生素质评价和高职高专工科毕业生素质评价的研究，均从评价指标和评价工具两个方面出发。就评价指标来说，国外在毕业生素质和具体到高职高专毕业生素质发展得更为完善，国内的评价指标则处于初步发展阶段，但国内外的评价指标分别为本研究的评价指标体系的构建提供了理论支撑和实践支撑；就评价工具来说，国外评价工具较为多样化，国内则呈现出较为单一的评价方式，这也为本研究评价指标的完善提供了多样化的方法。综合目前的研究成果，国内对于高职高专工科毕业生素质评价的研究尚未全面开展，为本研究提供了预留空间和方向。

成果评价理论作为支撑本研究整体研究框架的重要理论，从研究问题的确定到最后改进建议的提出都始终指导着本研究的进行，本研究也是对成果评价理论的一次完整检验，以得到较为完善的研究成果，也为本研究的研究逻辑提供了参考。

第 10 章　国际工程认证协议框架下英澳工程职业教育的经验与启示

工程职业教育认证是提升高职院校人才培养质量及专业建设水平的有效方法，也是高职院校回归职业教育本身及专业建设，持续改进自身办学水平的重要机制。如何通过认证促进高职工科毕业生素质的提升，培养出更加适应社会实际需求、符合行业发展趋势的高职院校工科毕业生成为亟待解决的问题。英国和澳大利亚已在《都柏林协议》《悉尼协议》的依托下，建立了较为完备的高职阶段工程教育认证体系并取得了显著成效。

10.1　《悉尼协议》框架下英澳高等工程职业教育认证经验

21 世纪以来，我国产业结构不断优化升级，逐步向技术密集型制造业和现代服务业转型发展。为满足产业升级和经济结构调整对技术技能人才越来越紧迫的需求，我国把发展高等职业教育作为解决高技能人才短缺的战略之举。2019 年我国面向高职学校战略性新兴产业、现代服务业、先进制造业等 389 个专业群进行布局建设，同时完成百万扩招的计划。自此，高职高专在校生达到了 1280.71 万人，我国成为世界上

第10章 国际工程认证协议框架下英澳工程职业教育的经验与启示

第65个实现高等教育普及化的国家,这为我国实现全民适应社会和技术的快速变革做了教育准备。百万扩招后,我国高等职业教育还不能充分满足社会对工程技术专家的强大需求,规模与质量的矛盾依然存在,提升质量的关键任务就是建立高职专业认证体系。专业认证(Specialized/Professional Programmatic Accreditation)是工程技术协会和高校对工程专业质量加以控制,以保证行业从业人员达到相应职业标准的重要手段。《悉尼协议》作为针对三年制工程职业教育质量的专业认证协议,对我国提升高等工程职业教育质量有着重要的指导意义。

本部分以英国和澳大利亚工程教育认证为案例来探究其推动认证及通过认证提升工程教育质量的基本经验。

10.1.1 英澳高等工程职业教育认证主体:专业工程师与学术人员

认证主体是工程教育认证模式得以运行的基本要素,也是认证模式得以发挥足够效力的关键。由于认证主体具有较强的主观性,主体成员的不同价值观会导致其对认证标准判断的差异性,因此,认证主体的成员结构将直接决定该套认证模式的有效程度。世界各国工程教育认证主体大致可以分为两种类型:一是专业工程师优先,这是工业高度发达国家的工程教育认证主体特征,英国的认证主体中专业工程师就占据了绝对比例;二是学术人员优先,这是工业发展相对一般的国家工程教育认证主体的显著特征,澳大利亚的学术人员在认证主体结构上具有绝对优势。

10.1.1.1 专业工程师优先的英国高等工程职业教育认证主体

专业工程师优先(Professional Engineers Dominance)主要体现在高职阶段工程教育认证主体的人员比例分配上,英国的认证主体经由英国工程委员会(Engineering Council United Kingdom,ECUK)认证的专业工程机构决定,一般由专业工程机构中两到三名工程师代表和一名英国工程认证委员会(Engineering Accreditation Board)工作人员组成,工程认证委员会的人员组成除工作人员外绝大多数为专业工程师。这种认证主体人员类型配比与英国现阶段社会发展对人才类型的需求有密切联系。长期以来，英国偏重于工程科技创新人才的培养，而忽视了对工程实践人才质量的关注以及相应培养体系的建设，在2017～2018年全球竞争力排名中，其工程人才就业率整体下跌，从一个侧面说明，英国毕业生与劳动力市场需求不匹配的问题，其背后是工程实践能力的缺乏和培养过程中专业工程师指导的缺失。鉴于此，2017年英国政府发布的《人工智能报告》指出，工程创新人才培养应该更多强化精英化并形成小规模、高质量的发展模式，强调增加更多的人力、物力和财力以保障人才培养过程中工程实践资源投入。因此，英国工程教育认证委员会也通过改进《悉尼协议》工程教育认证委员会的成员组成比例，将专业工程师的比例上调，积极响应政府及劳动力市场对于工程实践人才的迫切需求。

10.1.1.2　学术人员优先的澳大利亚高等工程职业教育认证主体

学术人员优先（Academics Dominance）是为符合学术权力分配并顺应社会发展需求的另一种人员配比方式。澳大利亚认证主体由澳大利亚认证管理系统（Accreditation Management System，AMS）负责，学术人员占认证主体的较大比例，其认证主体人员类型的配比也与澳大利亚的历史发展与经济形态密不可分。技术移民是澳大利亚工业技术发展的重要支撑，其工业技术发展2/3来源于技术移民。澳大利亚对技术移民的审核一般仅需达到工程技术入门级别，因此技术移民的工程创新能力普遍不高并处于不断下降的趋势。澳大利亚工程委员会2017年发布的《工程师孕育未来》（Engineer Make Thing Happen）报告证实了澳大利亚正面临低水平技术移民的影响，即现阶段技术移民的工业技术已无法满足澳大利亚工业变革与经济发展的需求，对工程创新人才的培养迫在眉睫。目前，澳大利亚政府已意识到过度依赖技术移民带动工业发展的弊端，并积极调整对本土工程师的培养重心和技术移民的控制力度，在培养目标上凸显对《悉尼协议》层次毕业生创新能力培养。同时，澳大利亚对工程创新人才的迫切需求也延伸到了工程教育认证委员会成员构成比例中，其专业工程师的比例明显下降，大力提升学术人员的比例，并确立了"学术人员优先"的认证主体结构。澳大利亚在 2017～2018 年的全球竞争力排名中提升至第 22 名，或可从一个层面说明确立学术人员优先的认证主体结构、着重培养工程创新人才是顺应澳大利亚本国发展战略的必然趋势。

"专业工程师优先"和"学术人员优先"两种工程教育专业认证主体的类型都是由本国社会发展阶段、经济技术模式以及人才需求类型等因素决定的，英国和澳大利亚采取何种认证主体配比类型都绝不是一个机构或高校主观的决断，而是历史发展的必然选择。

10.1.2 英澳高等工程职业教育认证标准：全面发展与技术至上

认证标准是工程教育认证模式得以开展的核心要素，是使整个认证模式形成动态循环状态的重要纽带，认证主体和程序的运行无一例外地都离不开认证标准的指导，认证标准是工程教育认证模式中引领认证主体和认证程序顺利进行的基本保障。英澳两国的认证标准呈现出全面发展（Comprehensive Development）与技术至上（Technology Dominance）两种不同类型：全面发展主要以英国的认证标准为代表，强调培养工程人才的综合素质；技术至上以澳大利亚为主要代表，着重突出工程知识与技能的重要性。

10.1.2.1 全面发展的英国高等工程职业教育认证标准

英国的工程专业能力认证标准以自然科学与数学、工程分析、工程设计、经济、法律、社会、道德和环境背景、工程实践和其他一般技能为主要关注点，且反映了英国在《悉尼协议》层面上对工科毕业生应具备素质的诉求特点：在自然科学与数学维度上，英国要求学生掌握与所学工程技术相关的自然科学与数学知识，且在数学方面更关注工程相关的统计学知识以及有效地利用统计工具辅助工程专业知识的习得。在工程分析维度上，主要关注学生的持续改进、问题分析及应用和技术融合的能力，旨在为学生进行工程实践打下重要基础。在工程设计维度上，强调多角度思考问题和沟通管理能力，因为在工程实践中良好的思考与沟通管理能力是解决复杂工程问题的关键。经济、法律、社会、道德和环境背景的需求已经基本辐射到了各个维度上，因此对于工程人才的伦理要求与可持续发展观念也是工程专业认证中的重要关注点。在工程实践维度上，对毕业生的综合素质和专业素质都有要求，而且要求具有相关知识的背景并熟练应用相关技术，还需具备良好的质量观与行业判断，以及团队合作等综合素质。其他一般技能维度上，从个体的角度来看，英国更为注重学生的专业持续发展（Continuing Professional Development，CPD），学生毕业进入社会后在专业领域不断学习、更新专业知识及技能，属于终身学习范畴，要求学生不管处于什么样的工作情况，都应当注重自己的专业持续发展，对自己的发展有明确的进步要求。

10.1.2.2 技术至上的澳大利亚高等工程职业教育认证标准

澳大利亚高等工程职业教育认证标准更强调工程人才的专业技术能力与知识的重要性，澳大利亚工程师协会（EA）所发布的工程技术专家层次毕业生能力认证标准以工程基础知识和技能、工程应用能力和专业及个人能力为主要关注点。在知识和技能基础维度上，澳大利亚重视度最高的是工程类基础知识和技能，要求毕业生深度理解相关知识并熟练掌握工程技能；其次是自然科学的学习，要求毕业生系统地掌握自然科学的相关知识，对数学的要求紧随其后，只需进行概念性的理解即可。可见，无论是自然科学还是数学，都是在为工程知识的学习奠定基础，工程知识与技能才是首位。在工程应用能力维度上，澳大利亚主要强调将工程知识转化为实际能力并应用到工程实践当中，这也是工程技术专家培养中最为重要的一点。在专业及个人能力维度上，分别覆盖了道德、责任、沟通、创新创造、管理、自我提升、团队建设、领导力等多个能力。可见，工程技术专家的培养不但重视工程专业能力，对于工程技术专家的价值观和态度也有所兼顾。

"全面发展"和"技术至上"的认证标准对于工科毕业生的要求有所差异。英国现行的工程技术专家工程专业能力评价体系中，将更多的评价标准落实到工程的整体过程之中，既有核心技能，也有一般技能，以各种形式进入其他各个维度之中。《悉尼协议》相关的标准都以不同的表现方式表现在该评价体系之中，呈现出全面发展的趋势。澳大利亚工程师协会所发布的工程技术专家层次毕业生能力认证标准中，所关注的是毕业生的工程基础知识和技能、工程应用能力、专业及个人能力，对毕业生价值观和态度的要求略有提及。

10.1.3 英澳高等工程职业教育认证程序：三方交互与政府主导

认证程序是高等工程职业教育认证模式得以执行的制度保障，认证主体的进入和认证标准的运用都必须在以认证程序为载体的基础上才能实现。高等工程职业教育认证程序主要包括三方交互模式与政府主导模式。三方交互模式指在认证程序中，组织方、专家委员会与高校间通过及时的交流保持相互之间信息的同步从而实现认证程序的全面性和持续改进。政府主导模式能最大限度发挥政府效力保障认证程序的有效执行。英国的"三方交互"模式与澳大利亚的"政府主导"模式对于认证程序的研究有着重要借鉴作用，根据认证程序的流程安排，校园访问是两国认证程序中必经的重要环节，因此本文将两国认证程序分为校园访问前、校园访问时、校园访问后三个阶段来进行叙述和对比。

10.1.3.1 三方交互的英国高等工程职业教育认证程序

英国高等工程职业教育认证程序主要是三方交互模式，即在工程认证委员会、高校以及专业工程机构三者之间形成交互循环闭环。高校若要通过工程教育认证一般情况下需经过严格的程序（见图10-1）。

第一，校园访问前：向EAB秘书处提交认证申请及相关材料（Accreditation of Higher Education Programmes，AHEP）；随后，EAB秘书处根据高校认证申请向PEIs确认参与认证的专家及访问日期，反馈至高校并要求高校于五日内提交自评报告；最终由EAB秘书处将高校自评材料发至PEIs专家组以便专家了解高校情况。第二，校园访问时：专家组进入校园进行实地评审并做出综合评估和意见反馈。第三，校园访问后：EAB秘书处起草访问报告并提交至PEIs审查，同时将报告发至

```
校园访问前  →  提交认证申请及基本材料
              PEIs确认认证成员及时间    高校提交完整自评材料
              PEIs评审高校自评材料

校园访问时  →  PEIs及EAB人员校园访问

校园访问后  →  EAB起草访问报告并提交 → 高校完善访问报告
              PEIs进行审查 ← 补充
              PEIs反馈认证结果
                                  非官方形式
              EAB起草最终决定书    通知高校认证结果
              PEIs最终确认
```

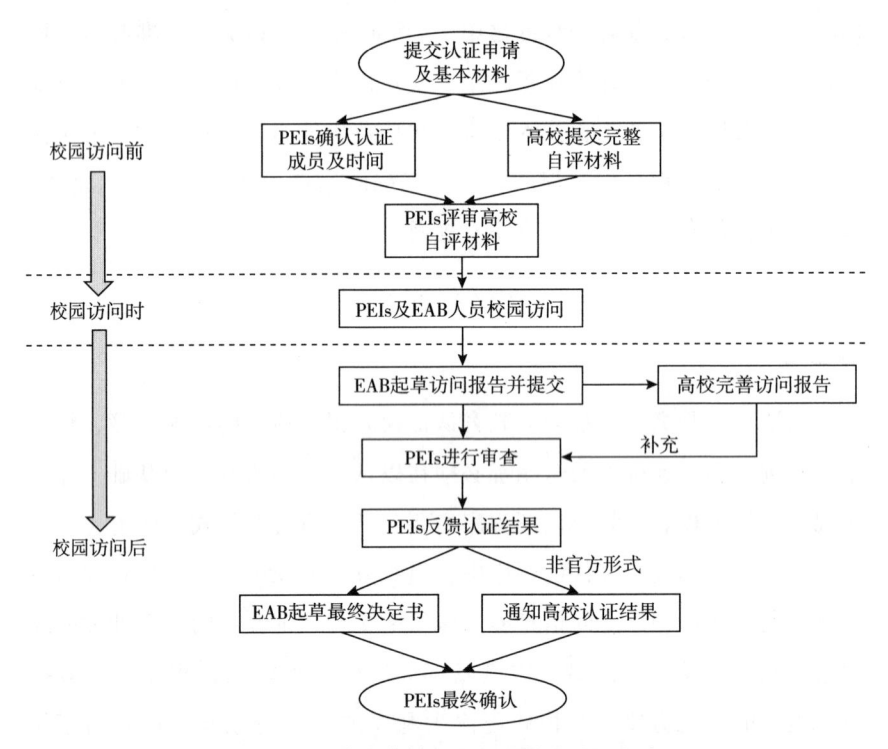

图 10-1　英国高等工程职业教育认证程序

高校进一步完善，并将修改报告再提交 PEIs 辅助审查。一旦 PEIs 反馈认证结果，EAB 秘书处应先以非官方的形式通知高校认证结果并起草最终决定书交由 PEIs 确认，最后通知高校认证完成。英国的高等工程职业教育认证程序反映了英国对于工程教育认证完整性与科学性的重视程度及其对认证各环节客观性与规范化的强调力度。英国高等工程职业教育认证程序基于高校提交的完整自评报告，强调认证委员会专家组进驻校园访问的环节，以生源质量、培养目标、毕业要求、持续改进、课程体系、师资队伍和支持条件为基本框架，以认证委员会与教职工和学生之间的访谈为主要内容对以上七个方面进行深入评估，有效地提高了校园访问期间信息获取的全面性。帮助认证委员会专家组更直接清晰地了解认证专业的建设情况，同时在认证委员会做出最终认证评估结论前，高校可以随时补充专家组提出质疑部分的支撑材料以帮助专家组做出全面客观的评估。英国对三方交互的认证模式的强调，表明在高等工程职业教育认证过程中，EAB和PEIs并未占据整个认证程序的主导地位，高校在认证程序的各个环节上扮演着同样重要的角色，工程认证委员会、专业工程机构以及高校三者之间呈现出的是一种高效反馈、动态循环、相互监督的可持续发展机制，有助于英国工程专业认证的制度建设以及工程人才培养质量的持续改进提升。

10.1.3.2 政府主导的澳大利亚高等工程职业教育认证程序

澳大利亚的高等工程职业教育认证程序以政府为主导，以学术及专业人员为辅，有严格的认证程序。第一，校园访问前：高校向AMS提交认证申请并由AMS审核确认，高校在收到确认函后向AMS提交初始自评报告。同时，AMS确定认证委员会和评估委员会成员名单并将自评报告发至认证委员会，此后由认证委员会召开电话会议对自评报告进行初步评估和意见整合，并确定校园访问关注重点。第二，校园访问时：进入校园考察（考察内容包括自评报告真实度，自评报告未提及部分，学生、教职工等实际工作情况，学校硬件设备，认证委员会关注的任何专业认证相关问题），并与高校最高领导会面以考察专业发展战略规划，审核专业发展战略规划合理性。第三，校园访问后：认证委员会需就存疑的问题告知高校并等待高校的反馈和材料补充，随后结合相关材料和访问结果形成认证报告并递交至评估委员会进行确认，同时AMS将认证结果告知高校，高校具有质疑的权力，对于认证结果高校可以上诉至澳大利亚工程师协会进行公证（见图10-2）。

澳大利亚的高等工程职业教育认证程序以追求认证工作的全面性和结果的公正性为主要特色。所谓全面性，是指在整个工程教育认证程序中，充分考虑到各个与认证专业相关的内容，例如专业的硬件配备、专业的教师队伍、专业的招生情况等因素，尽可能全面地考虑专业认证的考核点与环节；而公正性是指在认证过程中，给予高校与认证委员会同样的质疑权利，高校有权利对认证结果提出质疑，认证委员会也有权利对高校的认证工作提出质疑，不存在相互依附的管理与被管理关系，只有站在较为中立的立场，评价双方才能够最大限度地做到认证评价客观化、有效化，更好地优化专业认证模式，通过认证工作实现澳大利亚工

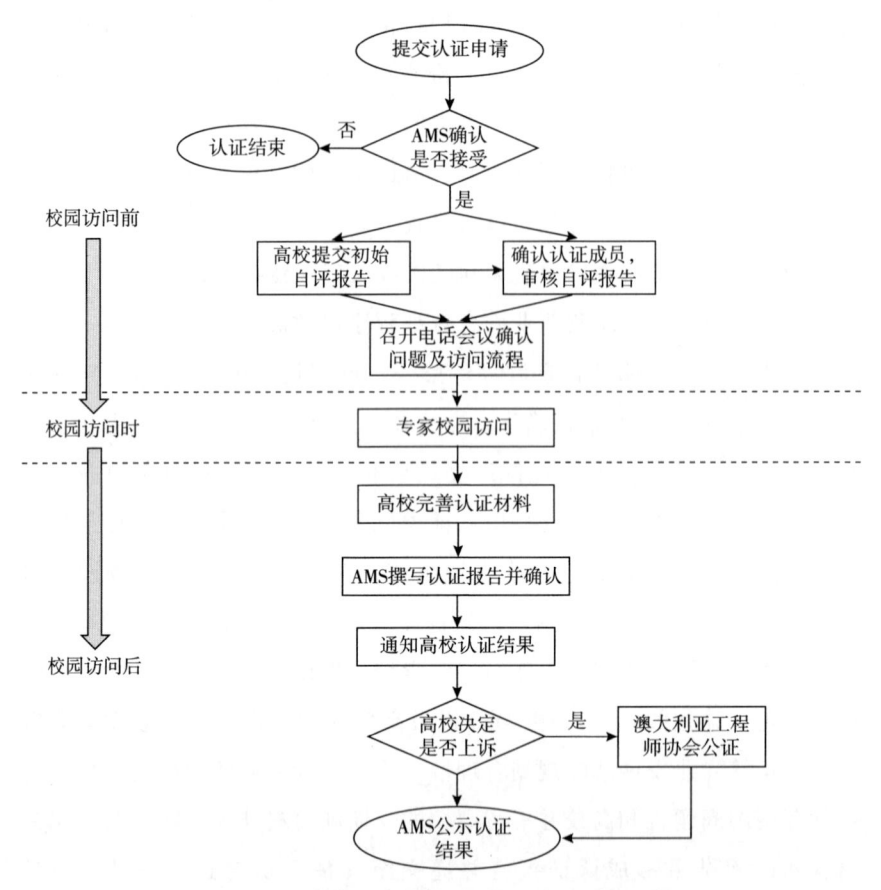

图 10-2 澳大利亚高等工程职业教育认证程序

程教育质量的提升。具体来看，在澳大利亚的工程教育认证过程中，认证委员会在政府教育工作人员的领导下需经过两次会议来讨论高校提交的自评报告，并分析报告存在的问题以及不够翔实或未提及的内容，由认证委员会来确定他们的访问流程，政府人员给予了认证委员会极大的自主权。在校园访问的过程中，政府人员的参与为认证委员会提供了较大的空间，只要与专业相关存疑的问题，在政府授权下认证委员会都有权了解。可见，澳大利亚对于认证全面性的重视。另外，在认证结果公开之前，政府赋予高校的质疑上诉机制也为认证的公正性提供了保障，这是澳大利亚在其认证程序中较为先进之处。

"三方交互"模式与"政府主导"模式的产生由国家在高等工程教

育认证上给予社会层面自主权的大小决定。在国家给予社会较大自主权的前提下,所形成的认证程序多为"三方交互"模式,该模式有利于高校在接受认证时充分发挥主观能动性,并积极参与到认证的整个流程中,不断地及时吸纳认证委员会专家的观点,即时反思自身的问题,同时也为认证委员会的工作提供了支持,保证了认证过程的全面性。反之则侧重于"政府主导"模式,此模式下,政府为认证委员会认证工作的顺利完成提供了政策保障和官方支持,为认证委员会提供了极大的认证便利,有利于工程教育认证社会支持度和认可度的提升。同样,对"三方交互"模式与"政府主导"模式的把控也相当重要,过度放权可能会导致认证程序公平性等方面的弱化,而严格控权也会导致该程序的僵硬化,所以两种模式各有所长,度的把握是其中较为关键的因素,如何抉择认证程序的模式是一个需要经过长期不断实践、不断改进的持续工作。

10.1.4 特征分析

英国和澳大利亚在《悉尼协议》的依托下,都建立了较为完备的高等职业工程教育认证体系。其认证主体、认证标准、认证程序的形态均与本国的经济发展阶段、人才需求、社会开放度等因素密切相连,进而有效促进了职业教育的发展。

从认证主体上看,英国的专业工程师占据了绝对比例,而澳大利亚的学术人员在认证主体结构上具有绝对优势。两种工程教育认证主体的类型存在着不同的特点。重视专业工程师的配比虽然能引导高校进行实践人才培养方案的改革以适应社会需求,但是也极易导致工程创新人才的培养力度弱化;反之,过度重视学术人员的配比也可能导致高校在工程创新人才培养的改革中忽视工程技术人才的重要性。从认证标准上看,英国以"全面发展"为特征,强调培养工程人才的综合素质;澳大利亚着重突出工程知识与技能的重要性,强调"技术至上"。与全面发展相比,以技术至上为导向的认证标准,可以促使学生把更多的精力投入到对其将来职业有帮助的专业知识与专业技能学习上来。我国职业教育年限大多为3年,且当前大多数企业希望员工上岗后能迅速掌握工作要领，以技术至上为导向有利于增强工程技术人才的知识和能力与岗位要求的匹配性，最快、最大限度地发挥人才效益。近年来，随着科学技术的迅猛发展，技术至上的培养模式在某种程度上显然又不能适应社会的要求，除了熟练掌握专业知识与专业技能外，具备更多的软技能可以使工程技术人员适应复杂多变的社会。从认证程序上看，英国的"三方交互"模式中组织方、专家委员会与高校间通过及时的交流保持相互之间信息的同步，从而实现认证程序的全面性和持续改进。澳大利亚的政府主导模式评估权威性强、影响力大，有利于最大限度地发挥政府的效力和认证程序的有效执行，其弊端则是可能不能充分调动专业认证委员会、高校等评估主体的积极性，政府行为可能缺乏监督与评估，一定程度上影响评估的科学性。

无论是认证主体配比类型还是认证标准与模式，均应该与本国现阶段的发展路径与战略目标相契合。时值我国经济转型重要时期，我国对高素质技术技能型人才的需求日趋旺盛，与此同时，高职教育高技能工程人才的供给能力急需提升，以便促进职业教育的供给侧结构改革，缓解工程劳动力市场的结构失衡。因此，我国高等工程职业教育认证在不断汲取国际经验的同时，还需紧紧围绕本国现阶段特点进行。

10.1.5 启示与借鉴

在我国大力发展高职工程教育的背景下，我国高等工程职业教育专业认证的发展还处于起步阶段，需借鉴英国和澳大利亚工程教育专业认证模式的构建理念与范式，结合我国高职阶段工程教育特点，构建《悉尼协议》框架下具有我国特色的高职工程专业认证标准。

10.1.5.1 发挥专业工程师的主导作用

在本科层次的工程教育专业认证中，我国认证主体中具有专业实践能力的专业工程师占比仅为33%左右[1]，且此类工程师多为兼备学术和

---

[1] 中国工程教育认证协会. 专业类认证委员会管理办法 [EB/OL]. https://www.cee-aa.org.cn/gcjyzyrzxh/r-zcxjbz/gjwj/gzbf/608110/index.html. (2020-02-10) / [2020-01-18].

第 10 章 国际工程认证协议框架下英澳工程职业教育的经验与启示

实践双肩挑的人员,而偏向创新能力的工程教育专家占据了认证主体的一半。[①] 国家工业发展程度决定了专业认证主体人员配比更偏向于实践能力强的工程技术人才还是创新能力强的工程师。我国应借鉴英澳两国顺应本国产业形态与发展战略来定位认证主体的做法。由于我国高等工程职业教育与本科工程教育所培养人才的侧重点有所不同,倘若面对高等职业工程教育,在认证主体配比上采取以政府相关人员和工程教育专家为主、以专业工程师为辅的认证主体结构,则与我国科技、经济、社会的发展需求存在差距。可见,我国更应参照澳大利亚的做法,充分发挥专业工程师的职业优势,为职业院校的学生提供除理论知识外的实践经验和体会。在《悉尼协议》框架下突出高职阶段工程实践能力,加大专业工程师的比例并提高专业工程师标准,强调工程认证委员会中的专业工程师应为行业企业全职专业工程师,通过提升专业工程师的比例,使之与工程教育专家和政府相关人员的配比达到相对平衡,避免专业认证过于学术化和脱离企业实际需要的问题,进而解决工程认证与工程职业之间的衔接问题,以便有效提升我国高职工程人才与劳动力市场的匹配度。

10.1.5.2 构建本土化工程专业认证标准

我国现行的高职院校认证工作尚未形成统一规范的认证标准体系,目前是以高职院校的师资队伍建设、校园设施、学生入学率及学生"双证"的获取率等为主要标准,缺乏对毕业生素质的评估,更没有细分到学科门类。借鉴英澳两国的经验,我国应从以下方面加以改进:首先,应深入分析我国工业行业发展情况以及现阶段对工程技术专家的实际需求,并在此基础上对未来国家发展的工程人才需求做出预判性的评估,以便优化高职毕业生能力与劳动力市场需求的匹配度,构建我国特色的本土化专业认证标准。其次,英国强调综合素质的"全面发展"范式和澳大利亚着重专业技术能力的"技术至上"范式,均是两国融合了国际标准与本国特色开发的认证范式,我国可在《悉尼协议》具体框

---

① 教育部高等教育教学评估中心. 中国工程教育质量报告(2013年度)[EB/OL]. http://www.gov.cn/xinwen/2014-11/13/content2778139.html。

架下侧重标准的实践性与可操作性，构建涵盖工程技术知识、工程实践能力、工程伦理与道德、社会与经济等的认证标准体系。再次，不同历史时期或经济发展阶段，衡量工程教育质量的标准是不同的，或者说认证标准的侧重点应该有所不同。要打造认证标准修订的动态循环模式，构建具有我国特色的高职认证标准后还应当根据国家工业行业发展状况、经济与政治形势以及劳动力市场对工程技术专家的需求定期更新认证标准，以保持认证标准的持续改进，及时跟进高职院校对认证标准的反馈意见，形成循环动态机制，有效解决认证标准滞后和不符合国情的难题，从而推动工程专业认证模式的有效运行。

10.1.5.3 完善高等工程职业教育认证程序

高等工程职业教育认证标准确定之后，如何将其落到实处，还需要不断完善落实的程序。我国认证程序与英澳两国存在较大差异，主要体现在程序的全面性与公正性上。在全面性方面，与英国相比，我国把专业的持续改进作为单独的一个环节列在了认证程序之中，英国则是将专业的持续发展改进作为工程认证委员会（EAB）的持续考察部分，对于专业持续发展所关注的认证要点体现得更为全面、完整。与澳大利亚相比，我国的认证程序缺少校园访问前对于自评报告的深入分析。澳大利亚对自评报告的分析采取了多次会议的方式，与认证委员会成员进行深入探讨，对报告明确指出或模棱两可的部分进行提前备注，并据此安排校园访问流程。在公正性方面，澳大利亚明确指出高校若对认证的结果有疑问或者有反对意见可以及时上诉，充分保障了高校自身的权利，而我国并未明确指出高职院校对于认证结果的质疑上诉权利与具体操作程序。专业认证程序的全面性与工程性将会对我国高职工程教育专业认证产生实质性的影响。首先，在认证程序的建设过程中应调动高职院校的自我改进意识以促进其参与认证的积极性。其次，给予高职院校充分的质疑权，弱化专家在认证程序中的权力，并加强高职院校对认证结论的申诉渠道建设，形成认证程序的循环动态流程，从而确保认证程序的公正性。

10.2 《都柏林协议》框架下澳大利亚高等工程职业教育认证体系

《都柏林协议》作为职业教育国际认证协议，确立了授予工程技术人员资格的国家互认标准。澳大利亚作为早期加入国际职业教育认证标准《都柏林协议》的成员，其高等工程职业教育多元化认证模式在国际范围内的影响力不断扩大，值得借鉴。德国学者弗里德里希·施奈德指出，可以从影响教育的内外部因素及其相互关系的角度，采用因素分析的方法进行比较研究。因此，本部分从影响高等职业教育认证活动的管理系统、教育系统、标准系统、操作系统四个维度对澳大利亚高等工程职业教育认证体系进行分析，以揭示其成熟发展之路。

新形势下，国内工业制造业的发展面临着巨大的挑战，迫切需要更为优质的工程人才，才能够适应更为复杂的市场环境。我国工程建设发展不能仅仅依赖本科及研究生教育培养的高级工程师，更需要职业教育培养的大批具有熟练技能和专业知识的应用型工程技术人才。2021年，中共中央办公厅、国务院办公厅印发的《关于推动现代职业教育高质量发展的意见》明确提出，到2025年"职业本科教育招生规模不低于高等职业教育招生规模的10%"，到2035年"职业教育整体水平进入世界前列，技能型社会基本建成"。自2019年国务院印发的《国家职业教育改革实施方案》明确提出"开展本科层次职业教育试点"以来，我国本科职业教育经历了一个从无到有、从试点到全面实践的过程。这表明，稳步发展高层次职业教育，优化职业教育布局结构，是职业教育高质量发展的重中之重。而完善办学质量监管评价机制，引入第三方评价，加强对职业教育的监管和考核，有利于促进职业教育与市场之间的有效沟通，更加精准地为市场输入应用型工程技术人才。同时，我们也可以借鉴职业教育多元认证做得好的国家的做法。《都柏林协议》作为职业教育国际认证协议，确立了授予工程技术人员资格的国家互认标准。澳大利亚作为早期加入国际职业教育认证标准《都柏林协议》的成员，其高等工程职业教育多元化认证模式在国际范围内的影响力不断扩大，值得借鉴。但也要注意，其制定制度的环境错综复杂，与其紧密联系的社会文化条件具有不可移植性。

10.2.1　管理系统：政府主导、第三方参与的认证模式

近年来，为了加强工程技术人才的国际流通性、提升职业教育质量，澳大利亚逐渐形成了第三方充分参与、多主体协作制衡的职业教育认证管理格局。对于职业教育来说，由联邦管辖的澳大利亚技能质量保障署负责职业教育的认证和监督。在此基础上，又出现了由民间发起的澳大利亚工程师协会对工程教育的认证，这对工程教育的认证起到了一个补充的作用。澳大利亚工程师协会成立于1919年，成立的初衷是促进工程教育界和工程职业界信息与理念的交流，目前已成为高等工程教育权威的认证机构，其具体认证工作委托给下属机构——澳大利亚工程认证中心来完成，主要职责包括组建评估小组、做好认证安排和计划、组织认证参观、向认证中心报告认证结果、向参与认证的学校传达认证决定等。同时，澳大利亚工程认证中心还设立了认证委员会，负责认证原则、标准和程序的制定与调整。涉及认证流程中的校园访问环节由评估小组来完成，并就调查结果撰写报告以供认证委员会参考，再由澳大利亚工程认证中心做最后的评估决定。无论是认证委员会还是评估小组，在人员构成上均按比例配置专业工程师、企业资深人力资源管理人员等，且在实际访问过程中除了评估小组，还有澳大利亚工程师协会以外的访问顾问和观察员参与，以监督整个访问过程。澳大利亚工程师协会、澳大利亚工程认证中心、认证委员会及评估小组的工作职责都有比较明确的范围和规定，各级各类认证机构各司其职、协作沟通，确保了认证工作的有效开展。澳大利亚高等工程职业教育认证组织架构如图10-3所示。

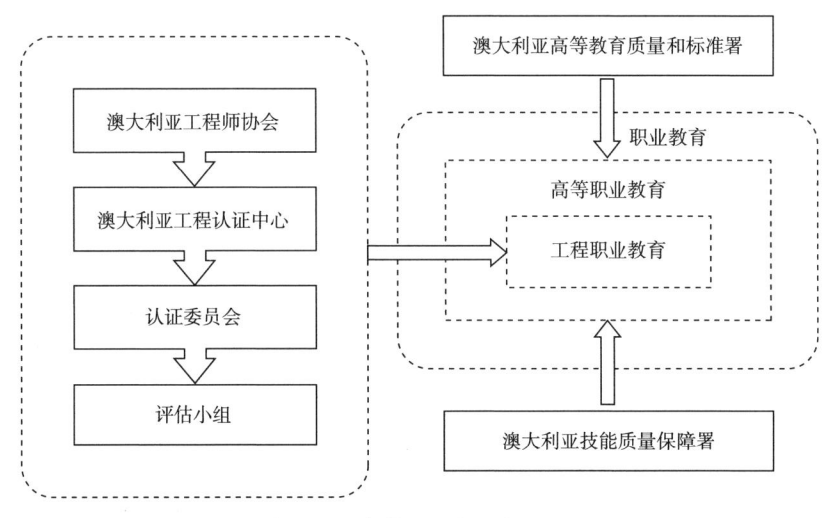

图 10-3 澳大利亚高等工程职业教育认证组织架构

10.2.2 教育系统：职普融合、纵横贯通的教育体制

1973年，澳大利亚政府支持下的各类职业教育与培训机构被正式命名为TAFE学院（Technical and Further Education, TAFE）。20世纪80年代，澳大利亚职业教育进入黄金期，TAFE学院逐渐成为职业教育与培训的主要部门。除此之外，墨尔本皇家理工大学、墨尔本维多利亚大学等高等教育机构被称为双部门大学，在普通高等教育和职业教育领域均培养数量相当的工程人才，还承担大量的科研任务，并可以授予博士学位。在工程教育领域，双部门大学既开展学术型工程教育培养高级工程师，又发展工程职业教育培养工程技术员和助理工程师。双部门运作是澳大利亚高等教育一种独特的发展方式，具有职业教育与普通高等教育双重特性，是两者界限模糊后机构合并的结果。1995年，澳大利亚开始实施《澳大利亚资格框架》制度，规定了各级教育系统与各类职业资格证书相对应的关系，形成了14个职业资格的10个等级，涵盖了所有的教育类型和层次，加强了TAFE学院与其他类型教育机构的互通衔接，使职业教育与普通教育各等级对应起来，在职业教育中建立了本科、硕士、博士之间沟通的桥梁，使得澳大利亚教育体系内各种教育

类型有机融合，助力澳大利亚职业教育体系的发展。在工程职业教育专业认证上，《都柏林协议》要求毕业生至少具有相当于大学或职业教育学院的两年全日制工程副学士学位或两年全日制工程高级文凭。副学士学位主要由大学授予，高级文凭主要由职业技术教育院校授予，副学士和高级文凭都属于副学位，在我国与副学位最接近的教育资历是大专文凭。《澳大利亚资格框架》中的等级 6 对应助理工程师，等级 7、8 对应工程技术专家，等级 9、10 可对应高级工程师。可见，澳大利亚对高等工程教育和高等职业教育培养的人才并没有结构性区分。截至 2022 年 4 月，澳大利亚科威特学院、启思蒙职业学院、墨尔本皇家理工大学、新南威尔士职业技术教育学院等 16 个高等教育机构，土木、机械、电子等 60 个专业通过该协议认证。通过《都柏林协议》专业认证的教育机构既包含普通高等教育的大学，也有职业教育的 TAFE 学院，而且以职业教育学院数量居多。可见，在澳大利亚国际工程认证协议所对应的人才培养层次有一定的交叉性，基于《都柏林协议》的专业认证不局限于院校的办学层次和类型，更突出了职业教育与普通教育融合、纵横贯通的认证特点。

10.2.3　标准系统：立足本土、双阶段重实践的指标体系

认证标准系统是开展工程教育专业认证的基本依据，也是认证过程合理高效的重要保证。澳大利亚工程师协会基于《都柏林协议》框架展开认证工作，但标准的制定并没有一味地照抄照搬，而是结合自身国情与特色，构建鲜明的自我发展目标，注重人才培养与认证的标准化。依照《都柏林协议》，澳大利亚工程师协会公布了工程职业教育毕业生的国家通用标准，对毕业生提出了入门级别与专业级别两个阶段的标准要求。第一阶段是作为工程团队合格成员进入职业领域所需的能力水平，与通过认证的教育资格相对应。第二阶段是作为工程团队资深成员，在专业指导下已形成独立完成任务的能力，可对职责范围内的质量、安全和道德行为负责。第一阶段的能力实际上是知识和技能以及工程应用能力与专业属性的结合，第二阶段则体现了有经

验的工程从业人员的能力水平。一般情况下，经过职业教育学院的专业认证就获得了第一阶段的能力证明，而第二个阶段的能力需要由评估小组进行评估，包括自我评估、撰写实践报告、职业面试以及对持续职业发展的承诺。

同时，认证指标也体现了课程标准与实践标准的双重要求。澳大利亚现行工程专业认证的一级指标为操作环境、学术课程、质量系统；二级指标在学生、课程体系、师资队伍、支持条件等方面做了具体的规定；三级指标更为详细，用来保障认证的有效实施。此认证标准，既有投入类指标（组织结构对工程教育的贡献、设施和物质资源、资金支持等），又有过程性指标（课程、对工程实践的参与情况、专业结构和实施框架等），还有产出性指标（教育成果的详细说明、专业名称和获奖情况等）。相对于培养过程而言，澳大利亚工程师协会更关注培养结果，更重视学生的知识、能力、可持续发展等输出性指标。澳大利亚双阶段的认证标准和具体指标，充分考虑了毕业生职业发展阶段的能力差异，有助于引领毕业生依据《都柏林协议》要求，不断提升专业知识、专业技能、专业情感，也体现了澳大利亚工程职业教育以学生为中心、成果导向、持续改进的认证理念。

10.2.4 操作系统：规范严谨、动态跟进的认证程序

科学、规范的认证程序是落实认证标准、发挥认证主体作用的重要载体。澳大利亚高等工程职业教育的认证流程如下：第一，准备阶段。工程职业院校提交申请与自评报告，提出认证请求之后，澳大利亚工程认证中心将会成立实地访问评估小组，并在访问前4~5周举行会议，与即将访问的学校商定后最终形成一个访问报告。第二，评估阶段。实地访问评估小组一般有2~6名成员，每次进行校园访问时，澳大利亚工程认证中心都会从工业界和教育界挑选独立学科专家，要求其既拥有丰富的工程经验又具有评价毕业生培养成果和质量体系的能力。通常评估小组还会邀请访问小组以外的社会成员或顾问，来完成认证中的相应任务。同时，澳大利亚工程师协会也会收到澳大利亚其他相关认证机构

和海外认证机构的请求，希望让其观察员参与到其下属机构——澳大利亚工程认证中心的评估进程中。评估阶段的多元主体参与，确保了认证结果适应工程职业院校自身发展与就业市场双方的整体需求，保证了认证结果的公平客观。一般情况下，实地访问的时间会超过两天，主要包括与工程职业院校师生、管理人员等代表面谈，参观校园，访问的主要目的是核查院校提交的自评报告是否符合培养第一阶段毕业生能力的标准要求。在访问结束时，评估小组向澳大利亚工程认证中心提供初步的反馈意见。第三，结果生成阶段。一是形成初步报告。在访问结束后的6~8周内，评估小组起草一份初步报告，经逐级审核附上建议后最终交到澳大利亚工程认证中心。二是形成最终报告和认证结论，将澳大利亚工程认证中心的决定和最终报告发送给工程职业院校。三是申诉阶段。被访问的工程职业院校可对澳大利亚工程认证中心的决定提出申诉。申诉必须在接到裁决后两周内以书面形式向澳大利亚工程师协会提出，并说明上诉理由。上诉理由通常限于事实错误或违反认证管理系统文件中明确规定的政策、标准或程序。澳大利亚工程师协会将任命小组委员会审议该问题，并展开进一步的评估访问。认证结果是动态变化而非一次定终身，旨在促进参与认证的职业院校持续改进，不断提高工程职业教育的质量与水平。

总之，澳大利亚工程师协会认证工作准备充分、认证程序规范、对待认证结果十分严谨。首先，认证时间规划严密。访问各个环节的工作周期有详尽的规定，在各个阶段均留有弹性时间。提交自评报告、确定访问日期、实地访问等认证工作均有明确的工作任务及步骤规划。其次，从接受认证开始，无论是提交自评报告，还是访问前的会议沟通均为实地访问做了充分的准备，澳大利亚工程职业认证各部门各司其职，为实地访问做出详细的规划和安排。最后，澳大利亚工程师协会充分尊重学校意见。在访问时间的敲定、校园访问的安排、访问的结果等方面，都会不同程度地尊重学校的意见。在认证结论上，给予参评院校充分的上诉权，避免了认证结论的片面性。

10.2.5 启示与建议

10.2.5.1 在管理系统方面，持续拓展中国工程教育专业认证协会职能

在同时加入《华盛顿协议》《悉尼协议》《都柏林协议》的九个国家及地区中，除了加拿大由两个组织（加拿大职业工程师委员会、加拿大技师和技术员协会）分别负责工程教育和技术教育的认证外，其他国家和地区都是由一个统一的机构来组织负责。虽然目前我国只有香港和台湾地区加入《都柏林协议》，在此框架下国际互认的相关认证工作尚未全面开展，但作为世界上职业教育体系最大的国家，我国开展高等工程职业教育认证也将成为我国高等工程职业教育发展的一大趋势。我国已有的工程教育认证机构——中国工程教育专业认证协会，仅受理教育部设立的工科本科专业的认证申请，不包含对工程职业教育的认证。因此，建议尽快完善对于工程职业教育的认证工作，增加相应的专业人员，拓展中国工程教育专业认证协会的认证职能。此外，鼓励多主体参与到认证工作中，包括政府、职业院校、企业等，充分表达新形势下对工程人才的诉求和建议，协助现有工程教育认证机构更好地落实相应政策，不断完善规范认证程序与标准，促进工程职业教育认证高质量发展。同时，构建并完善相应的专业认证质量监管体系，全面监督认证协会履行职责、落实认证程序与步骤，及时修正与弥补认证过程中出现的问题与漏洞。总之，在工程职业认证管理系统中，各部门应协调配合、各司其职，形成以中国工程教育专业认证协会为主导，多元主体参与的认证管理系统，进一步保障认证结果的公平性、客观性。

10.2.5.2 在教育系统方面，打破职业教育与普通教育的认证壁垒

拓展中国工程教育专业认证协会的认证职能并非易事，工程师、工程技术专家、助理工程师三类毕业生的职业内容范畴各有侧重，且三者之间不是简单的包含或者递进关系，还涉及普通教育与职业教育的贯通培养。同时，《关于推动现代职业教育高质量发展的意见》也指出，要推进不同层次职业教育纵向贯通、促进不同类型教育横向融通。由此可

见，在新形势下，我国应打破传统上对国际认证标准的刻板印象，打破职业教育与普通教育认证的壁垒，扭转普通高等教育对应《华盛顿协议》认证、高职高专对应《悉尼协议》认证，以及中等职业院校对应《都柏林协议》认证的思维定式。工程认证的分类不应该停留在工程院校的办学层次，而应立足于院校培养实际与培养质量。区别于普通高等教育认证，《都柏林协议》框架下的工程职业院校认证更应侧重于学生技能型、应用型工程能力的培养和评价，在与普通高等教育认证融合统一的进程中，逐渐形成本国工程人才认证体系的特色与优势。

10.2.5.3 在标准系统方面，构建双阶段认证标准

面对《都柏林协议》框架下的工程职业院校的需求，我国可以借鉴澳大利亚的做法，设置入门级别和专业级别的双阶段认证标准，根据毕业生职业生涯发展规律，不断促进毕业生工程能力持续发展。在双阶段认证标准的构建中，更应侧重理论基础与实践技能兼顾的认证指标，如在入门级第一阶段的指标中可以更多体现基础知识与技能，要求毕业生分阶段掌握基础的自然知识、数学知识、物理知识和扎实的专业知识，以及团队合作等专业素质。而在针对毕业多年专业级别工程师的第二阶段，更应强调工程应用能力，要求工程师能够用适宜的技术、原理、工具和资源系统地解决问题。同时还应着重考察工程师的工程伦理、可持续发展、领导能力等重要指标，以体现在真实工程环境下对其素质能力的全面评价。双阶段认证指标的设置也应借鉴《都柏林协议》框架下对工程职业院校毕业生应具备能力素质的基本要求，关注知识、能力、伦理素质等多维度，并符合我国技能型工程人才理论标准与实践标准的双重需要。

10.2.5.4 在操作系统方面，规范职业教育认证程序，给予院校充分申诉权

随着我国产业转型升级，技能型人才也面临大量缺口。根据教育部、人社部、工信部联合印发的《制造业人才发展规划指南》呈现的中国制造业十大重点领域的相关数据，通过统计发现，2025年我国的技能型人才缺口将接近3000万人，缺口率高达48%。面对这一严峻形

第10章　国际工程认证协议框架下英澳工程职业教育的经验与启示

势，我国应加大工程技能型人才的培养，建立严格的认证程序，以认证促进工程职业教育质量的不断提升。首先，在认证准备阶段，由院校提出认证申请，相关部门对其资历进行审核，成功获得认证许可后与认证机构约定时间。院校可在规定的时间内提交所需要的材料，时间的设定应具有弹性。此外，在正式认证之前，双方可以通过线上会议的形式进行初步交流，再次明确认证要求和认证过程中所需要的材料，确保认证程序顺利进行。其次，在认证实施阶段，一要确保认证主体的多样性，可邀请其他院校或企业的专家参与到认证过程中，他们可以从专业知识技能和劳动力市场的角度提出宝贵的建议；二要确保考察途径的多样性，从多角度多途径对其进行考察，加大对学生工程实践活动的考察比重，如采用校园参观、工程实践活动观摩、相关人员访谈等形式。最后，在认证结果确定阶段，相关评估部门在规定时间内提交认证结果报告，经过层层核实无误后反馈给院校。在此阶段，最重要的是要给予院校申诉的权利，有申请需求的院校需在规定的时间内提交相应材料，写明原因。给予院校充分的申诉权利，可避免认证过程中因评估专家主观判断而存在的片面问题。严格规范的认证程序不仅需要对时间的严格把握，更需要各层级部门的协调配合。同时，还应加强与国际知名职业院校和企业的合作，进一步明确各类工程认证的步骤和条件，建立严格、规范、科学的认证程序，逐步提高我国职业教育在国际上的影响力和竞争力。

第 11 章 《悉尼协议》背景下高职高专工科毕业生素质评价指标体系构建

　　高职高专工科毕业生素质评价指标体系的构建是之后实证研究质量的基本保障之一，也是最为重要的要素之一。指标体系的构建主要涉及以下步骤：首先，就《悉尼协议》中对毕业生素质的十二条要求进行进一步的分析，得出基于《悉尼协议》的高职高专工科毕业生素质指标要素群；对学界现有的资料文献进行整合，将与高职高专工科毕业生素质特征相关的内容进行提取，并对重复出现、概念相近的特征要素进行合并或删除，基于此，建立"高职高专工科毕业生素质特征要素群"。其次，通过专家们对"高职高专工科毕业生素质特征要素群"的评分，剔除评分较低/不符合研究目标的特征要素，同时，将专家们补充的特征要素整合纳入"高职高专工科毕业生素质特征要素群"形成"高职高专工科毕业生素质备选要素池"。再次，将"高职高专工科毕业生素质备选要素池"中的要素经由专家评审和讨论、小组研讨和分析以及和相关理论的结合提取共同要素，凝练特征要素，形成上级指标，形成一个初步的"高职高专工科毕业生素质评价要素体系"。最后，基于"高职高专工科毕业生素质评价要素体系"构建调查问卷，选取具有代表性的高校进行实证调研和访谈，对回收的数据进行因子分析，调整"高职高专工科毕业生素质评价要素体系"的要素数量和结构，进行信效度分析和 AHP 赋值，得出"高职高专工科毕业生素质评价指标

第 11 章 《悉尼协议》背景下高职高专工科毕业生素质评价指标体系构建

体系"并完成之后实证调研所需的调查问卷设计。

11.1 高职高专工科毕业生素质特征要素提取

高职高专工科毕业生素质特征要素通过文献分析和专家评议进行初步的提取。首先，通过对《悉尼协议》有关毕业生素质的十二条要求和文献进行分析形成初步的"高职高专工科毕业生素质特征要素群"，之后经过专家的评分完成对特征要素的筛选。至此，形成的"高职高专工科毕业生素质特征要素"是基于理论和经验层面的特征要素结合体，尚未经过任何加工处理，还不具备科学性和实践性，需经过专家评议、小组讨论和理论分析后形成一个更具科学性和理论可行性的初步指标体系。

11.1.1 高职高专工科毕业生素质特征要素提取思路

首先，对《悉尼协议》有关毕业生素质的十二条要求和学界现有的资料文献进行整合，将与高职高专工科毕业生素质特征相关的内容进行提取，并对重复出现、概念相近的特征要素进行合并或删除，基于此，建立"高职高专工科毕业生素质特征要素群"。其次，通过专家们对"高职高专工科毕业生素质特征要素群"的评分，剔除评分较低/不符合研究目标的特征要素，同时，将专家们补充的特征要素整合入"高职高专工科毕业生素质特征要素群"，形成"高职高专工科毕业生素质备选要素池"。再次，将"高职高专工科毕业生素质备选要素池"中的要素经由专家评审和讨论、小组研讨和分析以及和相关理论的结合提取共同要素，凝练特征要素，形成上级指标，形成一个初步的"高职高专工科毕业生素质评价要素体系"。最后，基于"高职高专工科毕业生素质评价要素体系"构建调查问卷，选取具有代表性的高校进行实证调研和访谈，对回收的数据进行因子分析，调整"高职高专工科毕业生素质评价要素体系"的要素数量和结构，进行信效度分析和 AHP 赋值，得出"高职高专工科毕业生素质评价指标体系"并完成之后实证调研所需的调查问卷设计。

11.1.2 基于《悉尼协议》的高职高专工科毕业生素质特征要素

《悉尼协议》中对毕业生素质的要求共十二条,对于该十二条的分析主要依据《悉尼协议》中对该十二条要求的细化和再定义。

一是工程知识(Engineering knowledge)。[1] 在对工程知识的要求中,《悉尼协议》指出,工程技术专家(Engineering technologist),即三年制高等职业教育所培养的工程人才应当具备基础的工程知识,包括:数学、自然科学、工程基础等知识。同时,也需掌握工程相关专业知识,包括流程、步骤、系统以及方法等。可整合为工程基础知识和工程专业知识两个特征要素。

二是问题解决(Problem analysis)。《悉尼协议》主张工程技术专家应当具备以下两种问题解决能力:第一,能够通过文献研究、识别和计算广义的工程问题;第二,能够使用分析工具对特定领域内的工程问题进行分析。因此,可从中提取工程问题识别能力和工程问题分析能力两个特征要素。

三是设计/开发解决方案(Design/Development of solutions)。设计/开发解决方案需要从两方面出发,一方面,需要具备根据广泛的工程技术问题设计解决方案的能力;另一方面,在建设及解决方案的基础上,应当充分考虑公共卫生、安全、文化、社会和环境因素,根据某种特定的要求设计工程系统、配件和流程。从中可提取多因素设计开发能力一个特征要素。

四是调查(Investigation)。对调查能力的要求包括:第一,通过代码、数据和文献等方式搜索和选择有关的数据;第二,能够通过相关数

---

[1] International Engineering Alliance. Graduate Attributes and Professional Competencies [EB/OL]. https://www.ieagreements.org/assets/Uploads/Documents/Policy/Graduate - Attributes - and - Professional - Competencies.pdf. [2013 - 06 - 21].

第 11 章 《悉尼协议》背景下高职高专工科毕业生素质评价指标体系构建

据设计实验，提供有效的研究结论。所以，从中可提取数据选择能力和实验分析能力两个特征要素。

五是现代工具应用（Modern Tool Usage）。对现代工具应用能力的要求包括：第一，在了解工具局限性的前提下，选择适当的技术和资源；第二，运用包括预测和建模在内的现代工程和 IT 工具解决广泛的工程问题。所以，从中可提取工具选择能力和工具运用能力两个特征要素。

六是工程师和社会（The Engineer and Society）。对工程师和社会的要求包括：第一，对社会、健康、安全、法律和文化问题的理解；第二，能够识别社会因素对工程技术实践的影响。所以，从中可提取社会因素理解能力和社会因素识别能力两个特征要素。

七是环境与可持续发展（Environment and Sustainability）。对环境与可持续发展的要求包括：第一，能够在充分考虑环境的前提下提出广义工程问题的解决方案；第二，能够了解和评估工程技术工作的可持续性和影响。所以，从中可提取环境保护能力和可持续发展能力两个特征要素。

八是道德（Ethics）。对道德的要求包括：第一，了解工程界的职业道德；第二，能够明确工程技术实践的责任和规范。所以，从中可提取职业道德和责任规范两个特征要素。

九是个人和团队合作（Individual and Team Work）。个人和团队合作的要求包括：第一，能够有效地发挥个人的作用；第二，作为团队中的成员或领导者，能够有效地发挥作用。所以，从中可提取个人综合能力和团队合作能力两个特征要素。

十是沟通交流（Communication）。沟通交流的要求包括：第一，能够理解和撰写有效的报告和设计文件；第二，能够做出有效的现场演示（PPT）；第三，能够准确接收和回复相关命令；第四，能够就广义的工程问题与工程界和整个社会进行有效的沟通。所以，从中可提取写作能力、演讲能力、理解能力和沟通能力四个特征要素。

十一是项目管理与财务（Project Management and Finance）。项目管

理与财务的要求包括：第一，掌握工程管理原理的知识；第二，能够将工程管理知识运用于工作；第三，能够作为团队的成员或领导者在多学科环境中管理项目。所以，从中可提取工程管理知识、知识运用能力、项目管理能力、多学科管理能力四个特征要素。

十二是终身学习（Lifelong Learning）。终身学习的要求是认识到终身学习的必要性，并且有能力完成工程技术领域的终身学习。所以，从中可提取终身学习意识和终身学习能力两个特征要素。

综上所述，《悉尼协议》中对毕业生素质的要求可被分解为以下27个（见表11-1）。

表11-1 《悉尼协议》毕业生素质特征要素

序号	特征要素
1	工程基础知识
2	工程专业知识
3	工程问题识别能力
4	工程问题分析能力
5	多因素设计开发能力
6	数据选择能力
7	实验分析能力
8	工具选择能力
9	工具运用能力
10	社会因素理解能力
11	社会因素识别能力
12	环境保护能力
13	可持续发展能力
14	职业道德
15	责任规范
16	个人综合能力
17	团队合作能力
18	写作能力
19	演讲能力
20	理解能力

第 11 章 《悉尼协议》背景下高职高专工科毕业生素质评价指标体系构建

续表

序号	特征要素
21	沟通能力
22	工程管理知识
23	知识运用能力
24	项目管理能力
25	多学科管理能力
26	终身学习意识
27	终身学习能力

11.1.3 通过文献梳理高职高专工科毕业生素质特征要素

对于高职高专工科毕业生素质特征要素的文献梳理，主要通过对 2011~2019 年国内外相关研究文献报告等文字材料提取分析，并结合我国国情进行整合，形成高职高专工科毕业生素质特征要素群。

从国家角度上来看，Shweta Singh 等人通过对印度承担工程技术专家教育的大学进行研究提出，作为一名工程技术人员在毕业时应具备三大能力，分别为：核心能力、专业技能和交流能力。其中，核心能力包括整合能力、自律能力、可靠性、自我激励能力、企业家精神、团队合作能力、领导能力、自主学习能力、灵活度及胆魄；专业技能由发现并解决技术问题、设计系统或零件的能力、应用工程知识的能力和结合知识进行创造性工作的能力四项组成；而交流能力则主要有书面表达能力、阅读能力、语言表达能力和基本的计算机技能四种。[1] Chetty 和 Maggie 则是通过建立评价模型来促进德班大学工程技术人员素质的提升，在该模型中提出了五类能力，即专业与交流能力、团队与批判性思

---

[1] Shweta Singh, Mohammad Anam Akhtar, and Reetika Sehgal. An Analysis of Employability of Technical Graduates in India: With Special Reference to Uttar Pradesh Technical University Lucknow [J]. 2015.

维能力、自控能力、自我调节能力及管理能力。① 对这五类能力的再细化主要包括20项，如表11-2所示。在我国，陈旭平等人采取因果分析法建立了高职生综合素质评价体系，提出个人活动能力、组织能力、学习能力、社会活动能力、信誉水平、公德水平和知识水平七大能力指标。② 其中，社会活动能力主要是体现在社团活动能力、公益活动能力、文体活动能力和社会交往能力上；学习能力则突出表现为对本专业的学习、相关知识的学习、自觉深化的学习和创新等方面；领导能力、策划能力和团队合作能力共同组成了组织能力；而个人活动能力主要表现为个人魅力素质；信誉水平由诚信、经济、公众、师生信誉等构成；公德水平则是由爱国守法、明礼诚信、团结友善、勤俭自强、敬业奉献等方面体现出来；知识水平主要包括专业知识和相关知识水平、日常工作和生活知识水平、阅历水平。

表 11-2　Chetty、Maggie 评价模型

序号	五类能力	细化指标
1	专业与交流能力	交流能力
2		写作能力
3		专业精神
4		人际关系技能
5		领导能力
6	团队与批判性思维能力	团队合作能力
7		分析能力
8		创新能力
9		决策能力
10		问题解决能力

---

① Chetty M.. Assessment Model: A Case Study of Chemical Engineering Work - integrated Learning at Durban University of Technology [C]. Refereed Proceedings of the 20th WACE World Conference on Cooperative and Work - Integrated Education, 2017, Chiang Mai, Thailand. 2017.

② 陈旭平，熊德敏，吴瑛. 基于因果分析法的高职生综合素质评价体系 [J]. 高等工程教育研究，2011（06）：161-164.

第 11 章 《悉尼协议》背景下高职高专工科毕业生素质评价指标体系构建

续表

序号	五类能力	细化指标
11	自控能力	灵活度
12		自信
13		自控
14	自我调节能力	独立工作能力
15		时间管理能力
16		自主学习能力
17		目标达成能力
18	管理能力	恢复能力
19		冲突管理能力
20		关注质量能力

从全球角度上看，Huntley 等人通过对全球各国对工程的要求进行分析总结，罗列了普遍存在的九大能力，包括：工程基础知识水平、工程能力、工程实践能力、交流能力、团队合作能力、领导能力、灵活度、生活热情、道德标准和专业精神。[①] Alama 等人则是从工程认证对全球工程人员的影响的角度出发，将工科毕业生素质分为三大类：知识技能、工程应用能力和个人与专业能力。[②] 对这三大类能力的分解采用了布鲁姆的目标分类学，将三大能力由浅入深细分为 16 条要求。Hadgraft 等人对于工科毕业生素质评价标准的建立则是在考虑再建认证标准的基础之上产生的，具有较强的全球性，包括根据需求建立目标执行计划的能力、知识与基础技能、工程实践能力和专业与个人能力四大能力。[③]

出于国外对高职高专工科毕业生素质评价的指标较为分散的考虑，本研究首先将对国内外的 234 篇文献（中文文献 87 篇，外文文献 147 篇）中涉及的高职高专工科毕业生素质相关特征要素进行提取，初次提

---

① Huntley, Stephen. "Attributes of a Global Engineer 2014 Draft Paper."

② Alama, Firoz, et al.. "Generic Competency and Accreditation of Engineering Programs: Impact on Global Mobility." Proceedings of the 15th Annual Paper Meet 7 (2014): 08.

③ Hadgraft, Roger G.. "Rethinking Accreditation Criteria to Focus on Design." 2017 7th World Engineering Education Forum (WEEF). IEEE, 2017.

取共得到 668 项特征要素；其次，经过第二轮对完全相同项进行合并整理后得到特征要素 132 项；再次，通过小组讨论和分析后，将含义相同项（例如，决断能力和决策能力）进行了二次合并，共余 84 项特征要素。然后，经过对相互包含项中的上级特征要素进行剔除，得出 34 项特征要素。最后，通过小组讨论和咨询的方式，将《悉尼协议》对工程技术专家的十二条要求，与上述 34 项特征要素进行融合，得出"高职高专工科毕业生素质特征要素"，共包含 35 项，如表 11 - 3 所示。

表 11 - 3 基于《悉尼协议》和文献梳理的高职高专工科毕业生素质特征要素

序号	素质特征要素	序号	素质特征要素
1	道德意识	19	执行能力
2	操作能力	20	抗挫折能力
3	专业知识	21	技能水平
4	文献收集及应用能力	22	技术开发能力
5	表达能力	23	团队合作能力
6	多任务处理能力	24	模仿能力
7	适应能力	25	行动能力
8	安全意识	26	倾听能力
9	自信	27	现代工具应用能力
10	创新意识	28	判断能力
11	专注力	29	观察能力
12	抗压能力	30	分析推理能力
13	调查能力	31	通识知识
14	多学科整合能力	32	计划能力
15	反应及应变能力	33	法制观念
16	决策能力	34	身体及心理素质
17	全球意识	35	归纳能力
18	独立		

本研究中的"高职高专工科毕业生素质特征要素"仅仅是依据国内外现有文献整理所得的，其特征要素也并非完全覆盖高职高专工科毕业生素质特征，从结构上来说呈现较为分散的形态，且各特征要素尚未

经过证实,故现阶段仅作为文本材料,还需进行进一步的分析、筛选和修正。

11.1.4 基于专家评议的高职高专工科毕业生素质特征要素

基于《悉尼协议》和文献梳理所得的"高职高专工科毕业生素质特征要素"构建完成之后,本研究将该特征要素通过李克特量表的形式改编为问卷,邀请了5位研究高职高专教育的教授和副教授级专家、14位接收高职高专工科毕业生的大中小型企业管理人员或人力资源部门人员(大型企业5人,中型企业6人,小型企业3人)和8位具有副高级以上职称且具有10年以上相关工作经验的高职高专工科教师进行作答。之后对27位专家的调查结果进行汇总。

表 11-4 高职高专工科毕业生素质特征要素专家评分结果

序号	素质特征要素	最重要	重要	一般	不重要	最不重要	积分
1	道德意识	20	7	—	—	—	0
2	创新意识	9	8	6	2	2	16
3	执行能力	19	8	—	—	—	0
4	判断能力	4	19	4	—	—	4
5	操作能力	3	20	4	—	—	4
6	专注力	11	9	7	—	—	7
7	抗挫折能力	6	13	8	—	—	8
8	观察能力	6	14	7	—	—	7
9	专业知识	9	14	4	—	—	4
10	抗压能力	5	14	8	—	—	8
11	技能水平	8	15	4	—	—	4
12	分析推理能力	4	15	8	—	—	8
13	文献收集及应用能力	—	6	13	4	4	33
14	调查能力	3	7	17	—	—	17
15	技术开发能力	—	7	5	6	9	50
16	通识知识	—	8	14	—	5	29
17	表达能力	15	9	3	—	—	3
18	多学科整合能力	—	7	18	2	—	22

续表

序号	素质特征要素	最重要	重要	一般	不重要	最不重要	积分
19	团队合作能力	10	11	6	—	—	6
20	计划能力	9	11	7	—	—	7
21	多任务处理能力	3	18	6	—	—	6
22	反应及应变能力	13	9	5	—	—	5
23	模仿能力	—	5	15	3	4	33
24	法制观念	9	18	—	—	—	0
25	适应能力	4	20	3	—	—	3
26	决策能力	3	17	7	—	—	7
27	行动能力	16	5	6	—	—	6
28	身体及心理素质	15	8	4	—	—	4
29	安全意识	5	18	4	—	—	4
30	全球意识	—	8	13	2	4	29
31	现代工具应用能力	—	18	4	3	2	16
32	倾听能力	5	17	5	—	—	5
33	归纳能力	—	12	11	4	—	19
34	自信	8	16	3	—	—	3
35	独立	—	20	7	—	—	7

在对专家评分进行统计时，采取一般记1分、不重要记2分、最不重要记3分，最后统计每项总分的积分方式，编号1~35的特征要素积分情况如表11-4所示。经计算，35项特征要素积分的平均值为10.8。基于此，积分低于10.8的特征要素将被直接纳入备选要素池，积分高于10.8且低于20的将作为有条件保留的备选要素纳入备选要素池，积分高于20的特征要素将被直接剔除。就专家评分及积分结果来看，文献收集及应用能力、技术开发能力、通识知识、多学科整合能力、模仿能力、全球意识6项被剔除。创新意识、调查能力、现代工具应用能力和归纳能力等4项特征要素作为有条件保留的备选要素被纳入备选要素池。道德意识、执行能力等25项特征要素被直接纳入备选要素池。除此之外，在对专家开展的访谈调查中，多位专家建议将工匠精神、坚持和毅力、岗位适应能力、耐挫力、职业忠诚度5项特征要素补充进来，

故将其作为备用备选要素纳入备选要素池中。至此，通过文献梳理及专家评分所得到的"高职高专工科毕业生素质特征要素备选要素池"如表 11-5 所示。

表 11-5 高职高专工科毕业生素质特征要素备选要素池

备选类别	备选要素
保留备选	道德意识、执行能力、判断能力、操作能力、专注力、抗挫折能力、观察能力、专业知识、抗压能力、技能水平、分析推理能力、表达能力、团队合作能力、计划能力、多任务处理能力、反应及应变能力、法制观念、适应能力、决策能力、行动能力、身体及心理素质、安全意识、倾听能力、自信、独立
有条件保留备选	创新意识、调查能力、现代工具应用能力、归纳能力
备用备选	工匠精神、坚持和毅力、岗位适应能力、耐挫力、职业忠诚度

通过来自高校及用人单位的专家对"高职高专工科毕业生素质特征要素"的初步筛选，相较于文献梳理后得到的特征要素具有了更深一步的加工意义，也是后期高职高专工科毕业生素质评价指标体系构建的重要依据。但是，目前该备选要素池中的备选要素还未得到各种理论和方法的检验和支持，其科学性和严谨性仍有待后期进一步的完善。

11.1.5 高职高专工科毕业生素质评价要素体系的建立

"高职高专工科毕业生素质评价要素体系"的初步建立，主要以"高职高专工科毕业生素质特征要素备选要素池"与《悉尼协议》中的十二条分类为主框架，通过理论分析、小组讨论、专家咨询和访谈等方法，对"备选要素池"中的备选要素进行上级指标的归纳，通过理论分析得出上级指标，初步构成"高职高专工科毕业生素质评价要素体系"，如表11-6所示。

在该要素体系中，"工程基础能力"一级指标的设定主要是依据对用人单位管理人员的访谈以及文献分析的结果得出，访谈及文献分析结果皆显示：知识技能和公德水平是高职高专工科毕业生得以就业的基本要素，知识技能掌握的程度与专业对口率对高职高专工科毕业生的就业有着较大的影响，知识技能不足也会导致高职高专工科毕业生的就业压力增大；公德水平是基本要求，公德水平将直接决定高职高专工科毕业生的就业情况[①]。在此基础之上，通过对备选要素池中的指标进行筛选和整合，形成了包含5项三级指标、2项二级指标的一级指标——"工程基础能力"。

"工程实践能力"一级指标主要是指高职高专工科毕业生在实践方面所需要具备的能力。在该一级指标的设计上，既要体现高职高专工科毕业生在思想层面的特点，也要体现其在实操层面上的特点。对该一级指标的设计，主要借鉴了《悉尼协议》《都柏林协议》层次指标体系大框架的设计思路和用人单位以及高职高专工科教师的意见，最终得出了包含5个三级指标、2个二级指标的一级指标——"工程实践能力"。

"个人与专业能力"一级指标主要是指高职高专工科毕业生个人能力与专业能力的集合，即高职高专工科毕业生个人所具备的一般能力和专业所必需的专业能力。该一级指标的设计涵盖面较广，主要涉及高职高专工科毕业生在专业实操、日常活动以及思想层面应具备的素质。该一级指标的建立，主要依据《悉尼协议》所提供的学生应达到的毕业生素质以及用人单位对其的筛查，在备选要素池中通过整合补充的形式得出包含9个三级指标、3个二级指标的一级指标——"个人与专业能力"。

表11-6　高职高专工科毕业生素质评价要素体系

一级指标	二级指标	三级指标
工程基础能力	知识技能	专业知识
		技术水平
		人文知识
	公德水平	道德意识
		法制观念

[①] 齐飞. 浅析职高加强职业道德与法律教学的重要性[A]. 中国教育发展战略学会教育教学创新专业委员会. 2019全国教育教学创新与发展高端论坛论文集（卷二）[C]. 2019：2.

第 11 章 《悉尼协议》背景下高职高专工科毕业生素质评价指标体系构建

续表

一级指标	二级指标	三级指标
工程实践能力	实操能力	安全意识
		操作能力
		调查能力
	分析能力	观察能力
		推理能力
个人与专业能力	一般能力	执行能力
		抗挫折能力
		身体及心理素质
	个人素养	自信
		独立
		坚持和毅力
	专业能力	多任务处理能力
		反应及应变能力
		适应能力
工程管理能力	管理能力	决策能力
		计划能力
	沟通协作能力	团队合作能力
		沟通能力

"工程管理能力"一级指标主要是指高职高专工科毕业生应具备的专业管理能力。该一级指标的设计主要是通过对《悉尼协议》毕业生素质要求及大量有关管理能力的文献进行分析，同时将与用人单位管理人员的访谈和备选要素池相关指标进行整合分析，最后得出包含 4 项三级指标、2 项二级指标的一级指标——"工程管理能力"。

该指标要素体系是通过 23 位用人单位中的高层管理人员、8 名高职高专工科教师、3 名相关研究领域的专家及小组讨论后初步建成。所以，该指标要素体系的关联性、紧密性等得到了进一步的提升，并可在此基础上构建高职高专工科毕业生素质评价问卷。因该指标要素体系还未得到实践检验，故需采用问卷调查的形式对该指标要素体系进行进一步的检验和调整，并通过对回收回来的数据进行进一步的分析，得出最终的高职高专工科毕业生素质评价指标体系。

11.2 高职高专工科毕业生素质评价问卷调查

本研究经过三轮的指标要素分析和整理得出了初步的指标要素体系，并根据该指标要素体系设计进一步调整高职高专工科毕业生素质评价问卷并发放，对回收的数据进行因子分析，根据因子分析结果对评价指标体系进行进一步的调整，用以确定终版"高职高专工科毕业生素质评价指标"和量表。

11.2.1 问卷编制思路

本研究旨在通过他评和自评相结合的方式较为客观地体现现阶段我国高职高专工科毕业生素质水平，故本次问卷的目标对象是企业的管理人员和高职高专院校工科教师及工科毕业生。基于此，本次问卷共编制了企业和高校两个版本。

11.2.1.1 企业版

企业版问卷设计主要包括两个部分。第一部分是对企业管理人员基本信息的调查，包含性别、年龄、职位和工龄。该部分的设计，主要是调查问卷填写者的类型范围，使参与本次问卷填写的企业管理人员尽可能覆盖各种类型。该部分问卷的问题皆以单选题的形式出现。第二部分是对高职高专工科毕业生素质评价的调查。该部分的问卷形式以前文中所建立的高职高专工科毕业生素质评价指标体系（理论）为主要参考，为明确每项指标的含义，在每项指标之下分别添加 2~3 个问题对指标进行说明，该问卷共 64 题。问卷作答方式的选择上，为确保结果的准确，采用李克特七级量表对高职高专工科毕业生素质的重要度进行选择，其中"1"代表"非常不重要"，"5"代表"一般"，"7"代表"非常重要"，以此类推。

11.2.1.2 高职高专工科院校版

高职高专工科院校版的问卷由两部分构成。第一部分对工科教师及工科学生进行基本信息的采集,了解问卷填写者的基本情况和范围,为指标的确定提供依据,主要包括:性别、年龄、专业/所教授专业、职称四方面。第二部分是对高职高专工科毕业生素质评价的调查,其设计思路、问题及作答方式与企业版保持一致。

11.2.2 问卷调查过程

本次问卷发放对象为河南省内企业各级管理人员、高职高专工科教师和高职高专工科学生。其中,企业各级管理人员填写企业版问卷,高职高专工科教师及学生填写高校版问卷。

本次问卷调查展开小范围测试,采用"问卷星"及纸质问卷发放两种形式进行数据收集,本次问卷所得数据将作为高职高专工科毕业生素质评价指标体系最后确定和问卷调整的直接参考。

需要说明的是,本次问卷选择在河南省发放的原因在于:第一,河南省作为中原第一大省,是连接南北方的重要交通枢纽,同时,河南也拥有广阔的矿产资源,作为一个急速发展的大省,河南省对工业有着极大的需求,正因为此,河南省内工业类企业也迅速发展,为河南省的GDP做出了贡献。第二,河南省受整体发展规划和人口规模影响,对经济、科技和人文发展的需求不断增大,成为全国拥有高职高专院校最多的省,且高职高专院校多以专业特色鲜明而吸引大量学生。第三,本次参与问卷填写的工科教师及学生来自6所教育部高职高专"1+X"证书制度的试点单位、2所"双高"计划单位。因此,本次问卷调查的样本具有代表性。

11.2.3 取样情况描述

11.2.3.1 企业取样情况

企业作为高职高专工科毕业生素质的直接评价者,其对高职高专工科毕业生素质的评价更倾向于直接评价,故企业管理人员将被作为本次问卷调查的主体,他们对于我国现阶段经济及科技发展对高职高专工科毕业生素质的要求有着直接的感知。对企业相关管理人员的问卷调查采取的是随机调查的方式，在河南省范围内进行问卷调查。本次调查共发放问卷 130 份，回收问卷 121 份，问卷回收率为 93%。通过对此次调查样本信息的处理，其基本情况见表 11-7。

表 11-7 企业版问卷调查样本基本情况

指标	类别	人数（人）	百分比（%）
性别	男	75	61.98
	女	46	38.02
年龄	15~24 岁	12	9.92
	25~44 岁	83	68.60
	45 岁及以上	26	21.48
职位	基层管理人员	89	73.65
	中层管理人员	27	22.32
	高层管理人员	5	4.13
工龄	5 年以下	19	15.70
	6~10 年	41	33.88
	11~20 年	38	31.40
	21~30 年	17	14.06
	31 年及以上	6	4.96

由样本总分布情况来看，该组样本年龄集中于 25~44 岁，职位则多为基层和中层管理人员，工龄以 6~20 年为主。就该组样本的年龄来看，较为全面地覆盖了职业建立阶段的企业管理人员，根据萨柏的职业生涯发展阶段理论，25~44 岁是一个人的职业建立阶段，该阶段的人以获取合适的工作领域并求发展作为其主要任务，同时，该阶段也是一个人职业生涯中核心的阶段，而基层和中层管理人员与高职高专工科毕业生有着最直接的接触，对高职高专工科毕业生素质的判断有着重要参考价值，6~20 年的工龄也对其结合市场需求判断高职高专工科毕业生素质提供了基本保障，故该组样本符合此次取样的要求，具有核心参考价值。

11.2.3.2 高职高专工科院校取样情况

高职高专工科院校作为培养高职高专工科学生的主要场所，对于高

第11章 《悉尼协议》背景下高职高专工科毕业生素质评价指标体系构建

职高专工科学生的素质培养有着丰富的经验，对高职高专工科学生素质有着充分的了解，对其中存在的问题也有着直接的认识，所以，高职高专工科教师对于高职高专工科毕业生素质的判断和评价，具有一定的参考价值。但是，由于高职高专工科教师对于高职高专工科毕业生素质的认知多基于理论层面，缺乏实践体验和经验支持，因此，高职高专工科教师对高职高专工科毕业生素质的认识具有间接性，不能作为本次问卷调查的核心部分，但其也具有一定的参考价值，故也作为主要参考之一进行问卷调查。本次针对高职高专院校共发放问卷60份，回收问卷54份，问卷回收率为90%。通过对样本的统计分析，样本的基本情况见表11-8。

表11-8 高职高专工科院校版问卷调查样本基本情况

指标	类别	人数（人）	百分比（%）
性别	男	32	59.26
	女	22	40.74
年龄	25~30岁	12	22.22
	31~44岁	37	68.52
	45岁及以上	5	9.26
职称	讲师	16	29.63
	副教授	31	57.41
	教授	7	12.96

总体看来，高职高专工科院校版问卷的样本年龄集中于25~44岁，皆为处于职业建立阶段的工科教师，其中，大部分处于31~44岁的年龄阶段。在萨柏的职业生涯发展阶段理论中，将31~44岁定义为职业建立阶段的稳定期，工科教师该阶段的目标是能够实现职业目标，也是创造性最强的阶段，该阶段的工科教师对于自己的职业发展有着较大的关注，对高职高专工科毕业生应具备的素质有着较为深入的了解，同时，就职称来看，多数集中于讲师及副教授阶段，讲师阶段的教师对教育事业充满热情，对学生的关注程度也会相对较高，副教授阶段的教师也会在关注学生的基础之上，做出更为深入的探索，故该组样本符合此

次问卷调查的样本需求，具有参考价值。

11.3 高职高专工科毕业生素质评价探索性因子分析

进行探索性因子分析的主要目的在于根据问卷调查的结果对《悉尼协议》框架下高职高专工科毕业生素质评价指标理论模型进行以数据为支撑的修正。在结合理论和实证的情况下，得出最终的《悉尼协议》框架下高职高专工科毕业生素质评价指标体系。首先，在进行探索性因子分析前对问卷的效度进行分析。然后，采用主成分分析的方法对指标要素进行删减、归类和解释。最后，对问卷进行信度分析，确定指标要素的稳定性，从而构建《悉尼协议》框架下高职高专工科毕业生素质评价指标体系。

11.3.1 问卷的效度分析

从严格意义上来说，效度是指一个量表实际能测出其所要测量的特性的程度，即其有效性。① 对问卷进行效度分析，开展因子分析，对问卷进行必要的删减和调整，并在因子分析完成后对问卷因子进行再命名。

11.3.1.1 效度分析的理论依据

效度是用于评价某量表用以测量实际所要测量的特性的程度的重要参考，任何的评价和测量都存在着效度问题。具体来说，效度共有三种不同的类型，包括内容效度（Content validity）、效标关联效度（Criterion-related validity）和结构效度（Construct validity）。内容效度是指整个量表的问题反映想要测量的特征的程度，对于内容效度的分析，一般采用逻辑分析法，即通过让相关领域的专家对量表题目设定合理性以及

---

① 黄光扬. 教育测量与评价［M］. 上海：华东师范大学出版社，2014.

其与想要测量的特征的吻合度做出各自的判断,综合专家的判断来做出分析。在此次测试问卷的设计中,从特征要素的收集到初步指标体系的构建全程均由专家参与和评价。另外,在对问卷的设计过程中,对题目的选定均经过专家的评定,故本问卷的内容效度符合要求。效标关联效度是指一个量表对于处于特定情境中的个体行为进行预测时的有效性,对于效标关联效度的判断要求必须存在另一个客观的标准问卷,且两个问卷结果的相关系数需在 0.4~0.8,才能说明其效标关联效度良好,但由于该问卷的测量目标还未找到与之相对应的问卷匹配,所以问卷的效标关联效度暂时无法测量。所谓结构效度主要是通过量表的内部结构来完成对量表结构效度的验证,该过程可以通过 SPSS 软件得出。

11.3.1.2 效度分析的处理标准

结构分析是用以检验问卷设计本身能够在后期的调查中达到所期望了解的指标程度的首要条件。对于结构效度来说,可以采取 KMO 和巴特利(Bartlett)球形检验的方式来加以检验,具体规则如下:当 KMO 值越接近 1 时,表示变量之间拥有越多的共同要素,变量间的偏相关系数越低,也越适合开展因子分析。当 KMO 值越小时,表示变量间的相关关系越不能被其他变量解释,则不适合做因子分析。Kaiser 指出,KMO 需要大于或等于 0.6 才能开展因子分析。KMO 值小于 0.6 时,不适合进行因子分析;KMO 值在 0.6~0.7,勉强可以开展因子分析;KMO 值在 0.7~0.8,尚可开展因子分析;KMO 值在 0.8~0.9,适合开展因子分析;KMO 值大于 0.9,则非常适合开展因子分析。巴特利球形检验是验证相关矩阵是否为一个单位矩阵的检验方式,在进行因子分析之前,Bartlett 球形检验的 P 值应满足小于 0.05 的条件;若 $P \geqslant 0.05$,则说明因子分析不适用于该组数据。

效度检验可通过以下问卷为对象开展因子分析,从而为构建科学的问卷打下基础。在因子分析的基础上,本研究对指标的删减主要遵循以下三个标准。第一,若出现某个题目在两个及以上公共因子上的因子载荷数相近的情况,即该类题目因子载荷数的小数点后第一位在两个及以上公共因子上一致，予以剔除；第二，出现某个公共因子上仅有一个题目时，予以剔除；第三，若某个公共因子出现最大载荷数小于 0.4，因子的共同度小于 0.5 的题目时，予以剔除。

11.3.1.3　效度分析的结果

对《悉尼协议》背景下高职高专工科毕业生素质评价问卷的效度分析结果显示，该问卷的 KMO 值为 0.821，大于 0.8，即该问卷的变量间拥有较多的公共因子，显著性为 0.000，小于 0.05，所以，该问卷适合开展因子分析。

表 11-9　KMO 和 Bartlett 检验结果

取样的 Kaiser – Mayer – Olkin 度量	0.821
Bartlett 球形检验	
近似卡方	1549.173
df	78
Sig.	0.000

该问卷上各因子在旋转 6 次迭代后收敛。依据上述原则，该问卷因子经过 5 轮因子分析和删减，删除 13 个题目，共提取公共因子 16 个，可用以解释 81.389% 的原变量信息。《悉尼协议》框架下高职高专工科毕业生素质评价指标体系将在此基础上对指标进行调整和命名，完成评价指标的修正和调整。

11.3.2　因子提取及命名

对四个维度的因子进行重新修正和命名，命名依据主要来自内容分析、逻辑分析、《悉尼协议》及相关理论。

11.3.2.1　工程基础能力维度因子修正和命名

对工程基础能力维度因子的修正主要依据《悉尼协议》中对知识能力的要求等进行，在进行效度分析后，该维度下的 15 个问题中"QA31 道德知识"和"QA33 其他一般通识知识"被删除，其余 13 个问题被归为四个因子组。详细分类情况如下。

原"QA11 以概念为基础的工程基础知识"、"QA12 基于系统化、

第 11 章 《悉尼协议》背景下高职高专工科毕业生素质评价指标体系构建

理论的工程基本原理"和"QA13 专业工程知识"均被保留下来,故将 QA11、QA12 和 QA13 划归为第一因子群,保持原有命名,即 A_1 专业知识因子群。原"QA21 在工程领域内运用工程技术"、"QA22 熟练且独立操作工程设备"和"QA23 在工程技术领域被系统综合的设计工程流程"均被保留,故将 QA21、QA22 和 QA23 归于第二因子群,保持原有命名,即 A_2 技术水平因子群。原"QA31 道德知识"和"QA33 其他一般通识知识"经因子分析后被删除,"QA32 法律知识"被保留,由于 QA32 是高职高专工科毕业生具备良好法制观念的知识基础,故将 QA32 与原"QA51 权利意识"、"QA52 证据意识"和"QA53 守法意识"归为第三因子群,由于这四个因子均用以评估高职高专工科毕业生的法制观念,故将第三因子群重新命名为 A_3 法制观念因子群。原"QA41 对道德有正确的认知"、"QA42 践行道德标准"和"QA43 遵守职业道德"均得以保留下来,故将 QA41、QA42 和 QA43 划为第四因子群,保持原命名,为 A_4 道德意识因子群。

11.3.2.2 工程实践能力维度因子修正和命名

对工程实践能力维度因子的修正主要依据《悉尼协议》中对实践能力的要求等进行,在进行效度分析后,该维度下的 14 个问题中"QB21 准确掌握工作目的和需达成的结果"、"QB22 在前者的指导下操作专业设备"和"QB23 准确应对操作中的突发问题"被删除,其余 11 个问题被归为三个因子组。详细分类情况如下。

原"QB11 严格遵守安全须知,正确操作专业设备"、"QB12 定期检修安全设施和设备"和"QB13 对可能的安全风险有清晰的了解和掌握"均被保留,故将 QB11、QB12 和 QB13 划为第一因子群,以原命名保持,即 B_1 安全意识因子群。原"QB31 掌握市场调查的基本方法"和"QB32 独立进行市场调查"被保留,故将 QB31 和 QB32 划为第二因子群,保持原命名,即 B_2 调查能力因子群。原"QB41 依据一定的目的和计划进行观察""QB42 按照事物的逻辑结构,有层次地进行观察""QB43 精密细致地对相关事项进行观察""QB51 根据以往成功经验做合情推理""QB52 依据形式逻辑做论证推理""QB53 通过合情和论证方法进行逆向推理"被划归为统一因子群，由于原 B_4 观察能力和原 B_5 推理能力均被保留，将其合并为 B_3 观察和推理能力因子群。

11.3.2.3 个人与专业能力维度因子修正和命名

对个人与专业能力维度因子的修正主要依据《悉尼协议》中对素质的要求等进行，在进行效度分析后，该维度下的 23 个问题中"QC21 预判可能会出现的问题""QC22 尽早提出问题的解决策略""QC23 在遭遇挫折后迅速调整减少损失""QC61 对关注的问题不断追踪""QC62 在多变的环境中高效完成任务"被删除，其余 18 个问题被归为六个因子群。详细分类情况如下。

原"QC11 高效完成上级所派任务"、"QC12 勇于克服执行中的困难"和"QC13 通过思考选择有效的执行方法"均被保留，故将 QC11、QC12 和 QC13 归为第一因子群，维持原命名，即 C_1 执行能力。原"QC31 具有良好的身体素质"和"QC32 具有健康的心理素质"均被保留，故将 QC31 和 QC32 归为第二因子群，命名为 C_2 身体及心理素质因子群。原"QC41 充分认识自己的长处和潜能"、"QC42 合理坚持自己的想法"、"QC51 独立完成工作任务"和"QC52 独立完成问题能力"被划归为同一因子群，故将其命名为 C_3 自信与独立因子群。原"QC71 合理分配任务"、"QC72 有效分解任务"和"QC73 时间把握能力"被保留，保持原命名，即 C_4 多任务处理能力因子群。原"QC81 在紧急的氛围下想出应对策略"、"QC82 随机应变"和"QC83 在突发事件中找到解决方法"被保留，维持原命名，即 C_5 反应及应变能力因子群。原"QC91 适应多种工作环境"、"QC92 适应新的工作团队"和"QC93 适应不同职位的调动"均被保留，故保持原命名，即 C_6 适应能力因子群。

11.3.2.4 工程管理能力维度因子修正和命名

对工程管理能力维度因子的修正主要依据《悉尼协议》中对管理能力的要求等进行，在进行效度分析后，该维度下的 12 个问题中"QD31 构建团队目标并激励成员为其努力"和"QD32 设定和维护高效的工作程序"被删除，其余 10 个问题被归为三个因子群。详细分类情况如下。

第 11 章 《悉尼协议》背景下高职高专工科毕业生素质评价指标体系构建

原"QD11 审时度势选择应对策略"、"QD12 博采众长后提出观点做出决策"和"QD13 在危急时刻当机立断"被保留，故沿用原命名，即 D1 决策能力因子群。原"QD21 合理安排团队的日常工作"、"QD22 对团队的短期工作有明确的计划"和"QD23 对团队的长期工作有明确的计划"被保留，沿用原命名，即 D2 计划能力因子群。原"QD33 实时把控和解决团队出现的问题"、"QD41 向他人清楚地表达自己的想法"、"QD42 清晰地了解他人所表达的内容"和"QD43 及时了解团队成员的意愿及想法"被重新归为一个因子群，由于 QD33、QD41、QD42 和 QD43 同为表示团队合作能力的因子，故将其命名为 D3 团队合作能力因子群。

11.3.3 问卷的信度测试

信度是指量表所测结果的可靠性，即在采用该量表进行多次测量时所获得的结果的一致程度。信度的测量方式有四种，本研究选取同质性信度对量表进行测试。同质性信度旨在测试量表中各维度在多大程度上测试了同一个指标。

同质性信度的常用测量方式为克隆巴赫系数（Cronbach's Alpha）。克隆巴赫系数越大，则表明该量表的信度系数越高，内部一致性越高。学界普遍认为，量表的信度系数大于 0.9，该量表的信度为很好；当量表的信度系数位于 0.8～0.9，表示该量表的信度是可以接受的；若量表的信度系数在 0.8～0.7，表明该量表的信度应该在程度上继续修正，但仍然有其价值；但如果量表的信度系数低于 0.7，则表明该量表信度不佳，应当重新开展量表设计和修正。

表 11-10 是"工程基础能力""工程实践能力""个人与专业能力""工程管理能力"四个维度的信度检验结果。

表 11-10　各维度信度检验结果

维度	Cronbach's Alpha	项数
工程基础能力	0.879	13
工程实践能力	0.868	11

续表

维度	Cronbach's Alpha	项数
个人与专业能力	0.890	18
工程管理能力	0.867	8

从表 11-10 可知，四个维度的 Cronbach's Alpha 系数均大于 0.8，表明量表的信度良好，可以支持问卷的科学性和可信度分析。

11.4　运用层次分析法（AHP）计算评价指标权重

层次分析法（Analytic hierarchy process，AHP）是美国运筹学家 Saaty T. L. 教授于 20 世纪 70 年代初所提出的一种多准则决策方法。[1] 主要包括：建立指标的层次结构；分级进行指标权重的计算和一致性判断。

11.4.1　建立层次结构

在前文调查分析的基础上，建立层次结构，如表 11-11 所示。

表 11-11　《悉尼协议》框架下高职高专工科毕业生素质评价指标

序号	一级指标	二级指标	三级指标
1	C_1 工程基础能力	C_{11} 专业技能	C_{111} 专业知识
2			C_{112} 技术水平
3		C_{12} 公德水平	C_{121} 道德意识
4			C_{122} 法律观念
5	C_2 工程实践能力	C_{21} 实操能力	C_{211} 安全意识
6			C_{212} 调查能力
7		C_{22} 观察与推理能力	C_{221} 观察与推理能力

---

[1] Saaty T. L.. The Analytic Hierarchy Process：Planning, Priority Setting, Resource Allocation [M]. Pittsburgh PA：University of Pittsburgh，1980.

续表

序号	一级指标	二级指标	三级指标
8	C_3 个人与专业能力	C_{31} 个人素养	C_{311} 执行能力
9			C_{312} 身体及心理素质
10			C_{313} 自信和独立
11		C_{32} 专业能力	C_{321} 多任务处理能力
12			C_{322} 反应及应变能力
13			C_{323} 适应能力
14	C_4 工程管理能力	C_{41} 管理能力	C_{411} 决策能力
15			C_{412} 计划能力
16		C_{42} 团队合作能力	C_{421} 团队合作能力

11.4.2 一级指标权重计算过程与一致性判断结果

本研究共邀请了 6 名不同领域的专家学者对表 11-11 中的指标分别进行评判，6 名专家学者分别为 3 名企业管理人员、2 名高职高专工科教师、1 名相关研究学者。由于此次专家学者评判的结果中存在个别极端评分，故本研究对此种评分结果进行了剔除，具体步骤如下：通过计算 6 名专家学者在矩阵判断过程中每项的平均数和标准差，删除标准差与算术平均数相差大于或等于 2 的判断结果，最后再剔除极端评分结果，得到一级指标判断矩阵，如表 11-12 所示。在此基础上，通过 MATLAB 对其最大特征值和标准化特征向量进行计算并开展一致性检验和一致性比率的计算。

第一步：对 $C = \begin{Bmatrix} 1 & 1/3 & 1/2 & 1 \\ 3 & 1 & 4 & 3 \\ 2 & 1/4 & 1 & 3 \\ 1 & 1/3 & 1/3 & 1 \end{Bmatrix}$ 进行归一化处理，算得：

$$\bar{C} = \begin{bmatrix} 0.143 & 0.174 & 0.086 & 0.125 \\ 0.428 & 0.522 & 0.686 & 0.375 \\ 0.286 & 0.130 & 0.171 & 0.375 \\ 0.143 & 0.174 & 0.057 & 0.125 \end{bmatrix}$$

第二步：将 $\bar{C}$ 根据各行求和的规则进行计算，算得 $\bar{W} = \begin{bmatrix} 0.528 \\ 2.011 \\ 0.962 \\ 0.499 \end{bmatrix}$

第三步：对 $\bar{W}$ 开展归一化计算，算得 $W = \begin{bmatrix} 0.132 \\ 0.503 \\ 0.241 \\ 0.125 \end{bmatrix}$

权重向量集为 $W = [0.132, 0.503, 0.241, 0.125]$。

表 11-12 《悉尼协议》框架下高职高专工科毕业生素质评价
一级指标判断矩阵

	C_1 工程基础能力	C_2 工程实践能力	C_3 个人与专业能力	C_4 工程管理能力	权重
C_1 工程基础能力	1	1/3	1/2	1	0.132
C_2 工程实践能力	3	1	4	3	0.503
C_3 个人与专业能力	2	1/4	1	3	0.241
C_4 工程管理能力	1	1/3	1/3	1	0.125

第四步：进行一致性检验。对一致性的检验，主要通过对 CR 值的计算来判别。当 $CR<0.1$ 时，该判断矩阵具有较为满意的一致性；当 $CR \geqslant 0.1$ 时，该判断矩阵需进行一定的调整。

计算最大特征值：

$$\lambda_{max} = \frac{1}{n} \sum_{i=1}^{n} \left[\frac{\sum_{j=1}^{n} \alpha_{ij} W_j}{W_j} \right] = 4.19639$$

开展一致性检验的判断标准：一致性检验以 CI 作为判断矩阵是否具有一致性的指标，计算公式如下。就一级指标来说，$n=4$，所以：

$$\text{一致性指标}: CI = \frac{\lambda_{max} - n}{n-1} = 0.0654628$$

一致性比率的计算：CR 值的计算公式如下：

第 11 章 《悉尼协议》背景下高职高专工科毕业生素质评价指标体系构建

$$CR = \frac{CI}{RI} = 0.07355 < 0.10$$

由于 $CI = \frac{\lambda_{\max} - n}{n - 1}$，$n = 4$，$CI = 0.0654628$ RI 值由 n 值决定，见表 11-13。

表 11-13 RI 值

n	1	2	3	4	5	6	7	8	9	10
RI 值	0	0	0.52	0.89	1.12	1.26	1.36	1.41	1.46	0.49

由以上计算可知，该综合判断矩阵具有满意的一致性，《悉尼协议》框架下高职高专工科毕业生素质评价各一级指标的权重如表 11-14 所示。

表 11-14 《悉尼协议》框架下高职高专工科毕业生素质评价体系一级指标权重

一级指标	工程基础能力	工程实践能力	个人与专业能力	工程管理能力
权重（W）	0.132	0.503	0.241	0.125

从表 11-14 可以看出，《悉尼协议》框架下高职高专工科毕业生素质评价体系中，工程实践能力占的权重最大，为 0.503；其次为个人与专业能力，权重为 0.241，工程基础能力和工程管理能力权重较小。

11.4.3 二级指标权重计算过程与一致性判断结果

以工程基础能力二级指标为例：

第一步：对 $C_{11} = \begin{Bmatrix} 1 & 1/4 \\ 4 & 1 \end{Bmatrix}$ 进行归一化，算得：$\bar{C}_{11} = \begin{bmatrix} 0.2 & 0.2 \\ 0.8 & 0.8 \end{bmatrix}$

第二步：将 $\bar{C}_{11}$ 根据各行求和的规则开展计算，算得 $\bar{W}_{11} = \begin{bmatrix} 0.4 \\ 1.6 \end{bmatrix}$

第三步：对 $\bar{W}_{11}$ 开展归一化计算，算得 $W_{11} = \begin{bmatrix} 0.2 \\ 0.8 \end{bmatrix}$

因此，计算所得的权重向量如表 11-15 所示，权重向量集为 $W_{11} =$

[0.2,0.8]。

表 11-15　C_1 工程基础能力二级指标权重计算结果

C_1 工程基础能力	C_{11} 专业技能	C_{12} 公德水平	权重（W_{11}）
C_{11} 专业技能	1	1/4	0.2
C_{12} 公德水平	4	1	0.8

第四步：一致性检验。对一致性的检验，主要通过对 CR 值的计算来判断。当 CR < 0.1 时，该判断矩阵具有较为满意的一致性；当 CR ≥ 0.1 时，该判断矩阵需进行一定的调整。

最大特征值：

$$\lambda_{max} = \frac{1}{n}\sum_{i=1}^{n}\left[\frac{\sum_{j=1}^{n}\alpha_{ij}W_j}{W_j}\right] = 2$$

开展一致性检验的判断标准：一致性检验以 CI 作为判断矩阵是否具有一致性的指标，计算公式如下。就二级指标来说，$n = 2$，

$$CI = \frac{\lambda_{max} - n}{n - 1} = 0$$

一致性比率的计算：CR 值的计算公式如下。就二级指标来说，$n = 2$，

$$CR = \frac{CI}{RI} = 0 < 0.10$$

CR 值为 0，小于 0.1，说明判断矩阵具有满意的一致性。

同理可以计算出工程实践能力 C_2 二级指标的判断矩阵：

$C_{21} = \begin{Bmatrix} 1 & 2 \\ 1/2 & 1 \end{Bmatrix}$ 时，权重向量为 $W_{12} = [0.667, 0.333]$，一致性判断 $CR = 0$。

同理可计算个人与专业能力 C_3 二级指标的判断矩阵：

$C_{131} = \begin{Bmatrix} 1 & 2 \\ 1/2 & 1 \end{Bmatrix}$ 时，权重向量为 $W_{13} = [0.667, 0.333]$，一致性判断 $CR = 0$。

同理可计算工程管理能力 C_4 二级指标的判断矩阵：

$C_{41} = \begin{Bmatrix} 1 & 1/2 \\ 2 & 1 \end{Bmatrix}$ 时，权重向量为 $W_{41} = [0.667, 0.333]$ 一致性判断 $CR = 0$。

11.4.4 三级指标权重计算过程与一致性判断结果

以工程基础能力的三级指标权重计算过程与一致性判断结果为例：

第一步：对 $C_{111} = \begin{Bmatrix} 1 & 1/3 \\ 3 & 1 \end{Bmatrix}$ 进行归一化计算，算得：$\overline{C}_{111} = \begin{bmatrix} 0.25 & 0.25 \\ 0.75 & 0.75 \end{bmatrix}$

第二步：将 $\overline{C}_{111}$ 根据各行求和规则进行计算，算得 $\overline{W}_{111} = \begin{bmatrix} 0.5 \\ 1.5 \end{bmatrix}$

第三步：对 $\overline{W}_{111}$ 开展归一化计算，算得 $W_{111} = \begin{bmatrix} 0.25 \\ 0.75 \end{bmatrix}$

因此，计算所得的权重向量如表 11-16 所示，权重向量集为 $W_{111} = [0.25, 0.75]$。

表 11-16　C_1 工程基础能力三级指标权重计算结果

C_1 工程基础能力	C_{111} 专业知识	C_{112} 技术水平	权重（W_{111}）
C_{111} 专业知识	1	1/3	0.25
C_{112} 技术水平	3	1	0.75

第四步：一致性检验。通过计算 CR 值，若 $CR < 0.1$，则判断矩阵具有满意的一致性，否则，就需要调整判断矩阵。

最大特征值计算：

$$\lambda_{\max} = \frac{1}{n}\sum_{i=1}^{n}\left[\frac{\sum_{j=1}^{n} \alpha_{ij} W_j}{W_j}\right] = 2$$

开展一致性检验的判断标准：一致性检验以 CI 作为判断矩阵是否具有一致性的指标，计算公式如下。

$$CI = \frac{\lambda_{\max} - n}{n - 1} = 0$$

一致性比率的计算：CR 值的计算公式如下。就三级指标来说，$n = 2$，

$$CR = \frac{CI}{RI} = 0 < 0.10$$

CR 值为 0，小于 0.1，说明判断矩阵具有满意的一致性。

同理可以计算出公德水平 C_{12} 三级指标的判断矩阵：

$C_{112} = \begin{Bmatrix} 1 & 1/2 \\ 2 & 1 \end{Bmatrix}$ 时，权重向量为 $W_{112} = [0.333, 0.667]$，一致性判断 $CR = 0$。

同理可以计算出实操能力 C_{21} 三级指标的判断矩阵：

$C_{221} = \begin{Bmatrix} 1 & 3 \\ 1/3 & 1 \end{Bmatrix}$ 时，权重向量为 $W_{221} = [0.75, 0.25]$，一致性判断 $CR = 0$。

同理可以计算出个人素养 C_{31} 三级指标的判断矩阵：

$C_{331} = \begin{Bmatrix} 1 & 1/2 & 1/3 \\ 2 & 1 & 1/2 \\ 3 & 2 & 1 \end{Bmatrix}$ 时，权重向量为 $W_{331} = [0.164, 0.297, 0.539]$，致性判断 $CR = 0.009$。

同理可以计算出专业能力 C_{32} 三级指标的判断矩阵：

$C_{332} = \begin{Bmatrix} 1 & 3 & 5 \\ 1/3 & 1 & 3 \\ 1/5 & 1/3 & 1 \end{Bmatrix}$ 时，权重向量为 $W_{332} = [0.633, 0.260, 0.106]$，一致性判断 $CR = 0.037$。

同理可以计算出管理能力 C_{41} 三级指标的判断矩阵：

$C_{441} = \begin{Bmatrix} 1 & 1/3 \\ 3 & 1 \end{Bmatrix}$ 时，权重向量为 $W_{441} = [0.25, 0.75]$，一致性判断 $CR = 0$。

11.4.5 《悉尼协议》框架下高职高专工科毕业生素质评价指标体系权重

表11-17 《悉尼协议》框架下高职高专工科毕业生素质评价指标体系权重

一级指标	权重	二级指标	权重	最终权重	三级指标	权重	最终权重
C_1 工程基础能力	0.132	C_{11} 专业技能	0.2	0.026	C_{111} 专业知识	0.25	0.0065
					C_{112} 技术水平	0.75	0.0195
		C_{12} 公德水平	0.8	0.105	C_{121} 道德意识	0.333	0.034965
					C_{122} 法律观念	0.667	0.070035
C_2 工程实践能力	0.503	C_{21} 实操能力	0.667	0.335	C_{211} 安全意识	0.75	0.25125
					C_{212} 调查能力	0.25	0.08375
		C_{22} 观察与推理能力	0.333	0.168	C_{221} 观察与推理能力	1	0.168
C_3 个人与专业能力	0.241	C_{31} 个人素养	0.667	0.160	C_{311} 执行能力	0.164	0.02624
					C_{312} 身体及心理素质	0.297	0.04752
					C_{313} 自信和独立	0.539	0.08624
		C_{32} 专业能力	0.333	0.080	C_{321} 多任务处理能力	0.633	0.05064
					C_{322} 反应及应变能力	0.260	0.0208
					C_{323} 适应能力	0.106	0.00848
C_4 工程管理能力	0.125	C_{41} 管理能力	0.333	0.042	C_{411} 决策能力	0.25	0.0105
					C_{412} 计划能力	0.75	0.0315
		C_{42} 团队合作能力	0.667	0.083	C_{421} 团队合作能力	1	0.083

11.5 本章小结

本章首先对《悉尼协议》中所要求的十二条毕业生素质进行了深入分析，提炼出其中所包含的指标要素；其次根据文献情况，对文献中的相关指标要素进行了整理，对重复、含义相近指标要素进行了整合，最终得出了基于文献分析的指标要素 35 项；最后，通过专家评分的形式对指标要素群进行了初步筛选，根据打分情况，剔除不符合需要的要素后形成《悉尼协议》框架下高职高专工科毕业生素质评价指标要素池，由于此要素池综合了《悉尼协议》、文献及专家的意见，对后续指标要素建立具有重要的参考价值。

在完成指标要素池的建立后，采用专家访谈法、小组讨论法等方法，对指标要素池进行了再一次的筛选，并形成初步的包含 4 个一级指标、9 个二级指标和 16 个三级指标的《悉尼协议》框架下高职高专工科毕业生素质评价指标要素体系。

最后，根据初步设计好的指标要素体系，设计了企业版和高职高专工科院校版调查问卷，在河南省内进行问卷发放，共回收问卷 175 份。随后对回收数据进行了处理，采用因子分析的方法对指标要素体系进行了修正，对其信效度进行了分析，最终确定了《悉尼协议》框架下高职高专工科毕业生素质评价指标体系并采用层次分析法（AHP）完成指标体系的权重赋值，同时也完成了《悉尼协议》框架下高职高专工科毕业生素质评价调查问卷的设计。

第 12 章 《悉尼协议》背景下高职高专工科毕业生素质实证评价

通过对《悉尼协议》框架下高职高专工科毕业生素质评价指标体系的构建及赋值可得知，本研究在分析《悉尼协议》框架下高职高专工科毕业生素质时，主要依据四个维度展开，分别是工程基础能力、工程实践能力、个人与专业能力和工程管理能力。同时，由于仅依据高职高专工科毕业生的自评判定其素质缺乏客观性，故本研究在问卷发放阶段选取了接收高职高专工科毕业生的企业管理人员、高职高专院校工科教师以及高职高专工科毕业生三方进行他评和自评，以期形成较为客观的评价结果。本章主要包括四个部分：一是对问卷的抽样进行说明；二是采用模糊综合评价法对三方评价结果进行评分；三是根据以上数据分析结果对三类人群开展针对性访谈，验证数据分析的结果，尽可能达到最大的科学性和严谨性；四是对本章内容进行小结。

12.1 问卷抽样情况

根据本研究的研究目标，问卷的发放对象为以工科见长的河南省高职高专院校师生，以及接收该类高校工科毕业生的企业管理人员。本次问卷调查共发放问卷 900 份。其中，企业管理人员 200 份，回收 198

份，回收率为99%；高职高专工科教师250份，回收206份，回收率为82.4%；高职高专工科毕业生450份，回收447份，回收率为99.3%。整体回收851份问卷，整体回收率为94.5%。

12.1.1 企业版问卷基本情况

对企业版问卷进行基本的描述性分析如下：（1）职业类型。问卷的职业类型整体分布情况：企业创办者占25.7%，基层管理人员占比较大，为47.6%，中高层管理人员占比26.7%。就该部分取样情况来看，基层管理人员作为与高职高专工科毕业生直接接触的管理人员，从高职高专工科毕业生进入企业到之后的一段时间内都与其有着紧密的联系，包括：对高职高专工科毕业生的考核、指导、工作对接等。基层管理人员对高职高专工科毕业生素质有最为直接的了解和判断。同时，作为企业的创办者和中高层管理人员，其对企业的发展规划有着清晰的认识，对企业所需人才类型和素质也有着较为明确的要求，作为人员招聘的一个重要环节，其对高职高专工科毕业生素质的评价更趋向于企业未来发展规划，基于对高职高专工科毕业生素质的综合反馈进行判断，选拔适合企业发展的人才。故从职业类型的角度来说，本次抽样结果具有一定的代表性和全面性。（2）企业开办时间。抽样主要从四个阶段进行，即1年以下、1~3年、4~10年和10年以上。根据伊查克·爱迪思（Ichak Adizes）的企业生命周期理论，企业的发展主要包括四个阶段，即上升期（3年）、高峰期（3年）、平稳期（3年）和低潮期（3年）。对于不同阶段的企业的调查有助于较为全面地了解高职高专工科毕业生素质情况。其中，1年以下的企业占13.6%，1年以下的企业虽处于萌芽期，但也是大量接收高职高专工科毕业生的主要企业，故具有一定的代表性。1~3年的企业占比31.6%，4~10年的企业占比51.5%，处于上升期的企业对于员工的素质会提出更高的要求，而高峰期和平稳期的企业则会对员工有着更高的期望。10年以上的企业占比3.4%，在低潮期的企业对于员工的需求则会出现裁员等情况，在该阶段进入企业的高职高专工科毕业生会表现出更强的实力。总体来说，我国的企业绝大多数处于1~3年和4~10年的阶段,故本问卷取样数据具有一定的代表性。(3)行业类型。样本在行业类型上的分布较为平均,其中,除交通运输类和轻工与纺织大类仅有3家和8家企业外,其余均达到13家及以上,生物与化工大类和电子信息类合计占比接近50%。(4)人员规模。取样样本的分布主要集中在11~20人、21~50人及51~100人的人员规模,三者分别占比25.2%、41.3%和22.8%,符合我国企业规模的现状,而10人以下及100人以上的企业分别有15家和7家,共占比10.7%。

12.1.2 教师版问卷基本情况

对教师版问卷进行基本的描述性分析如下:一是性别。在教师版问卷样本中,男性160人,占比77.7%;女性46人,占比22.3%;男女比率为3.48:1。二是职称。在职称的样本分布上,具有讲师职称的教师106位,占比51.5%,具有副教授职称的70人,占比34%;具有教授职称的30人,占比14.6%。三是专业。在专业的分布上除交通运输类和土木工程类专业分别有8名教师外,其他专业教师分布较为平均,维持在20~40人。

12.1.3 学生版问卷基本情况

对学生版问卷进行基本的描述性分析如下:一是性别。在学生版问卷的样本上,男生为294人,占比65.8%;女生153人,占比34.2%,基本与我国工科男女学生比例一致。二是专业。在专业类型上,以资源环境与安全类、能源动力与材料类、交通运输类和电子信息类为主要部分,分别为66人(14.8%)、84人(18.8%)、66人(14.8%)和57人(12.8%)。另外,轻工与纺织大类的工科毕业生人数较少,为18人(4%)。其余,水利类、装备制造类、生物与化工大类、土木工程类基本保持在30~49人,分布相对均衡。

12.2 以模糊评价法对高职高专工科毕业生素质进行实证评价

模糊评价法是由美国自动控制专家 Zadeh L. A.[①] 于 1965 年所提出的,基于模糊数学发展并广泛运用到各行业对非确定性问题的判断和评价中。在我国,模糊评价法的运用起步较晚,但近年来,其被广泛运用于医疗、建筑、水利及环境监测等领域;在教育领域的运用,主要集中于对学生培养质量的评价、学校办学水平的评价等。考虑到高职高专工科毕业生素质是难以定量评价的内容,为提高评价结果的可信度,本研究通过对高职高专工科毕业生素质进行模糊评价,得出相对客观的评价结果。

在实证评价过程中,指标体系及权重赋值已于第 11 章完成,故本章模糊评价法还需完成的主要步骤包括:一是确定因素集。二是确定评定集。三是分别对一、二、三级指标进行模糊综合评价。四是计算取综合评价得分。

12.2.1 确定因素集

一级指标因素集的确定:$U = \{U_1, U_2, U_3, U_4\}$。$U$ 指的是高职高专工科毕业生素质评价因素集,U_1 指的是工程基础能力因素,U_2 指的是工程实践能力因素,U_3 指个人与专业能力因素,U_4 指工程管理能力因素。

二级指标因素集的确定:$U_1 = \{U_{11}, U_{12}\}$,其中,U_{11} 指专业技能,U_{12} 指公德水平。$U_2 = \{U_{21}, U_{22}\}$,其中,U_{21} 指实操能力,U_{22} 指观察与推理能力。$U_3 = \{U_{31}, U_{32}\}$,其中,U_{31} 指个人素养,U_{32} 指专业能力。$U_4 = \{U_{41}, U_{42}\}$,其中,U_{41} 指管理能力,U_{42} 指团队合作能力。

[①] Zadeh L. A.. A Note on Prototype Theory and Fuzzy Sets. [M]. Fuzzy Sets, Fuzzy Logic, And Fuzzy Systems:Selected Papers by Lotfi A Zadeh, 1996.

第 12 章 《悉尼协议》背景下高职高专工科毕业生素质实证评价

三级指标因素集的确定：$U_{11} = \{U_{111}, U_{112}\}$，其中，$U_{111}$指专业知识，$U_{112}$指技术水平。$U_{12} = \{U_{121}, U_{122}\}$，其中，$U_{121}$指道德意识，$U_{122}$指法律观念。$U_{21} = \{U_{211}, U_{212}\}$，$U_{211}$指安全意识，$U_{212}$指调查能力；$U_{22} = \{U_{221}\}$，$U_{221}$指观察与推理能力。$U_{31} = \{U_{311}, U_{312}, U_{313}\}$，其中，$U_{311}$指执行能力，$U_{312}$指身体及心理素质，$U_{313}$指自信和独立；$U_{32} = \{U_{321}, U_{322}, U_{323}\}$，其中，$U_{321}$指多任务处理能力，$U_{322}$指反应及应变能力，$U_{323}$指适应能力。$U_{41} = \{U_{411}, U_{412}\}$，其中，$U_{411}$指决策能力，$U_{412}$指计划能力；$U_{42} = \{U_{421}\}$，$U_{421}$指团队合作能力。

12.2.2 确定评定集

评定集是指评分者对指标可能做出的所有判断的集合，本研究的评定集设置为7级，所以评定集为 $V = \{V_1, V_2, V_3, V_4, V_5, V_6, V_7\}$，其中，$V$为评定集；$V_1$为非常不满意；$V_2$为不满意；$V_3$为有点不满意；$V_4$为一般；$V_5$为有点满意；$V_6$为满意；$V_7$为非常满意。

12.2.3 一、二、三级指标模糊综合评价

12.2.3.1 三级指标模糊综合评价

以工程基础能力为例，从教师、学生和企业三方分别对其进行模糊综合评价，首先从三级指标因素集的单个因素出发进行评价，计算综合评价值。

12.2.3.1.1 专业技能单因素模糊综合评价

根据表12-1中的数据建立高职高专工科教师模糊评价关系矩阵R_{11}。

表 12-1 专业技能相关问题的调查结果统计——高职高专工科教师

	V_1	V_2	V_3	V_4	V_5	V_6	V_7
U_{111}专业知识	0	0.1845	0.1456	0.1650	0.5049	0	0
U_{112}技术水平	0	0.1262	0.1553	0.4660	0.2525	0	0

注：专业知识下设3个问题，技术水平下设3个问题，选取本评价指标所有问题相对应的评定等级的隶属度平均值，作为该指标的隶属度。下文指标做相同处理。

由表 11-17 中的数据提取专业技能的权重向量：A_{11} = [0.25, 0.75]

选择模糊合成算子（矩阵乘法），计算综合评价值：

$$B_{11} = A_{11} \times R_{11} = [0.25, 0.75] \times \begin{bmatrix} 0 & 0.1845 & 0.1456 & 0.1650 & 0.5049 & 0 & 0 \\ 0 & 0.1262 & 0.1553 & 0.4660 & 0.2525 & 0 & 0 \end{bmatrix}$$

$$= [0, 0.1408, 0.1529, 0.3907, 0.3156, 0, 0]$$

根据表 12-2 中的数据建立高职高专工科毕业生模糊评价关系矩阵 R_{11}。

表 12-2　专业技能相关问题的调查结果统计——高职高专工科毕业生

	V_1	V_2	V_3	V_4	V_5	V_6	V_7
U_{111} 专业知识	0	0.1409	0.1678	0.2618	0.4295	0	0
U_{112} 技术水平	0	0.1342	0.1745	0.4832	0.2081	0	0

由表 11-17 中的数据提取专业技能的权重向量：A_{11} = [0.25, 0.75]

选择模糊合成算子（矩阵乘法），计算综合评价值：

$$B_{11} = A_{11} \times R_{11} = [0.25, 0.75] \times \begin{bmatrix} 0 & 0.1409 & 0.1678 & 0.2618 & 0.4295 & 0 & 0 \\ 0 & 0.1342 & 0.1745 & 0.4832 & 0.2081 & 0 & 0 \end{bmatrix}$$

$$= [0, 0.1359, 0.1728, 0.4279, 0.2634, 0, 0]$$

根据表 12-3 中的数据建立企业管理人员模糊评价关系矩阵 R_{11}。

表 12-3　专业技能相关问题的调查结果统计——企业管理人员

	V_1	V_2	V_3	V_4	V_5	V_6	V_7
U_{111} 专业知识	0	0.0152	0.0606	0.1818	0.4798	0.2626	0
U_{112} 技术水平	0	0	0.1111	0.1313	0.5051	0.2525	0

由表 11-17 中的数据提取专业技能的权重向量：A_{11} = [0.25, 0.75]

选择模糊合成算子（矩阵乘法），计算综合评价值：

第12章 《悉尼协议》背景下高职高专工科毕业生素质实证评价

$$B_{11} = A_{11} \times R_{11}$$

$$= [0.25, 0.75] \times \begin{bmatrix} 0 & 0.0152 & 0.0606 & 0.1818 & 0.4798 & 0.2626 & 0 \\ 0 & 0 & 0.1111 & 0.1313 & 0.5051 & 0.2525 & 0 \end{bmatrix}$$

$$= [0, 0.0038, 0.0985, 0.1439, 0.4988, 0.2550, 0]$$

12.2.3.1.2 公德水平单因素模糊综合评价

根据表 12 - 4 中的数据建立高职高专工科教师模糊评价关系矩阵 R_{12}。

表 12 - 4　公德水平相关问题的调查结果统计——高职高专工科教师

	V_1	V_2	V_3	V_4	V_5	V_6	V_7
U_{121} 道德意识	0	0.0971	0.2136	0.4757	0.2136	0	0
U_{122} 法律观念	0	0.0874	0.1942	0.3980	0.3204	0	0

由表 11 - 17 中的数据提取公德水平的权重向量：$A_{12} = [0.333, 0.667]$

选择模糊合成算子（矩阵乘法），计算综合评价值：

$$B_{12} = A_{12} \times R_{12} = [0.333, 0.667] \times \begin{bmatrix} 0 & 0.0971 & 0.2136 & 0.4757 & 0.2136 & 0 & 0 \\ 0 & 0.0874 & 0.1942 & 0.3980 & 0.3204 & 0 & 0 \end{bmatrix}$$

$$= [0, 0.0906, 0.2007, 0.4239, 0.2848, 0, 0]$$

根据表 12 - 5 中的数据建立高职高专工科毕业生模糊评价关系矩阵 R_{12}。

表 12 - 5　公德水平相关问题的调查结果统计——高职高专工科毕业生

	V_1	V_2	V_3	V_4	V_5	V_6	V_7
U_{121} 道德意识	0	0.1275	0.1812	0.5034	0.1879	0	0
U_{122} 法律观念	0	0.0872	0.2416	0.3960	0.2752	0	0

由表 11 - 17 中的数据提取公德水平的权重向量：$A_{12} = [0.333, 0.667]$

选择模糊合成算子（矩阵乘法），计算综合评价值：

$$B_{12} = A_{12} \times R_{12} = [0.333, 0.667] \times \begin{bmatrix} 0 & 0.1275 & 0.1812 & 0.5034 & 0.1879 & 0 & 0 \\ 0 & 0.0872 & 0.2416 & 0.3960 & 0.2752 & 0 & 0 \end{bmatrix}$$
$$= [0, 0.1006, 0.2215, 0.4318, 0.2461, 0, 0]$$

根据表 12-6 中的数据建立企业管理人员模糊评价关系矩阵 R_{12}。

表 12-6 公德水平相关问题的调查结果统计——企业管理人员

	V_1	V_2	V_3	V_4	V_5	V_6	V_7
U_{121} 道德意识	0	0.0101	0.0960	0.1667	0.3939	0.3333	0
U_{122} 法律观念	0	0	0.0454	0.1667	0.4697	0.3182	0

由表 11-17 中的数据提取公德水平的权重向量：$A_{12} = [0.333, 0.667]$

选择模糊合成算子（矩阵乘法），计算综合评价值：

$$B_{12} = A_{12} \times R_{12}$$
$$= [0.333, 0.667] \times \begin{bmatrix} 0 & 0.0101 & 0.0960 & 0.1667 & 0.3939 & 0.3333 & 0 \\ 0 & 0 & 0.0454 & 0.1667 & 0.4697 & 0.3182 & 0 \end{bmatrix}$$
$$= [0, 0.0034, 0.0622, 0.1667, 0.4445, 0.3232, 0]$$

12.2.3.2 二级指标模糊综合评价

以下还是以工程基础能力为例。

12.2.3.2.1 高职高专工科教师

根据表 12-7 的数据 $B_{11} \sim B_{12}$ 建立高职高专工科教师模糊评价关系矩阵 R_1。

$$R_1 = \begin{bmatrix} B_{11} \\ B_{12} \end{bmatrix} = \begin{bmatrix} 0 & 0.1408 & 0.1529 & 0.3907 & 0.3156 & 0 & 0 \\ 0 & 0.0906 & 0.2007 & 0.4239 & 0.2848 & 0 & 0 \end{bmatrix}$$

由表 11-17 中的数据提取二级指标的权重向量：$A_1 = [0.2, 0.8]$

选择模糊合成算子（矩阵乘法），计算综合评价值：

$$B_1 = A_1 \times R_1 = [0.2, 0.8] \times \begin{bmatrix} 0 & 0.1408 & 0.1529 & 0.3907 & 0.3156 & 0 & 0 \\ 0 & 0.0906 & 0.2007 & 0.4239 & 0.2848 & 0 & 0 \end{bmatrix}$$
$$= [0, 0.1006, 0.1911, 0.4173, 0.2910, 0, 0]$$

第12章 《悉尼协议》背景下高职高专工科毕业生素质实证评价

12.2.3.2.2 高职高专工科毕业生

根据表12-8的数据$B_{11} \sim B_{12}$建立高职高专工科毕业生版模糊评价关系矩阵R_1。

$$R_1 = \begin{bmatrix} B_{11} \\ B_{12} \end{bmatrix} = \begin{bmatrix} 0 & 0.1359 & 0.1728 & 0.4279 & 0.2634 & 0 & 0 \\ 0 & 0.1006 & 0.2215 & 0.4318 & 0.2461 & 0 & 0 \end{bmatrix}$$

由表11-17中的数据提取二级指标的权重向量：$A_1 = [0.2, 0.8]$

选择模糊合成算子（矩阵乘法），计算综合评价值：

$$B_1 = A_1 \times R_1 = [0.2, 0.8] \times \begin{bmatrix} 0 & 0.1359 & 0.1728 & 0.4279 & 0.2634 & 0 & 0 \\ 0 & 0.1006 & 0.2215 & 0.4318 & 0.2461 & 0 & 0 \end{bmatrix}$$
$$= [0, 0.1077, 0.2118, 0.4310, 0.2495, 0, 0]$$

12.2.3.2.3 企业管理人员

根据表12-9的数据$B_{11} \sim B_{12}$建立企业管理人员版模糊评价关系矩阵R_1。

$$R_1 = \begin{bmatrix} B_{11} \\ B_{12} \end{bmatrix} = \begin{bmatrix} 0 & 0.0038 & 0.0985 & 0.1439 & 0.4988 & 0.2550 & 0 \\ 0 & 0.0034 & 0.0622 & 0.1667 & 0.4697 & 0.3182 & 0 \end{bmatrix}$$

由表11-17中的数据，提取二级指标的权重向量：$A_1 = [0.2, 0.8]$

选择模糊合成算子（矩阵乘法），计算综合评价值：

$$B_1 = A_1 \times R_1 = [0.2, 0.8] \times \begin{bmatrix} 0 & 0.0038 & 0.0985 & 0.1439 & 0.4988 & 0.2550 & 0 \\ 0 & 0.0034 & 0.0622 & 0.1667 & 0.4697 & 0.3182 & 0 \end{bmatrix}$$
$$= [0, 0.0035, 0.0694, 0.1621, 0.4755, 0.3055, 0]$$

高职高专工科教师、高职高专工科毕业生和企业管理人员评价结果见表12-7、表12-8和表12-9。同理可对"工程实践能力"、"个人与专业能力"和"工程管理能力"进行评价。

表12-7 工程基础能力模糊综合评价结果——高职高专工科教师

		V_1	V_2	V_3	V_4	V_5	V_6	V_7
B_1	工程基础能力	0	0.1006	0.1911	0.4173	0.2910	0	0
B_{11}	专业技能	0	0.1408	0.1529	0.3907	0.3156	0	0

续表

		V_1	V_2	V_3	V_4	V_5	V_6	V_7
B_{12}	公德水平	0	0.0906	0.2007	0.4239	0.2848	0	0
B_2	工程实践能力	0	0.1116	0.2087	0.4595	0.2202	0	0
B_{21}	实操能力	0	0.1383	0.2160	0.4320	0.2137	0	0
B_{22}	观察与推理能力	0	0.0582	0.1942	0.5146	0.2330	0	0
B_3	个人与专业能力	0	0.0583	0.2174	0.4670	0.2573	0	0
B_{31}	个人素养	0	0.0411	0.2352	0.4428	0.2809	0	0
B_{32}	专业能力	0	0.0929	0.1816	0.5156	0.2099	0	0
B_4	工程管理能力	0	0.0826	0.1780	0.4434	0.2960	0	0
B_{41}	管理能力	0	0.1117	0.1650	0.4369	0.2864	0	0
B_{42}	团队合作能力	0	0.0680	0.1845	0.4466	0.3009	0	0

表 12-8 工程基础能力模糊综合评价结果——高职高专工科毕业生

		V_1	V_2	V_3	V_4	V_5	V_6	V_7
B_1	工程基础能力	0	0.1077	0.2118	0.4310	0.2495	0	0
B_{11}	专业技能	0	0.1359	0.1728	0.4279	0.2634	0	0
B_{12}	公德水平	0	0.1006	0.2215	0.4318	0.2461	0	0
B_2	工程实践能力	0	0.1264	0.2595	0.3970	0.2171	0	0
B_{21}	实操能力	0	0.1594	0.2718	0.3540	0.2148	0	0
B_{22}	观察与推理能力	0	0.0604	0.2349	0.4832	0.2215	0	0
B_3	个人与专业能力	0	0.0713	0.2221	0.4138	0.2428	0	0
B_{31}	个人素养	0	0.0411	0.2352	0.4428	0.2809	0	0
B_{32}	专业能力	0	0.1318	0.1958	0.5059	0.1665	0	0
B_4	工程管理能力	0	0.1247	0.2344	0.4138	0.2271	0	0
B_{41}	管理能力	0	0.1191	0.1796	0.4899	0.2114	0	0
B_{42}	团队合作能力	0	0.1275	0.2618	0.3758	0.2349	0	0

表 12-9 工程基础能力模糊综合评价结果——企业管理人员

		V_1	V_2	V_3	V_4	V_5	V_6	V_7
B_1	工程基础能力	0	0.0035	0.0694	0.1621	0.4755	0.3055	0
B_{11}	专业技能	0	0.0038	0.0985	0.1439	0.4988	0.2550	0
B_{12}	公德水平	0	0.0034	0.0622	0.1667	0.4697	0.3182	0
B_2	工程实践能力	0	0	0.0799	0.2214	0.4007	0.2980	0

续表

		V_1	V_2	V_3	V_4	V_5	V_6	V_7
B_{21}	实操能力	0	0	0.0795	0.2008	0.3914	0.3283	0
B_{22}	观察与推理能力	0	0	0.0808	0.2626	0.4192	0.2374	0
B_3	个人与专业能力	0	0.0026	0.0642	0.2063	0.4965	0.2304	0
B_{31}	个人素养	0	0.0025	0.0442	0.2084	0.4975	0.2474	0
B_{32}	专业能力	0	0.0026	0.1043	0.2022	0.4945	0.1964	0
B_4	工程管理能力	0	0.0025	0.0593	0.2004	0.4823	0.2555	0
B_{41}	管理能力	0	0.0076	0.0871	0.2071	0.5177	0.1805	0
B_{42}	团队合作能力	0	0	0.0454	0.1970	0.4647	0.2929	0

12.2.3.3 一级指标模糊综合评价

还是以工程基础能力为例。

12.2.3.3.1 高职高专工科教师

根据表12-7的数据$B_1 \sim B_4$建立高职高专工科教师模糊评价关系矩阵R。

$$R = \begin{bmatrix} B_1 \\ B_2 \\ B_3 \\ B_4 \end{bmatrix} = \begin{bmatrix} 0 & 0.1006 & 0.1911 & 0.4173 & 0.2910 & 0 & 0 \\ 0 & 0.1116 & 0.2087 & 0.4595 & 0.2202 & 0 & 0 \\ 0 & 0.0583 & 0.2174 & 0.4670 & 0.2573 & 0 & 0 \\ 0 & 0.0826 & 0.1780 & 0.4434 & 0.2960 & 0 & 0 \end{bmatrix}$$

由表11-17中的数据提取一级指标的权重向量：$A = [0.132, 0.503, 0.241, 0.125]$

选择模糊合成算子（矩阵乘法），计算综合评价值：

$$B = A \times R = [0.132, 0.503, 0.241, 0.125] \times$$
$$\begin{bmatrix} 0 & 0.1006 & 0.1911 & 0.4173 & 0.2910 & 0 & 0 \\ 0 & 0.1116 & 0.2087 & 0.4595 & 0.2202 & 0 & 0 \\ 0 & 0.0583 & 0.2174 & 0.4670 & 0.2573 & 0 & 0 \\ 0 & 0.0826 & 0.1780 & 0.4434 & 0.2960 & 0 & 0 \end{bmatrix}$$
$$= [0, 0.0938, 0.2048, 0.4542, 0.2482, 0, 0]$$

12.2.3.3.2 高职高专工科毕业生

根据表12-8的数据 $B_1 \sim B_4$ 建立高职高专工科毕业生模糊评价关系矩阵 R。

$$R = \begin{bmatrix} B_1 \\ B_2 \\ B_3 \\ B_4 \end{bmatrix} = \begin{bmatrix} 0 & 0.1077 & 0.2118 & 0.4310 & 0.2495 & 0 & 0 \\ 0 & 0.1264 & 0.2595 & 0.3970 & 0.2171 & 0 & 0 \\ 0 & 0.0713 & 0.2221 & 0.4138 & 0.2428 & 0 & 0 \\ 0 & 0.1247 & 0.2344 & 0.4138 & 0.2271 & 0 & 0 \end{bmatrix}$$

由表11-17中的数据提取一级指标的权重向量：$A = [0.132, 0.503, 0.241, 0.125]$

选择模糊合成算子（矩阵乘法），计算综合评价值：

$$B = A \times R = [0.132, 0.503, 0.241, 0.125] \times$$

$$\begin{bmatrix} 0 & 0.1077 & 0.2118 & 0.4310 & 0.2495 & 0 & 0 \\ 0 & 0.1264 & 0.2595 & 0.3970 & 0.2171 & 0 & 0 \\ 0 & 0.0713 & 0.2221 & 0.4138 & 0.2428 & 0 & 0 \\ 0 & 0.1247 & 0.2344 & 0.4138 & 0.2271 & 0 & 0 \end{bmatrix}$$

$$= [0, 0.1106, 0.2413, 0.4080, 0.2290, 0, 0]$$

12.2.3.3.3 企业管理人员

根据表12-9的数据 $B_1 \sim B_4$ 建立企业管理人员模糊评价关系矩阵 R。

$$R = \begin{bmatrix} B_1 \\ B_2 \\ B_3 \\ B_4 \end{bmatrix} = \begin{bmatrix} 0 & 0.0035 & 0.0694 & 0.1621 & 0.4755 & 0.3055 & 0 \\ 0 & 0 & 0.0799 & 0.2214 & 0.4007 & 0.2980 & 0 \\ 0 & 0.0026 & 0.0642 & 0.2063 & 0.4965 & 0.2304 & 0 \\ 0 & 0.0025 & 0.0593 & 0.2004 & 0.4823 & 0.2555 & 0 \end{bmatrix}$$

由表11-17中的数据提取一级指标的权重向量：$A = [0.132, 0.503, 0.241, 0.125]$

选择模糊合成算子（矩阵乘法），计算综合评价值：

$$B = A \times R = [0.132, 0.503, 0.241, 0.125] \times$$

$$\begin{bmatrix} 0 & 0.0035 & 0.0694 & 0.1621 & 0.4755 & 0.3055 & 0 \\ 0 & 0 & 0.0799 & 0.2214 & 0.4007 & 0.2980 & 0 \\ 0 & 0.0026 & 0.0642 & 0.2063 & 0.4965 & 0.2304 & 0 \\ 0 & 0.0025 & 0.0593 & 0.2004 & 0.4823 & 0.2555 & 0 \end{bmatrix}$$

$$= [0, 0.0014, 0.0722, 0.2075, 0.4443, 0.2776, 0]$$

12.2.4 高职高专工科毕业生素质实证评价结果

在对高职高专工科毕业生素质进行赋分时，按照95分为非常符合，90分为比较符合，85分为符合，75分为一般，70分为不符合，65分为比较不符合，60分为非常不符合进行赋分，从而得出高职高专工科毕业生素质评价结果。85分以上（不包括85分）记为优秀，75~85分（不包括75分）记为良好，65~75分记为合格，65分以下（不包括65分）记为不合格。实证评价结果分为高职高专工科教师评价结果、高职高专工科毕业生自评结果和企业管理人员评价结果，具体结果见表12-10、表12-11和表12-12。

12.2.4.1 高职高专工科教师评分结果

依据专家评议的结果，高职高专工科毕业生素质能力最为重要的是工程实践能力，个人与专业能力次之，而后是工程基础能力和工程管理能力。就高职高专工科教师对高职高专工科毕业生素质的评分来看，高职高专工科毕业生的工程实践能力是四类能力中最弱的一部分。整体来说，专家的评议结果排序与高职高专工科毕业生素质实证评价结果相反。从工科教师的角度来看，现阶段河南省高职高专工科毕业生能力的培养重点有所偏差，也同时说明了河南省高职高专工科毕业生的工程实践能力最为重要，也是现阶段最需要提升的能力。

表12-10 高职高专工科毕业生素质得分——工科教师版问卷

	V_1	V_2	V_3	V_4	V_5	V_6	V_7	分数	评级
总体	0	0.0938	0.2048	0.4542	0.2482	0	0	75.5950	良好
工程基础能力	0	0.1006	0.1911	0.4173	0.2910	0	0	75.9485	良好

续表

	V_1	V_2	V_3	V_4	V_5	V_6	V_7	分数	评级
工程实践能力	0	0.1116	0.2087	0.4595	0.2202	0	0	75.0425	良好
个人与专业能力	0	0.0583	0.2174	0.4670	0.2573	0	0	75.9030	良好
工程管理能力	0	0.0826	0.1780	0.4434	0.2960	0	0	76.2440	良好

12.2.4.2 高职高专工科毕业生自评结果

就高职高专工科毕业生对自身素质展开的自评情况来看，高职高专工科毕业生认为自己在个人与专业能力上最弱，且与其他三类能力差距较大。就整体情况而言，在工程实践能力、个人与专业能力和工程管理能力上，高职高专工科毕业生普遍仅达到了合格水平，工程基础能力则刚刚达到良好水平，四项能力还存在较大的提升空间。

表 12-11　高职高专工科毕业生素质得分——学生版问卷

	V_1	V_2	V_3	V_4	V_5	V_6	V_7	分数	评级
总体	0	0.1106	0.2413	0.4080	0.2290	0	0	75.0525	良好
工程基础能力	0	0.1077	0.2118	0.4310	0.2495	0	0	75.3590	良好
工程实践能力	0	0.1264	0.2595	0.3970	0.2171	0	0	74.6095	合格
个人与专业能力	0	0.0713	0.2221	0.4138	0.2428	0	0	71.8545	合格
工程管理能力	0	0.1247	0.2344	0.4138	0.2271	0	0	74.8520	合格

12.2.4.3 企业管理人员评分结果

就企业管理人员对高职高专工科毕业生素质的评分来看，高职高专工科毕业生的个人与专业能力最弱，其次为工程实践能力，工程管理能力偏好，工程基础能力则达到了优秀的水平。由此可见，在企业管理人员看来，高职高专工科生培养中，个人与专业能力、工程实践能力和工程管理能力仍需不断加强和提升。

综上所述，无论是工科教师、高职高专工科毕业生还是企业管理人员，对高职高专工科毕业生的工程基础能力都表现出了肯定的态度。就工程实践能力来说，三方评价都认为高职高专工科毕业生的工程实践能力还有较大的发展和提升空间。而对个人与专业能力来说，学生自评中，对个人与专业能力的评价较低，与总体得分差距较大，与企业和工科教师对高职高专工科毕业生的评价也略有差距。对工程管理能力的评价中，三方评价均认为高职高专工科毕业生素质中的工程管理能力处于中等水平。

表 12-12　高职高专工科毕业生素质得分——企业版问卷

	V_1	V_2	V_3	V_4	V_5	V_6	V_7	分数	评级
总体	0	0.0014	0.0722	0.2075	0.4443	0.2776	0	83.4570	良好
工程基础能力	0	0.0035	0.0694	0.1621	0.4755	0.3055	0	85.1555	优秀
工程实践能力	0	0	0.0799	0.2214	0.4007	0.2980	0	83.0775	良好
个人与专业能力	0	0.0026	0.0642	0.2063	0.4965	0.2304	0	83.0740	良好
工程管理能力	0	0.0025	0.0593	0.2004	0.4823	0.2555	0	83.3340	良好

12.3　高职高专工科毕业生素质存在的问题及成因分析

通过对高职高专工科毕业生素质评价结果的分析，并结合访谈所得结论，可对我国高职高专工科毕业生素质出现的问题和影响因素做出梳理，并结合相关理论等进行归因分析，提出优化路径。

12.3.1　高职高专工科毕业生素质存在的问题

专家评议的结果显示，工程实践能力是高职高专工科毕业生最为重要的能力，个人与专业能力次之，之后为工程基础能力和工程管理能力。根据模糊综合评价结果可知，高职高专工科教师、高职高专工科毕业生和企业管理人员均认为高职高专工科毕业生的工程实践能力欠缺，有较大的提升空间。其次是个人与专业能力，也是相对弱势的部分，应当引起重视。而工程基础能力则得到了三方较好的评价，尤其是从企业管理人员的层面上看，高职高专工科毕业生的工程基础能力基本达到了优秀的水平。工程管理能力基本处于三方评价的中等层次。

12.3.1.1 工程实践能力有待提升

从高职高专工科教师、高职高专工科毕业生以及企业管理人员三方的评价结果来看,高职高专工科毕业生的工程实践能力都处于相对薄弱的状态,而在专家的赋值结果中,工程实践能力的重要程度要远远高于其他三项。这也表明了,高职高专工科毕业生的工程实践能力所处水平与预期结果还存在着较大的差距。从三方人员的评价结果来看,高职高专工科教师及毕业生对高职高专工科毕业生工程实践能力的评价总体呈现左偏的分布状态,企业管理人员的评价总体呈现出右偏的分布形态(见图12-1),表明在排除个人因素的情况下,三方人员极端负面/正面的评价极少,对于高职高专工科毕业生工程实践能力的评价多集中于一般评价。

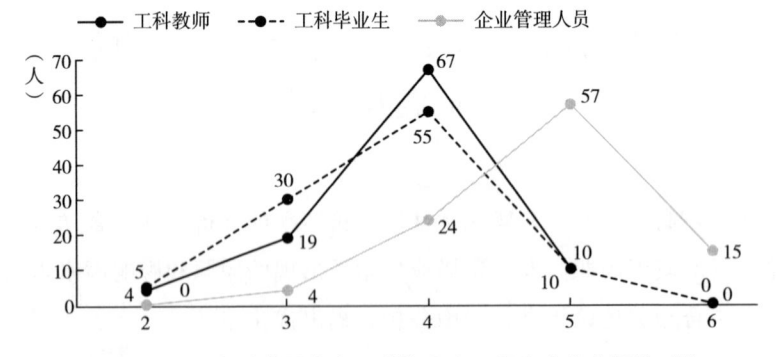

图 12-1 三方对高职高专工科毕业生工程实践能力评价对比

为了对高职高专工科毕业生工程实践能力的相对弱势情况进行进一步的确认,本研究对高职高专工科教师、高职高专工科毕业生和企业管理人员分别进行了针对性的访谈,以下从三个群体的访谈结果中分别选取一个案例进行论述。

案例1:高职高专工科教师。以河南省某"双高计划"高职院校测绘专业教师为例,在对其进行访谈的过程中,该教师对其所在院校工科毕业生的工程实践能力表述如下:"我们学校其实和企业的对接还是比较充分的,校企合作上也能够为学生提供很多的实践机会,但是说到学生的工程实践能力的话,我觉得相对来说还是比较一般的,很多学生在三年的学习中甚至不明白什么叫工程实践能力;在调查能力上,学生还相对好一些，安全意识和观察与推测能力的话，是他们的弱项"。

案例 2：高职高专工科毕业生。以河南省某示范性高职院校机电专业的 2020 年毕业生为例，该生对自己的工程实践能力评价如下："我觉得我的工程实践能力不怎么样，现在我在公司实习，很多东西还是不会，在学校学到的东西里除了能很快地熟练使用那些机器之外，几乎没有什么派得上用场的。安全意识我在学校几乎没怎么听到过，还是来实习之后，带我的那个老师傅教我的，不过学起来很慢。调查和观察推理的话，我觉得还凑合吧，小问题可以，稍微大点的就不行了。"

案例 3：企业管理人员。以河南省某机械制造公司为例，其主管新入职职员培训及考核的管理人员指出"在招聘的时候，其实我们也考虑过招进来的人是不是能够尽快地进入工作状态，特别是这些专业技术岗位的人，但是也考虑到往年招聘的本科生，他们在这方面的表现也是不太成熟，像是你提到的安全意识，调查能力和观察推理能力这些能力都需要比较长的培训时间，所以在招聘专科生的时候，我们也是特别准备了三个月的培训和过渡时间，他们也是优中选优的毕业生，但是在三个月培训和试用期结束，我们对他们进行考核的时候，其他方面还是可以的，不过很多人还是在安全意识上相对弱一些，他们更多的是机械性的执行，但是自身的这种安全意识比较弱，安全意识其实在他们进行实际操作的时候是最重要的一点，因为像我们这种机械制造类的公司，安全是第一位的。"

由以上内容可知，无论是高职高专工科教师、毕业生还是企业管理人员，对数据分析及访谈结果都显示：高职高专工科毕业生的工程实践能力处于相对弱势的位置，而在工程实践能力的三级指标中，安全意识是三方普遍指出的主要问题，观察与推理能力次之，调查能力再次之。

12.3.1.2 个人与专业能力相对较弱

对高职高专工科毕业生的个人与专业能力评价中，高职高专工科毕业生的自评结果显示，其对个人与专业能力水平的评价与其他三个能力相差较大，即大多数人的个人与专业能力处于四个能力中最差的位置。

这种现象在高职高专工科教师及企业管理人员间表现得不明显，相较于工程实践能力，高职高专工科教师及企业管理人员普遍认为，高职高专工科毕业生的个人与专业能力与工程实践能力基本相当。

从三方的评价结果来看，高职高专工科教师及毕业生的评价结果呈现出左偏的分布状态，企业管理人员则呈现右偏态的分布（见图12-2）。这说明，评价三方中的大多数人认为高职高专工科毕业生个人与专业能力处于一般水平。

为了确认和细化高职高专工科毕业生个人与专业能力的相对弱势情况，本研究对高职高专工科教师、高职高专工科毕业生和企业管理人员分别进行了非结构化的访谈，以下从三个群体的访谈结果中分别选取一个案例进行论述。

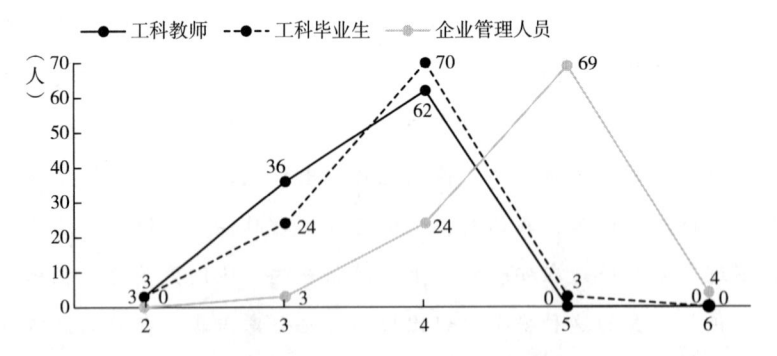

图12-2 三方对高职高专工科毕业生个人与专业能力评价对比

案例一：高职高专工科教师。以河南省某"1+X"证书试点院校计算机专业教师为例，该教师在谈及毕业生的个人与专业能力时指出："就学生的个人能力而言，我认为高职高专院校的学生都普遍缺乏自信和独立意识，我们学校的学生也不例外，在上课的时候就能发现，学生没有办法勇敢地表达自己的想法，很多时候之所以没说出自己的想法就是因为学生不自信。而独立意识的话，主要是平时的作业活动之类的，只有少数学生会靠自己的能力，通过看书、上网找资料等方式完成，大多数的学生还是依靠着请教老师，或者直接就找个现成的答案抄一抄；在完成团队任务的时候，大多数学生是没有自己想法的，团队里作为team leader 的那个人的观点和想法就是这个团队的想法，让很多的团队

第 12 章 《悉尼协议》背景下高职高专工科毕业生素质实证评价

合作完成任务失去了设计之初的意义。而我比较担心的是学生的专业能力,特别是学生的多任务处理能力,这些能力其实在平时上课的时候都多少有所涉猎,但是,从我看来,学生们对这些都没有足够的重视,多任务处理能力在那些同时担任着两三个职务的学生身上表现更好一些,因为这是一个需要长期锻炼的能力,并不是一节课一次实习就可以得到的,从平时的课程和实习来看,那些担任两三个职务的学生在平时所锻炼的多任务处理能力在专业实习中的表现更好。所以,总的来说,我觉得我们学校的学生在个人与专业能力上,让我有所担心的就是自信和独立以及多任务处理能力,其他方面的能力还是比较可以的。"

案例二:高职高专工科毕业生。以河南省某"双高"计划建设高职院校大三毕业生为例,该生对其个人与专业能力的评价如下:"我觉得我的个人能力很一般,执行能力和身心素质还算可以,就是我一点都不自信,比如说:我之前在大一、大二上课的时候从来没有主动回答过老师的问题,倒不是因为我不会,是觉得说出来万一错了会被同学们笑话;现在做毕业设计,跟我的老师沟通我也不太敢说出自己的疑问,有些时候面对老师或者比自己学习好的同学我就不太敢表达自己的想法,虽然我觉得这样以后工作了会很被动,但是我也克服不了。然后就是我的反应和应变能力,也是我以后参加工作担心的,我遇到一些紧急的事情的时候会很慌乱,没办法冷静地思考,感觉在以后工作中这一点还挺致命的。而多任务处理能力我觉得我也不是很好,没什么机会接触吧,一般我也就是做做作业,考考证之类的,大学生活其实过得还是比较松散的。最后,适应能力倒是还可以,没什么特殊情况的话,一般一周左右我就可以适应新的环境。"

案例三:企业管理人员。以开封市某建筑公司的一名基层主管为例,在对其 13 名新入职的高职高专工科毕业生个人与专业能力进行评价的时候,该主管的评价如下:"在这次招聘的 13 名新入职员工里,大家的执行能力、身体和心理素质、适应能力都较好,总体来说还是比较满意的,但是大部分新员工的多项任务处理能力都比较一般,我们这个部门经常会出现一些比较着急的事情,有时候事加事的,对他们的多任务处理能力要求还是比较高的，现在看来，他们在这个方面还需要不断地打磨。除此之外，自信和独立是（一）个比较大的问题，不但他们缺乏自信，其实这次招进来的几个硕士、博士也一样存在这样的问题，但是我们作为一个建筑公司，希望我们的人在和顾客进行沟通、展示我们的建筑设计稿的时候能够根据现实情况做出最令顾客满意的计划，在展示的过程中，自信是（一）件很重要的事情，如果我们做这个计划的人都表现得不自信，其实是会对我们的顾客产生很大的影响，也难以让顾客信任我们，所以，自信的培养其实是我们对员工的培养重点。而和那些本科生比起来，这次的13名专科学历的新员工主要的差距表现在独立上，虽然我们都是以团队的方式进行工作的，每个组中不同的人承担着不同的工作，但大部分工作是需要大家各抒己见，取各自的亮点再进行整合的。而在他们跟组的过程中，我发现他们对于一个新的项目，在给予一周进行了解和研究的情况下，他们还是难以提出自己的想法，起初我认为是他们的能力不够，后来我发现他们是缺乏独立思考的能力，习惯于依赖他人的建议，久而久之他们也就习惯地跟着别人的思考前进，很难再提出自己的看法了。但是总的来说，对这次招进来的13个人，我个人还是比较满意的，毕竟刚刚毕业，很多可以慢慢学习改进。"

综上所述，目前高职高专工科毕业生素质存在两个问题，即工程实践能力和个人与专业能力普遍处于相对薄弱的状态。就工程实践能力而言，主要是存在安全意识不足、观察与推理能力较弱的问题；对个人与专业能力来说，自信和独立、多任务处理和反应及应变能力是需要特别关注的问题。

12.3.2　高职高专工科毕业生素质培养问题成因分析

高职高专工科毕业生素质的培养和提升是一个整体工程，由多方共同协作才能得以发展，是动态联结发展的工程。无论哪一方出现问题，都将会对其他方造成影响，从而导致高职高专工科毕业生素质的培养水平出现停滞或下滑的情况。以上实证分析的结果显示，目前，高职高专

第12章 《悉尼协议》背景下高职高专工科毕业生素质实证评价

工科毕业生素质主要存在工程实践能力较弱、个人与专业能力不足的问题。

12.3.2.1 高职高专院校对工科毕业生素质培养投入不足

在高职高专院校学习阶段是工科毕业生素质培养和提升的关键阶段，高校担负着为社会输送优质工程技术人才的重要职责。从实证分析及访谈结果可以看出，高职高专院校在工科毕业生素质的培养过程中主要存在着以下四方面问题。

第一，高职高专院校与企业未能建立完善的合作机制。高职高专院校工科学生在企业实习是提升工程实践能力的一个核心途径，在这个过程中，院校与企业之间建立双方互利的合作机制，对高职高专工科学生培养的持续改进具有显著的意义。现阶段，高职高专工科学生在企业实习期间，院校与企业间的联系甚少。河南省某"1+X"证书计划试点院校计算机系教师对该校校企合作情况的描述如下："我们学校和企业的合作应该算是比较多的，因为我们每一届的毕业生都会在大三的下学期被系里分配到各个计算机公司顶岗实习，这期间他们也会学习到很多的职场规则、人际交往，对他们真正地进入社会还是有很大的帮助的。我们学校和企业的一个合作形式主要是学校和企业签订协议，每年接收我们系的学生前往企业实习，每四五名学生会分到一个企业导师，实习期是3个月，这期间企业对学生不发放工资，但学校会以补助的形式每月给学生发一点钱，在实习期间做得好的学生，也会得到企业自愿补助的工资，现在大部分的学生安排实习都是这样的。不过有一点不好的地方是，我们很少能得到企业对我们学生的一个比较中肯的评价，很多时候实习完，学生毕业了就算了，之后就是一届模仿一届。学校也想过要改革，可是因为缺少企业的反馈，我们也很难判断我们现在的实习安排是不是就不好，我们老师和企业的人也不是很熟悉，想知道企业对学生的反馈也只能通过实习鉴定表，但是实习鉴定表其实看不出来什么问题，一般企业给的反馈就是学生很好，没有什么问题。所以，也一直都保持这样。"所以，建立完善的合作机制，才能够保障学校对本校的培养方式进行动态调整，同时与社会需求匹配。

第二，高职高专院校对工科毕业生工程实践能力的培养方式较为单一。工程实践能力是高职高专工科毕业生进入职场的一个重要考核依据，这也与专家评议的结果一致，无论是专家还是企业，其对于高职高专工科毕业生的工程实践能力都有着统一的认识。但是根据实证分析的结果来看，高职高专工科毕业生的工程实践能力普遍是最弱的，而其中，安全意识和解决问题的能力更是工程实践能力培养的弱项。据了解，现阶段高职高专院校对工科学生的工程实践能力的培养方式主要依赖于课堂教学和实习，[①] 课堂教学是学生学习基本知识的主要场所，对于工程实践能力的培养，以课堂教学为主、实习为辅的培养模式难以跟上社会和企业对工程技术人才的需求。以安全意识为例，河南省某特色高职高专工科院校信息类专业毕业生的表述如下："安全意识我们很少在平常上课的时候听到，我们的专业课基本上是对编码之类的，安全意识老师最多也就是在上课的时候会顺道提一下吧，我记得我们应该是没有老师在上课的时候特别强调过这个，倒是在企业实习的时候，我的实习老师说得比较多，特别是我们计算机的，对一些代码这样的信息实习前我没什么意识，可是实习的时候老师一直说，被说多了就慢慢的开始有意识地做（一）些安全措施。我大一、大二的时候就是上课，然后大三要毕业了才有机会去实习，接触到安全意识的时候很少很少吧，所以也不会有什么想法"。所以，仅仅依靠课堂学习和短暂的企业实习难以保障高职高专工科毕业生素质的全面发展，适当扩宽学生获取知识和技能的途径才能够有效地培养高质量的工程技术人才。

第三，高职高专院校对学生个人与专业能力的重视度不足。个人与专业能力是高职高专工科毕业生软实力的一种重要表现。而就评价的结果来看，目前，河南省高职高专院校对工科学生的个人与专业能力培养重视度显著低于其对学生其他能力的关注。例如，河南省某高职高专院校土木专业的教师认为："学校除了开大学语文、马列、高数、高物这样的公共基础课之外，基本是各个专业的专业课，像是你说的自信独

---

① 李亚娟，神显豪. 基于工程能力培养的地方工科院校教学改革探索［J］. 教育与职业，2015（03）：38-39.

第 12 章 《悉尼协议》背景下高职高专工科毕业生素质实证评价

立、反应应变这些,其实都不在我们的培养范围内。换句话说,我们也觉得学生的个人与专业能力通过上课是无法培养的,现在很多学生对专业课学习兴趣还不错,但是对这些课程(个人与专业能力相关课程)感兴趣的寥寥无几,所以,我们也就没太关注过学生这方面的发展。"由此可见,高职高专院校对个人与专业能力的重视程度相对于其他三方面能力来说较弱,这也是导致高职高专院校工科毕业生的个人与专业能力薄弱的主要原因。而学生作为该能力的直接获益人,也存在着问题。通过对访谈的结果分析可知,大多数学生缺乏自我培养的意识,即高职高专工科学生会跟着学校的教学计划安排自己的大学生活,对学校教学计划之外的知识和技能,很少会去主动学习,这也是导致高职高专工科学生的个人与专业能力不足的原因之一。所以,应该就学校和学生双方进行相应的改进,以提升学生的学习热情和自我培养的意识,从而促进高职高专工科学生的个人与专业能力的提升。

第四,高职高专院校对工科毕业生素质评估不足。教育评价用以诊断评价对象的状况,发现教育问题,使教育和教学工作不断完善,不断适应评价对象的需求。[①]所以,高职高专院校对工科毕业生素质所展开的评价将对其工科学生的培养模式产生一定的指导改进作用,但某高职高专院校教务处老师描述该院校的评价如下:"我们平时做的评价都是我们自己出的题,也就简单地发一下问卷,而且我们也不会就什么数据分析,大多(数)情况是学生填完问卷,我们就简单地分析分析,然后写个报告就行了,大多数情况是流于形式的那种。"可见,学校本身对于工科毕业生素质的评价也没能有所重视。而工科毕业生也都普遍反映没有听说过学校有对他们的评价方法,也未参与过学校类似的评价活动。所以,在工科毕业生素质的评价下,高职高专院校还需进一步建立起适用于自己院校的评价方式和体系,以实现学校培养模式的可持续改进。

12.3.2.2 企业参与高职高专院校工科人才培养力度有待加强

实习是高职高专工科学生提升自身工程技术能力的主要手段之一,

---

① 陶西平. 教育评价辞典[M]. 北京:北京师范大学出版社,1998.

而企业作为为高职高专工科学生提供相应的实习条件和岗位的一个群体，与高职高专院校的密切互动和联系是其帮助高职高专工科学生不断提升的必由之路。只有高职高专院校和企业形成良好合作机制，高职高专工科毕业生素质的提升才能得到进一步的保障和落实。通过对文献、实证和访谈结果的综合分析得出，企业在参与高职高专工科人才培养上存在以下三方面问题。

第一，企业所提供实践岗位单一化。企业为高职高专院校工科学生所提供的实习岗位是高职高专工科学生接触真实问题的一种重要途径，而顶岗实习也是我国高职高专工科学生培养的必然发展趋势，对培养符合社会和企业需求的工程技术人才具有推动作用。[①] 但是，据了解，目前河南省诸多高职高专院校的合作企业为工科学生所提供的实习岗位多为机械性或整合性工作，对于高职高专工科学生的专业能力和人际交往能力等关键能力的培养着实有限，[②] 工科学生在实习期间难以接触到实际操作，多以旁观者身份参与企业实习，导致工科学生工程实习的实际效力不尽如人意。学生及企业相关带教老师也对该问题发表了自己的看法，某生物专业学生指出："我觉得我去企业就是打杂的，这个老师让我做什么就做什么，但是我都不知道为什么要做这个，比如：帮老师买咖啡，帮老师打印文件，帮老师写一些报告，感觉自己来实习之后什么都没学到，我到现在都还没见过公司的实验室和工厂，天天都是在办公室帮老师打杂。"而某机床公司的带教老师也反映了同样的情况："来我们公司实习的学生，一般是分配给我们这些不怎么接触生产的人，也有一个生产一线的老师傅，但是（实习生）绝大多数时间是跟我们这些人在办公室待着，有什么需要帮忙的就帮个忙，去生产一线一般是去观摩，公司也会考虑到每台机器成本都很高，学生也没啥经验，就尽量不让学生动手。"所以，从以上谈话可以看出，无论是学生还是企业人

[①] 解太林，孙海泉，王寿斌. 校内"补差式"顶岗实习模式的构建与实践——以苏州工业园区职业技术学院为例 [J]. 高等工程教育研究，2016（05）：146 – 150.

[②] 邓夕胜，柳军，王泽根. 土木工程生产实习面临的问题及改革探讨 [J]. 东南大学学报（哲学社会科学版），2012（S2）：128 – 131.

第12章 《悉尼协议》背景下高职高专工科毕业生素质实证评价

员都对岗位的单一化有所意识，但是导致企业对工科学生岗位安排单一化的主要原因是企业不愿意将企业的订单交由没有实际工作和操作经验的实习学生来完成。虽然"顶岗实习"已被提出多年，但是"顶岗实习"的落实也遭遇了重重的考验，难以实施。究其原因，企业对工科学生的实习培养热情并不高，不愿在工科学生的实习安排上投入过多的精力。企业是一个营利性机构，接收工科学生实习对企业来说，多数情况下是在工作繁重的同时增加了一项工作。故要解决企业所提供实习岗位单一化的问题，就必须从企业对待高职高专工科学生实习的态度开始改善。

第二，企业未能真实反映学校人才培养的问题。企业对高职高专工科学生实习情况的真实反馈是促进高职高专工科专业持续改进的重要保障，学生在实习期间的表现直接反映了学校的培养结果，企业若不能对学生的实习情况做出真实的反映，则会导致学校对人才培养的方案改进难以进行，从而影响高职高专工科毕业生的整体质量。据悉，企业对学校人才培养问题的反馈一般很好，但在学生真正进入社会后，企业的反馈却与之前形成了较大的反差。高职高专院校工科教师及企业相关人员都就该问题做出了解释。工科教师对企业的反馈情况做出如下评论："刚开始开展企业实习的时候，企业给的评价很高，学校包括我们这些老师也都觉得学生在企业的表现比学校好很多，我们培养的学生还不错，但是那时候我们的毕业生专业对口的就业率只有20%多，大多数学生去了别的岗位，没能留在原本的专业岗位上，所以企业给的很多反馈其实都不真实，我们也在这之后更多地还是参考了学校对学生的评价，然后修改我们的培养计划。"针对该情况，企业也给予了回应，某高层管理人员说："主要问题就是这件事会牵扯到很多利益相关的方面，比如说，我们和学校本身开展着其他的合作，而且学校在报送学校建设评价报告的时候也是需要我们公司写一些评价和建议之类的，我们写得太直接或者分数给得太低对学校今后的经费问题也很不利，所以绝大多数的情况（下），只要不影响我们公司的利益，我们一般会给个好评，这样双方都能获利。"由此可知，企业方承认确实因为考虑到双方的利益问题，会在对院校进行评价的过程中有故意打高分、避免双方利益受损的问题。所以，要解决企业不能真实反馈学生实习结果的问题，就必须站在双方的利益角度考虑问题，只有解决了企业的后顾之忧，真实反馈学生实习评价结果的问题才能得到改善和解决。

12.3.2.3 国家对于高职高专院校工科建设政策落实和监管不足

国家在高职高专院校工科优秀技术人才的培养过程中扮演着引导、扶持、协调和监管的重要角色，[①] 在高职高专院校发展上予以政策和大方向上的引导，在人才、资金、制度等方面大力扶持，在高职高专院校和企业、市场等第三方的协调上，对高职高专院校工科建设水平、经费使用、政策落实等方面进行监管。在此之下，高职高专院校的工程技术人才的培养才能有强有力的保障和支撑，从而为社会和国家培养出优秀的工程技术人才。通过对国家历来的职业教育政策及其落实情况的梳理、相关文献及访谈结果的整理来看，国家层面上，在高职高专工科学生的培养中存在两方面问题。

第一，相关政策落实不到位。"十二五"期间，国家就职业教育所制定的政策共分为五大类，即办学体制机制改革、加快构建现代职业教育体系、提升职业院校人才培养质量、深化产教融合校企合作和提高职业教育发展保障水平。2017年中国职业技术教育学会受教育部委托对这五大类政策的落实情况进行了评估。[②] 评估结果显示，在政策的落实上，大多数政策的落实不够深入，较为表面，地方政府机关对相关政策的学习和宣传力度不足，也导致一些高职高专院校无法全面地贯彻落实中央的政策思想，导致政策的落实受阻。除此之外，高职高专院校的工科教师也普遍反映了一种现象：在国家出台一个新政策的时候，学校会定期组织相关人员学习，比如教务处、学生处等，但是该政策的直接受益者或直接执行者却鲜有机会接触到新政策。学校对相关政策的落实没

[①] 李建元. 政府在高等职业教育管理中的角色转变问题研究 [D]. 华侨大学硕士学位论文，2013.

[②] 于志晶，刘海等. "十二五"以来我国职业教育重大政策举措评估报告 [J]. 职业技术教育，2017, 38 (12): 10-32.

有做到逐层学习，而仅仅是围绕几个部门开展学习，所以，即使政策确实在执行实施，工科教师也鲜有对此了解的，而学生则更缺乏了解相关政策的机会。最后政策的落实无法深入学校。就该问题来说，保障政策实施的前提是所有的利益相关者能够有机会接触到政策的学习，了解政策的细节，从而更好地实现政策从高层到基层的落实。

第二，国家监管力度不足。在我国的职业教育监管过程中，国家承担着重要的任务，而国家监管是保障高职高专教育定位准确和科学的重要依据。[①] 政府作为代替国家行使监管职能的主体，在对高职高专教育进行监管的过程中主要存在三方面问题：首先，政府缺乏专业的监管人员。据了解，政府在对高职高专院校进行监管时，监管人员身兼多职，并非专职人员，也缺乏监管经验。其次，政府对监管职能的认识不足。政府监管是促进高职高专院校提高人才培养水平的关键力量，但目前，政府相关单位对监管的重要性及职能模棱两可，导致政府在监管职能的落实和执行上存在着认识不足等问题。最后，政府未能形成清晰的监管制度。在地方政府层面，监管部门多辖属于教育部门，且多为临时组建，兼职人员数较多，导致了监管制度的发展停滞不前，未能及时形成清晰的监管制度，这也是政府的教育监管部门无法及时行使其监管职能的主因之一。

12.4　本章小结

本章基于已构建的高职高专工科毕业生素质评价指标体系，采取河南省高职高专工科毕业生、河南省高职高专工科教师和河南省相关企业管理人员三类样本群体的评价，并采用模糊综合评价法对三类样本群体的评价结果分别进行了分析和处理。

从通过模糊综合评价法对高职高专工科毕业生素质的评价结果来

---

① 张军，刘敏. 职教发展定位中政府监管问题研究［J］. 职教论坛，2017（16）.

看，现阶段，高职高专工科毕业生素质的主要问题存在于学生的工程实践能力和个人与专业能力两个大维度上，评价结果显示：在工程实践能力一级指标下，学生的安全意识和观察与推理能力不强可能是导致其工程实践能力整体表现不尽如人意的主要因素；在个人与专业能力一级指标下，自信和独立以及多任务处理能力欠佳是导致三类样本群体对高职高专工科毕业生素质评分较低的核心因素。为了进一步验证高职高专工科毕业生素质的实证评价结果，本研究对三类样本群体进行了非结构化的访谈，从访谈结果来看，无论是从高职高专工科教师、高职高专工科毕业生还是从企业管理人员来看，访谈结果都与实证分析结果高度一致，同时也进一步反映出这些问题出现的深层因素。

根据实证分析和访谈结果来看，导致高职高专工科毕业生素质中的工程实践能力和个人与专业能力较弱的主要原因包括三个方面。其一，高校因素。高校未与企业建立完善的合作机制，对工科学生工程实践能力的培养方式单一，个人与专业能力的培养上重视度不足和对工科毕业生素质的评价机制不够完善。其二，企业因素。企业为高职高专工科学生提供的实习岗位单一化和企业未能真实反映高职高专工科学生培养存在的问题。其三，国家因素。国家对所设立的相关政策落实不到位和监管力度不足。

第13章 《悉尼协议》背景下高职高专工科毕业生素质优化建议

在高职高专工科毕业生素质优化中,《悉尼协议》作为国际公认的工程技术人员素质标准,对照《悉尼协议》开展优化路径的设计和分析,有助于把握高职高专工科毕业生素质优化的大方向,也有助于对照国际标准进行自我改善。以《悉尼协议》中的毕业生素质的作用方作为主要分析维度,即国家、企业和高校,根据《悉尼协议》相关成员的主要措施和实证、访谈的结果对所得问题进行分析,得出了以校企合作、培养方式和多方监管三大维度为主要优化点,以国家、企业和高校作为主要出发点的高职高专工科毕业生素质的优化路径,从而提出提升高职高专工科毕业生素质的对策和建议。

13.1 校企合作规范化

2019年,国务院所印发的《国家职业教育改革实施方案》对深化改革校企合作模式、促进校企合作的顶层设计等做出了重要指示[1]。现

---

[1] 国务院关于印发国家职业教育改革实施方案的通知 [EB/OL]. http://www.gov.cn/zhengce/content/2019-02/13/content_5365341.htm?from=singlemessage&isappinstalled=0,2019-01-24/2019-02-13.

阶段，我国的高等职业教育改革中，校企合作的推进面对着严峻的挑战，无论是从高职高专院校，还是从相关参与企业来看，在校企合作的推进过程中都缺乏充分的积极性，企业表现得更为明显。[①] 作为提升高职高专工科毕业生素质的一项重要措施，校企合作的开展对高校尤为重要，但由于校企合作涉及企业、政府和高校三方，它的实现也不仅仅是依靠政策或单方面的积极性，更多的是需要寻找高职高专工科校企合作的有效模式并有序开展，促进三方的有效合作，从而提升校企合作积极性和质量。《悉尼协议》相关成员针对校企合作的有效进行都有着较为丰富的经验，也有着良好的实践结果，有选择性地借鉴和改造之对我国高职高专校企合作的良性发展有重要的参考价值。三方可以从校企合作制度的完善、校企合作途径的拓宽、相关措施的落实、企业在人才培养上的参与和匿名评价制度的建立展开。

13.1.1 完善校企合作制度建设，促进校企合作机制建立

良好的制度建设是我国高职高专工科院校进行校企合作的重要制度保障，校企合作制度的建立，是我国高职高专工科院校校企合作顺利开展和合作机制建立的基础，是我国形成有效的校企合作机制的重要探索。托马斯·雷明顿等人认为，现阶段我国的校企合作模式主要是由家长制和共同体模式所构成的（家长制模式指由某一主导企业投资，开展专业性培训的方式；共同体模式指行业设定标准、中介协调合作伙伴和教育机构参与的满足行业需求的方式）。[②] 从目前来看，家长制和共同体模式在我国的实践较为丰富，也取得了良好的结果。但与美国和俄罗斯的团结模式和共同体模式相比，后两者能够更好地促进地区各个产业的持续发展和高职高专工科人员的技能匹配。而实施团结模式和共同体

---

① 王继平. 职业教育要牢牢抓住政策红利期和发展机遇 努力"下一盘大棋"[EB/OL]. http：//www. civte. edu. cn/zgzcw/xwzx/201902/8b2e6d4d59df4645b330f059e8e67630. shtml, 2019－02－20.

② 托马斯·雷明顿，杨钋. 中、美、俄职业教育中的校企合作 [J]. 北京大学教育评论，2019（02）：2－25.

第 13 章　《悉尼协议》背景下高职高专工科毕业生素质优化建议

模式都对校企间的合作制度有着较高的要求。正所谓：不以规矩，不成方圆，高职高专院校校企合作制度的完善和合作机制的建立，是推进我国高职高专校企合作实施家长制模式、团结模式和共同体模式有机结合的基本保障。在完善校企合作制度建设的过程中，应当以国家相关政策作为基本条件，高职高专院校与企业双方进行协定。在校企合作的过程中，高职高专院校是作为办学质量的追求方，而企业则是企业利益的关注方，所以，在符合国家政策的前提下，高职高专院校与企业间，就办学质量和企业利益达成共识需要通过双方不断地试错和沟通进行改进，在面临政策问题时，政府也应紧密参与到校企合作制度的建立过程之中，为高职高专院校和企业提供必要的政策支持、保障和监管，使校企合作在实际的开展过程中能够有较为完善的制度保障，并逐渐完善校企合作机制，不断拓展校企合作的深度和宽度。

13.1.2　拓宽企业参与校企合作渠道

校企合作是涉及政府、企业和高职高专院校的三方联动形式，在高职高专院校寻求企业合作的同时，企业如何获得高职高专院校的合作却鲜有关注。大多数研究者认为，企业参与高职高专院校校企合作的热情不高，但缺乏一定的事实支持，多数研究只是通过对已经参与到校企合作中的企业进行访谈和分析得出结论，少有研究对未参与校企合作的企业进行研究，通过对未参与校企合作的企业进行访谈发现：多数未参与校企合作的企业是因为未能找到合适的途径与高职高专院校建立合作关系。研究表明，校企合作渠道对校企合作具有显著影响，若要促进校企合作规范化，为企业提供更多的校企合作机会和渠道将是一个重要举措。[①] 因此，在促进校企合作规范化的道路上，高职高专院校应当积极建立与企业的沟通桥梁，通过自身专业强势和品牌等各种方式进行宣传，主动吸引企业积极加入校企合作中；与此同时，多方面开放合作渠道，为企业参与校企合作提供多种可能性，例如，开展多种形式的校企

---

① 龚建荣．企业参与校企合作人才培养的影响因素研究——基于福建省的调查数据［J］．河南理工大学学报（社会科学版），2016，17（02）：257-260．

合作项目，在吸引企业参与的同时也可以促进校企合作长期发展，为双方争取更多的稳定利益；丰富校企合作的形式，在此过程中力求充分照顾企业需求，使双方都能够获得所需利益等。

13.1.3 落实"顶岗实习"等校企合作方式

"顶岗实习""半工半读"等是目前我国高等职业教育中用以促进学生专业技能培养和提升的主要形式，对学生的专业发展有着重要意义。但就相关研究来看，我国现阶段高等职业教育"顶岗实习""半工半读"等校企合作措施的开展和进行并不顺利。① 综合来看，导致相关措施无法顺利开展的主要原因包括：学生、教师和企业对"顶岗实习"等形式的校企合作不重视，② 院校对"顶岗实习"的后期关注度不足，合作企业对"顶岗实习"学生不信任，学生能力不足以支持其完成"顶岗实习"，等等。综上所述，若要落实"顶岗实习"等校企合作方式，需要从以下几方面加以完善。第一，高职高专院校应不断加强学生的综合实力，打消企业的后顾之忧，从而提升企业对"顶岗实习"学生的信任度。同时，高职高专院校也应对"顶岗实习"的后期效果进行跟踪反馈，以便及时调整相关安排，提升其效果。第二，教师应加强对"顶岗实习"重要性的强调，使学生能够对"顶岗实习"的重要度有进一步的提升，以此来提升学生的重视程度。第三，企业是校企合作的利益方之一，在获取利益的同时，为学生提供"顶岗实习"及其相关指导也是企业应尽的义务，正如程方平教授所说：如果一个制度只让一部分人做奉献，而让另一部分人享有种种权利，这显然是不合理的。③ 所以，企业方在享有院校为其所提供的相关创新产品和利益的同时，也应尽其义务为学生提供相关机会和帮助。

---

① 解太林，孙海泉，王寿斌. 校内"补差式"顶岗实习模式的构建与实践——以苏州工业园区职业技术学院为例 [J]. 高等工程教育研究，2016（05）：146-150.
② 陈刚. 校企深度融合下高职学生顶岗实习的研究——以常州信息职业技术学院为例 [J]. 中国职业技术教育，2015（34）：85-87.
③ 程方平. 留住乡村优秀教师到底靠什么 [J]. 基础教育改革动态，2014.

13.1.4 院校人才培养计划特色化

教育是保护天性、尊重个性、培养社会性。[①] 高等职业教育是教育系统的重要组成部分，所以，高等职业教育也具有培养学生社会性的重要责任。而从目前我国高职高专院校的人才培养计划来看，"学术化"痕迹明显，[②] 缺乏职业教育的特色，与普通本科教育发展规划表现出趋同化的趋势，导致高职高专工科毕业生在就业市场中缺失职业教育的显著特征，高职高专院校对自身特色的认识缺失对我国高职高专教育的发展和社会科技创新的发展极为不利。在高职高专教育的发展中，为了寻求更多的政府支持和追求高校排名，职业教育越发失去了自身的特色，在社会大背景尚未发生改变的前提下，这样的发展趋势对我国职业教育的发展威胁重重。[③] 高职高专教育有其自身的特色，在欧美国家，职业教育与普通本科教育是双轨制发展模式，换言之，职业教育与普通本科教育是两种发展选择，并不存在高低之分。故高职高专院校应当坚守职业人才培养的特色，充分培养和发挥自身的职业特色。所以，在此基础之上，高职高专院校应当做到：第一，坚持院校职业特色，培养社会所需的专业技术人才。第二，加强与社会的联系，动态调整院校培养计划，使其与社会需求匹配。第三，合理建设职业特色，建立院校品牌，明确院校职业化的发展趋势。

13.1.5 加快社会评价匿名化，提升企业反馈的真实度

企业反馈缺乏真实性的问题与企业和院校利益有着直接的关系，这与我国政府督导机构不能真实地反馈学校遇到的问题和困惑是相同的，在反馈真实情况会导致双方利益受损的情况下，反馈就难以保证其真实

[①] 于伟. 教育就是要保护天性、尊重个性、培养社会性 [J]. 中国教育学刊, 2017 (03): 79-82.

[②] 安德烈·沃尔特, 李超. 从职业教育到学术教育？德国关于"学术化"的辩论 [J]. 北京大学教育评论, 2018, 16 (02): 69-82+194.

[③] 程方平. 应充分认识职业性高等教育的重要作用和价值 [J]. 北京教育 (高教), 2015 (01): 12-14.

性。例如，企业真实反映高职高专院校存在的问题，导致该高职高专院校获得的政府资助减少，从而引起校企双方合作中断；同时，企业与该院校存在着产品的开发合作，合作中断意味着校方和企业方的利益都将受到损失，而避免这类损失的直接手段就是企业迎合政府对高职高专院校的评价标准，保证该院校在企业反馈上符合政府标准，从而避免双方合作破裂。所以，若要企业真实地反馈高职高专院校人才培养的实际状况，就必须保证社会评价的匿名化，解决企业方的后顾之忧，从而使高职高专院校能够获得人才培养的真实评价结果，是有助于提升高职高专院校工科毕业生素质的有效手段。

13.2 培养方式多样化

目前，高职高专院校的培养方式多趋于单一化，即专业课、选修课（简单设置、有些院校没有）、实习。这种培养方式使得学生虽然专业基础扎实，也普遍得到了企业的肯定，但是忽略了学生的多元化发展。高职高专院校的学生是未来社会专业技术人才的主要来源之一，在实践岗位上具备一名专业技术人员的基本素质是保障高职高专院校学生就业的基础。与工科本科生相比，高职高专院校工科学生所从事的岗位更多的是基础操作，所以需要更多的实践经验和多方面的临场应对能力，这类能力的培养不单单依靠学生的实习来获得。因为学生作为一个受教育者，绝大多数的时间是在校园中度过的，在高职高专三年的教学过程中，教师及专业是学生学习相关知识和获得相关能力的核心，高职高专院校培养方式的多样化是促进学生全面发展的重要支撑。在培养方式多样化的建设过程中，本科院校有着丰富的建设经验，主要可以从学生软实力课程的设计与实施、动态管理公共选修课设置、鼓励学生参与各类竞赛和技能习得机会和激励教师开展高质量、多样化的教学活动来开展，不断完善高职高专工科学生的培养方式，促进工科毕业生素质的全面发展。

第 13 章 《悉尼协议》背景下高职高专工科毕业生素质优化建议

13.2.1 开展提升学生软实力的课程设计与实施

从实证研究的结果来看，高职高专院校对学生的专业知识及技术能力的培养是得到了高职高专工科教师及毕业生和企业用人单位的普遍认可的，但其课程设计不太合理。从 4 所"双高计划"院校的工科专业课程设置来看，课程类型较为单一，绝大多数课程为专业课或为专业课的开展做铺垫。以某职业学院的水利水电建筑工程专业 2019 年课程设置为例（见表 13 - 1），专业课程及其相关基础课程占据了课程的大多数，而在公共基础课程的设置部分，以本科院校的公共基础课作为其开

表 13 - 1　2019 年某高职高专院校水利水电建筑工程专业课程设置

课程类型	课程名称	课程类型	课程名称
公共基础课程	思想道德修养与法律基础	专业基本技能课程	水利工程制图与 BIM 技术
	毛泽东思想和中国特色社会主义理论体系概论		工程力学
			建筑材料检测
	体育与健康		水利工程测量
	高等数学		水利分析计算
	英语		水工混凝土结构
	计算机应用基础		土工技术
	交流与表达		
	大学生职业发展与就业指导	专业核心技能课程	水工建筑物
	形势与政策		水利工程施工技术
	大学生创业基础		水电站
	心理健康教育		水利工程造价与招投标
	军事理论课		水利水电工程施工项目管理
职业拓展课程	建设工程监理实务		水利工程管理技术
	建筑工程安全管理		水利工程经济
	灌溉与排水技术	顶岗实习	毕业顶岗实习
	水工钢结构		
	工程资料档案管理		

资料来源：https://www.icve.com.cn/portalproject/themes/default/yvaeasckdi1b - 73a - - yf-bw/sta_page/upload/file/2019/00001.pdf。

设公共基础课的依据，缺乏对社会需求的考虑，对学生软实力的培养也很少体现在课程设置之中，导致学生各方面软实力不足。所以，高职高专院校在进行课程设置的过程中，应当充分考虑社会对高职高专工科毕业生的需求与对本科生需求的区别，充分培养高职高专工科毕业生的软实力，而非以本科院校的课程设置作为主要参考。实证研究结果显示，企业对高职高专工科毕业生的软实力评价普遍较低，这直接反映了高职高专院校对学生软实力的培养不足。从高职高专院校的课程设置情况来看，院校确实在工科学生的软实力培养上重视不足。因此，高职高专工科院校应当摆脱本科课程设置的框架，站在企业和职业特色的角度开展软实力培养的课程设计，并加以实施，在此过程中不断根据实施结果进行动态的调整，使所培养的工科毕业生能够满足企业需求。

13.2.2　动态管理公共选修课设置

公共选修课是高职高专工科院校用以辅助学生培养职业竞争力的主要措施和途径之一，然而研究表明，目前高职高专院校公共选修课的实施效果存在着诸多问题。成亚玲等人通过实证研究的方式对多所多类型的高职高专院校公共选修课情况进行了调查，结果显示，高职高专院校学生对学校所开设的公共选修课不满意度要高于满意度，且公共选修课不符合课程设置的要求，课程存在无明确目标、内容不清晰、教学方式固化等问题，[①] 主要因为高职高专院校对公共选修课的管理存在评价不足、形式主义的问题。因此，高职高专工科院校应建立动态管理公共选修课设置机制，定期淘汰存在不合理、学生满意度低、内容落后的公共选修课，积极鼓励高职高专教师结合自身专业开设符合社会潮流和需求的公共选修课，对教师所开设的公共选修课程的实施效果进行定期的评价，评价方式不应仅限于学生打分的形式，应结合听课、学生反馈等多种方式对课程效果进行客观的评价，同时，动态管理不仅仅是指对课程本身的管理，在科技发达的现代社会，高职高专院校作为技术人员的主

---

① 成亚玲,彭湘华,徐运标.高职院校公共选修课教学管理现状调查及对策研究[J].高等职业教育－天津职业大学学报,2017（03）.

要培养场所,更应顺应科技发展的趋势,根据科技的发展水平动态灵活地选择开课模式。所以,高职高专院校可以与各大网课平台建立合作关系,为学生提供网上更多课程的选择,从而促进高职高专院校公共选修课的实施效果。

13.2.3 鼓励学生参与职业技能大赛

职业技能大赛是提升高职高专院校学生职业能力的有效途径之一,也是促进高职高专院校校企合作、人才培养有效化的主要举措[①]。目前,高职高专工科院校的职业技能大赛参赛者主要为院校中的优秀学生,职业技能大赛对优秀学生的促进作用较为显著。但就高职高专工科院校来说,想要职业技能大赛对院校的发展水平有所提升,不能仅限于优秀学生,应当使绝大多数的学生能够拥有参与职业技能大赛的机会,从而使职业技能大赛倒逼高职高专工科院校提高人才培养质量,减少高职高专院校的参赛功利性。对于高职高专的工科毕业生来说,参与职业技能大赛,不仅是对个人能力的提升有帮助,也能促进高职高专工科院校能力的增强。所以,鼓励学生参与职业技能大赛是高职高专院校工科毕业生素质得以提升的重要途径,要鼓励学生参与职业技能大赛,首先,要摒弃参赛必得奖的功利性目的。鼓励学生参与职业技能大赛的目的在于为学生提供更多的机会提升自己的素质,让学生不仅在学校能够接受职业教育,而且在与社会的接触中也能够习得技能,拓宽眼界。其次,要为愿意参赛的学生提供充分的支持。高职高专院校的工科学生由于缺乏实战经验,在参与各项大赛中,教师的专业指导对参赛学生是重要的参考和支持,同样的,对参赛存在恐惧心理的学生也能得到锻炼,从而积极参与到职业技能大赛中。最后,将职业技能大赛内容融入日常教学工作中。职业技能大赛是全国性的技能大赛,对于高职高专工科学生是一项充分的挑战,所以,为了在促进学生职业技能提升的同时尽可能避免对学生自信心的打击,院校在人才培养的过程中应当将职业技能

---

① 靳润成. 全国职业院校技能大赛促进职业教育发展的战略思考[J]. 教育研究, 2011(09): 58-63.

大赛的比赛内容进行逐一分析,并置于各类专业课和通识选修课之中,从学生入学时就开始培养学生相关的参赛能力。总的来说,职业技能大赛是促进高职高专院校工科毕业生素质和院校人才培养质量的有效途径。

13.2.4 激励教师开展高质量、多样化的教学活动

教学活动是连接教师和学生的重要媒介,是促进教学效果和学生收获的核心方式之一[①]。一般来说,高职高专院校工科教师为学生所开展的教学活动包括课堂教学、研讨、小组合作等,处于较为固化的状态。同时,高职高专工科教师作为工科学生培养的主力军却未表现出对教学应有的热情,在重视科研成果的大背景下,多数教师将其注意力转移到了学术研究上,对教学活动的态度较为冷淡,多数教师采取承袭前人的固有模式开展教学活动,但多样化的教学活动对于高职高专工科学生素质的培养和提升有着重要促进作用,所以激励教师开展多样化的教学活动是必不可少的重要举措之一。针对学术科研上的教学活动,高职高专院校应当行动起来。第一,确定教学活动的地位,使教师回归教学。教学水平良好是高职高专院校得以招收学生的基本条件,开展多项教学活动是提高其教学水平的主要方式之一,所以,通过院校对教学活动地位的确定和重视,将教学活动与考评挂钩,不再仅仅以课时量评价教师的教学工作来提升教师对教学活动的积极性。第二,定期组织教学研讨活动,提升教学活动质量。就现有的教学活动来说,高职高专院校教学活动的质量参差不齐,应当加强对教学活动质量的监测,通过定期的教学研讨活动,使教师能够在研讨过程中发现自身存在的问题,同时也能够互相探讨,从而提升高职高专院校教学活动的质量。第三,加强实践类教学活动的开设,提升高职高专院校技术人才的培养质量。在高职高专院校中,培养专业的技术人才是高职高专院校的普遍定位,而实践类教学活动的开设对专业技术人才的培养具有促进作用,所以加强实践类教学活动的设置,对专业技术人才的培养至关重要。

---

① 汪明,张睦楚.批判与期盼:关于教学活动性质的理性思考与深层追问[J].湖北社会科学,2015(10):157-162.

第 13 章 《悉尼协议》背景下高职高专工科毕业生素质优化建议

13.3 完善多方监管机制

随着现代社会的发展，多方监管已经成为常规模式，在对高职高专院校的监管中，主要包括高职高专院校监管、社会第三方监管和政府监管等。目前，高职高专院校的监管制度建立尚处于发展阶段，未能起到相应的监管作用。社会第三方的监管与高职高专院校间的合作也未曾深入，多数高职高专院校未能与社会第三方建立监管合作关系。政府监管则未得到政府相关人员的重视，使相关监管政策的落实和执行受阻，所以为建立较为完善的多方监管机制，首先，高职高专院校应当建立监管部门，对各院系专业展开定期评估；其次，为促进监管评估的客观性，高职高专院校也应当积极寻求与第三方评估机构的合作，开展合作评估；然后，政府机关和高职高专院校在监管的过程中所存在的重视度不足、监管人员多为兼职的情况也应当通过聘用专业评估人员来加以改善；最后，在相关监管政策的落实和执行上，政府应对政策的落实和执行开展动态评估，确保政策的落实和执行。

13.3.1 建立院校监管部门开展定期评估

高职高专院校的监管部门是确保高职高专院校办学水平的重要组成部门之一，作为为院系专业提供专业评估、及时反馈专业人才培养情况的部门，高职高专院校的监管部门的高效是实现专业可持续发展的保障[1]。但目前高职高专院校的监管部门多以临时成组的形式开展工作，承担该项工作的多为教务处，同时调查的方式也较为单一，多数院校采取问卷调查的形式进行评估和监管，且流于形式。故为改善以上问题，高职高专院校应当建立监管部门，开展定期评估。监管部门的建立是为了促进院校监管工作的细致化，使院校与院系之间的监管工作形成相对

---

[1] 钟庆芳, 许朝山. 我国高职院校教学质量保证的理论和实践分析——评《高职院校教学质量保证与评估研究》[J]. 中国教育学刊, 2016 (11).

完整的一条工作链,确保监管工作顺利且有效。监管部门在定期开展相关院系评估的过程中,应当避免形式主义,从评估的准备工作到评估数据的分析,再到评估结果的利用都应当做到全面、高效、合理和持续改进。全面是顺利开展评估工作的根本,高效是提高评估工作效率的前提,合理是保障评估工作有效性的基石,持续改进是进行评估工作的最终目标。只有建立了全面的评估机制、高效的评估方式和合理的评估项目,持续改进的最终目标才能得以实现。

13.3.2 聘用专业评估人员开展专业评估

专业的评估人员在高职高专院校的评估中占据着重要位置,也是评估有效性的基本保障。目前,无论是从高职高专院校还是政府机关单位来说,专业评估人员都是极为紧缺的。在高职高专院校,一方面,承担评估工作的教务处人员评估能力多处于基础分析水平(描述性统计分析),在评估数据背后隐藏着诸多可探索的问题,若仅保持在基础分析的阶段,对于所收集的数据来说是一种资源浪费;另一方面,评估工具的设计也是由教务处人员完成,缺乏合理性。在政府机关方面,开展评估的人员多为兼职,缺乏专业背景和技能。所以,为改善专业评估不专业的问题,高职高专院校及政府机关单位相关监管部门应当聘请具有专业背景的评估人员,联合相关专业任课教师、专业研究人员、相关研究领域的专家、企业等开展评估工具的设计和持续改进。同时,由专业评估人员对收集回来的数据进行统计分析,深入挖掘数据信息,保障数据的有效利用,促进高职高专工科院校毕业生素质培养方案的持续改进。

13.3.3 任用第三方评估机构开展合作评估

第三方评估机构与高职高专院校监管部门的评估是相辅相成的关系,高职高专院校对院系人才培养情况所展开的评估,以学生自评、教师他评等形式为主,多数局限于院校内部。而第三方评估机构作为一个以评估为主要服务内容的机构,具有更为全面的评估项目,能够在高职高专院校开展内部评估的同时,为其提供内部评估的补充以及外部评估

第13章 《悉尼协议》背景下高职高专工科毕业生素质优化建议

的支持。所以，若要保障评估的有效性，高职高专院校应当根据自身的实际情况，与第三方评估机构建立合作关系。第一，若高职高专院校自身评估水平较高，可以选择与第三方评估机构进行每年一次的年度评估合作，以避免评估的形式化和缺乏客观性，通过第三方评估机构进行自查和调整。第二，若高职高专院校自身评估水平一般，应当与第三方评估机构进行诸如每学期一次的合作评估。在借助第三方评估机构提升院校建设的同时，也能够在合作评估中不断地提升高职高专院校自身的评估能力。第三，若高职高专院校自身评估水平较差，应当与第三方评估机构建立诸如一学期两次的合作评估。在与第三方评估机构开展合作评估的过程中，积极学习第三方评估机构的评估模式，建立和完善高职高专院校的评估机制，从而不断提升自身办学水平，逐步增强院校自身评估的专业性，形成有效的合作评估模式。

13.3.4 立足政策落实和执行开展动态评估

"一分部署，九分落实"是对党和政府的相关政策落实和执行重要性的直接表现。不让政策停留在文件上，充分理解和行动起来，才是真正的政策，只有得到基层落实和执行的政策才能够对教育事业产生影响。就一个政策而言，其产生经过了专家们的实际调查和分析，中央政府机关的讨论和决策以及民意的反馈，反映了该阶段的民生需求。就教育政策而言，其关系我国教育事业的发展路径。加强政策落实和执行可从三步展开。一是学习和理解。学习和理解相关的政策文本，从真正意义上了解政策的导向和要求，是落实一项政策的基本要求，但现阶段相关地方和基层政府机关对相关政策的学习力度有待加强，存在形式主义，未能深刻理解其内涵，导致政策的落实偏离初衷，所以，深入学习和理解政策文件是基础也是关键。二是落实和执行。教育政策的落实和执行建立在对政策本身的理解基础上，落实和执行是政策本身得以发挥实际作用的关键一步，故在教育政策的落实和执行上，政府相关人员应当严格遵照上级指示执行，保障教育政策在每所对应院校的实际运用。三是评估和调整。在教育政策实践落地后，政府与高职高专院校间就建立了监管和被监管的关系，在相关政策的落实上，政府需要对高职高专院校展开动态评估并及时将评估结果反馈给高职高专院校，从而帮助高职高专院校在政策落实上不断完善，进而提升高职高专院校的办学水平，促使高职高专院校工科毕业生素质的逐步提升。

13.4　本章小结

高职高专工科毕业生素质的优化路径是一种复杂结构，所以，以"校企合作""人才培养"和"多方监管"为横坐标，以"高职高专院校""企业"和"国家"为纵坐标形成的高职高专工科毕业生素质优化路径是一种联动的优化组合。通过在高职高专院校内部制定人才培养优化方案，发挥企业在校企合作、人才培养、多方监管中的作用，并配合政府机关单位对相关政策的执行和落实、有效实行监管职能，共同建立一个较为优化的三方联动机制。

本篇结论与展望

2019年，我国高等职业教育迎来了重要的发展契机，我国对于职业技术人才的需求量大大提升，出台了多个促进职业教育快速发展的政策文件。而高职高专工科教育所培养的毕业生素质评价工作还未完善，所以，若想要全面提升我国高等职业教育水平，那么高职高专院校的工科专业也应成为高等职业教育的关注重点。本研究通过对《悉尼协议》、文献的分析，结合专家两次评分结果和实证检验构建了《悉尼协议》框架下高职高专工科毕业生素质评价指标体系，并以河南省为例进行了实证研究。虽然在此过程中得出了一些有意义的研究结论，但是也在指标体系的完善、实证研究的范围等方面存在不足，有待日后深入研究予以改善。

本研究采用理论与实证研究相结合的研究方法，通过文献分析、专

第 13 章 《悉尼协议》背景下高职高专工科毕业生素质优化建议

家评分、小组讨论、实证分析构建了《悉尼协议》框架下高职高专工科毕业生素质评价指标体系，并以河南省为例对其高职高专工科毕业生素质进行了实证评价，得出以下结论。

（1）通过文献分析法和专家访谈法，对学界关于"高职高专工科毕业生素质评价"的研究进行了分析和总结，发现：目前对"高职高专工科毕业生素质评价"的研究多而零散，立足点各有不同。但研究普遍存在表面化的倾向，多数研究缺乏理论支持和实证验证，缺乏科学性。同时，在调查对象的选择上，绝大多数的研究以毕业生或企业为主，缺乏客观性。本研究在文献分析的基础之上，通过对专家的访谈、对《悉尼协议》的文本分析，同时结合成果评价理论设计了《悉尼协议》框架下高职高专工科毕业生素质评价指标体系，并通过专家评分、小组讨论、实证分析、层次分析法对评价指标体系进行了修正和赋值，最终形成了具有 4 个一级指标、8 个二级指标和 16 个三级指标的评价指标体系。根据该评价指标体系，本研究以河南省为例对高职高专院校工科教师、高职高专院校工科毕业生和企业管理人员进行了实证研究，研究结果表明：①高职高专工科毕业生工程实践能力较弱，其中，安全意识弱是导致其在工程实践能力维度上表现较差的主要因素。②高职高专工科毕业生个人与专业能力不足，该维度能力不足的主要诱因是自信与独立不足，多任务处理能力次之。

（2）通过访谈法，深入分析导致高职高专工科毕业生工程实践能力和个人与专业能力弱的原因，主要包括三个方面：①高职高专院校因素。首先，高职高专院校未与企业建立完善的合作机制；其次，高职高专院校对其工科毕业生工程实践能力的培养模式单一，缺乏创新；再次，对高职高专工科毕业生的个人与专业能力重视度不足；最后，高职高专院校对工科毕业生素质的评价不完善。②企业因素。一方面，企业在参与校企合作的过程中未能做到对学生的充分培养，提供的实习岗位过于单一化；另一方面，企业因考虑到某种利益关系，未能真实有效地反映高职高专院校在人才培养中存在的问题。③国家因素。第一，国家虽然制定了多个用以改善和支撑高职高专院校与企业联合开展校企合作的政策文件，但是政策的落实却大打折扣，导致了校企合作问题无法得到及时的解决。第二，国家对高职高专院校的监管力度不足，作为执行单位的地方政府在教育监管方式上存在着严重滞后的现象，使国家对高职高专院校的监管难以落实。

（3）针对高职高专工科毕业生培养过程中存在的问题进行分析。本研究从"校企合作""人才培养"和"多方监管"三个角度，以高职高专院校、企业和政府为出发点，构建了三维的高职高专工科毕业生素质优化路径。在该三维优化路径中，高职高专院校主要承担着工科毕业生能力培养微观层面的任务；而企业作为主要合作方之一，在校企合作中承担着和高职高专院校同等重要的任务，在人才培养的过程中，发挥企业人才培养、政策的执行和落实的监管作用势在必行；政府则是国家意志的主要执行者，对政策的执行和落实、对高职高专院校的监管是其教育监管职能的体现。

在本研究中，通过多种研究方法构建了《悉尼协议》框架下高职高专工科毕业生素质评价指标体系，具有一定的创新。在实证研究的过程中，虽然也通过三方评估提高了结果的客观性，但是仍存在以下不足。

（1）评价指标体系可有待完善。在本研究中，评价指标体系建立的主要依据为《悉尼协议》文本的分析、历年来的文献提取和专家访谈打分（包括工科教师、研究人员、企业管理人员等）。由于对于高职高专工科毕业生的意见未能及时获取，故在评价指标体系的构建上缺失了对高职高专工科毕业生意见的整合，在之后的研究中高职高专工科毕业生的意见亦可作为评价指标体系构建的参考意见之一。

（2）样本选择应更为全面。在对样本的选择上，由于条件能力限制，无法调查到全国的高职高专工科毕业生素质情况，在考虑时间和人力成本的基础上，仅选择了我国高职高专院校数量最多的河南省的"1+X"证书试点院校和"双高"计划院校开展实证研究，故所得结论仅能在一定程度上反映河南省高职高专工科毕业生素质的情况，缺乏普遍性，今后若要继续开展相关研究，希望能够将调查范围尽可能在全国铺开，或能得出更具有普适性的结论。

参考文献

一 中文类

(一) 著作类

北京市统计局. 北京统计年鉴 [M]. 北京: 中国统计出版社, 2018.

程书肖. 教育评价方法技术 [M]. 北京: 北京师范大学出版社, 2007.

胡中锋. 教育评价学 [M]. 北京: 中国人民大学出版社, 2008.

黄光扬. 教育测量与评价 [M]. 上海: 华东师范大学出版社, 2014.

李曼丽. 工程师与工程教育新论 [M]. 北京: 商务印书馆, 2010.

刘献君. 教育研究方法高级讲座 [M]. 武汉: 华中科技大学出版社, 2010.

邱均平, 王碧云, 汤建民. 教育评价学——理论·方法·实践 [M]. 北京: 科学出版社, 2016.

王沛民, 顾建民, 刘伟. 工程教育基础——工程教育理念和实践的研究 [M]. 杭州: 浙江大学出版社, 1994.

温忠麟. 教育研究方法基础 (第3版) [M]. 北京: 高等教育出版社, 2017.

许晓东，李培根，陈国松．我国重点大学本科工程教育实践教学研究［M］．武汉：华中科技大学出版社，2015．

杨晓明．SPSS 在教育统计中的应用（第二版）［M］．北京：高等教育出版社，2012．

张建峰．大学生实践能力培养模式探索与实践［M］．成都：电子科技大学出版社，2016．

张奇．SPSS for Windows 在心理学与教育学中的应用［M］．北京：北京大学出版社，2009．

张屹，周平红．教育研究中定量数据的统计与分析——基于 SPSS 的应用案例解析［M］．北京：北京大学出版社，2015．

朱必详．人力资本理论与方法［M］．北京：中国经济出版社，2005．

朱德全．教育测量与评价［M］．北京：高等教育出版社，2019．

陶西平．教育评价词典［M］．北京：北京师范大学出版社，1998．

陈琦，刘儒德．当代教育心理学［M］．北京：北京师范大学出版社，2007．

陆费逵．舒新城．沈颐等．辞海［M］．北京：中华书局，1936．

刘本固．教育评价的理论与实践［M］．杭州：浙江教育出版社，2000．

姜大源．职业教育要义［M］．北京：北京师范大学出版集团，2017．

（二）期刊类

陈超，谭毅，马文英，杨雄．校外实习基地深度参与高校工程教育合作模式研究［J］．西南师范大学学报（自然科学版），2020（07）：163－167．

陈男，胡伟武，冯传平，张宝刚，郝春博．环境工程专业本科生工程实践能力培养探索［J］．中国地质教育，2016（04）：72－75．

陈鑫，张兄武，蔡新江，毛小勇，曹喜庆．工科大学生创新能力培养的项目教学法探索与实践——以土木工程专业为例［J］．实验室研究与探索，2019（09）：194－199＋246．

陈运贵．工科类专业工程实践能力的培养与实践教学改革［J］．中国电力教育，2014（29）：57－58＋64．

迟明梅，孙玉梅，乔玉新，谢玮．CDIO工程实践能力AHP评价机制构建——以烟台南山学院食品专业为例［J］．食品与发酵科技，2019（03）：124－126＋131．

邓丽群，孙山．地方高校工科青年教师教学能力提升研究——基于"大工程观"教育理念［J］．四川轻化工大学学报（社会科学版），2020（02）：89－100．

丁三青，张阳．三位一体的工科教师培养体系研究［J］．高等工程教育研究，2007（06）：26－30．

杜育红．人力资本理论：演变过程与未来发展［J］．北京大学教育评论，2020（01）：90－100＋191．

冯其红，胡伟，王增宝．改革实验教学模式 培养大学生的工程实践能力［J］．实验室研究与探索，2013（02）：130－132．

傅水根．创建有中国特色的工程实践教学体系［J］．中国大学教学，2004（07）：24－26．

甘宜涛，雷庆．印度工程教育专业认证特征及经验［J］．学位与研究生教育，2019（02）：56－61．

郭涛．高校工程实践贯通培养对标保障体系的设计与探索［J］．实验室研究与探索，2018（12）：249－251＋265．

韩如成．工程实践能力培养的探索与实践［J］．中国大学教学，2009（06）：77－79．

韩婷，郭卉，尹仕，张蓉．基于项目的学习对大学生工程实践能力发展的影响研究［J］．高等工程教育研究，2019（06）：65－72．

何万国，漆新贵．大学生实践能力的形成及其培养机制［J］．高等教育研究，2010（10）：62－66．

胡德鑫．德国工程教育专业认证制度的变迁逻辑及其启示——基于历史制度主义的分析范式［J］．高校教育管理，2017（06）：74 - 82．

胡剑锋，程样国．基于 OBE 的民办本科高校大学生创新创业能力评价［J］．社会科学家，2016（12）：123 - 127．

胡美丽，黄慧，睢琳琳．美国工科院校培养学生工程实践能力的经验及其启示［J］．当代教育科学，2015（15）：51 - 53．

黄建通．强化工程人才的工程实践能力 推进中马"一带一路"建设合作［J］．世界教育信息，2017（21）：17 - 21 + 25．

黄榕．大学生学习主体性测量及其效果的实证研究——来自江苏省大学生知识竞赛的数据探索［J］．黑龙江高教研究，2019，37（10）：114 - 120．

姜嘉乐．工程教育永远要面向工程实践——万钢校长访谈录［J］．高等工程教育研究，2006（04）：1 - 7．

蒋宗礼．工程教育认证的特征、指标体系及与评估的比较［J］．中国大学教学，2009（01）：36 - 38．

孔寒冰，邱秧琼．工程师资历框架与能力标准探索［J］．高等工程教育研究，2010（06）：9 - 19．

赖英旭，李健，刘静，杨震．信息安全专业工程能力评价方法探索［J］．实验室研究与探索，2013（05）：150 - 153 + 193．

雷翔霄，唐春霞，徐立娟．项目贯穿式实践教学体系改革与实践——以高职电气自动化技术专业为例［J］．实验技术与管理，2021（02）：228 - 232．

李会鹏，侯立刚，王海彦．化工专业学生工程实践能力达成评价体系构建初探［J］．大学教育，2017（06）：160 - 162．

李金梅．综合实践活动课程中的项目学习：理念、优势与改进［J］．教育学术月刊，2021（02）：85 - 90．

林健．构建工程实践教育体系 培养造就卓越工程师［J］．中国高等教育，2012（02）：15 - 17 + 30．

刘承伟．构建现代职业教育的新形式——介绍 CBE 模式［J］．北京成人教育，2001（08）：25 - 26．

刘冠军，尹振宇．能力和教育：人力资本理论发展中两个核心概念转换研究［J］．国外理论动态，2020（02）：91-98．

刘晶月．研究型大学大四阶段教学管理的困境与突破——基于南京大学的实证研究［J］．高校教育管理，2012（03）：99-103．

刘斯文，程晋宽．大学"金课"的建构逻辑：起点、过程与走向［J］．高校教育管理，2020（06）：117-124．

卢艳青，李继怀，王力军．工程实践能力指向与创新能力形成机理［J］．黑龙江高教研究，2014（01）：144-146．

吕俊杰．我校学生创新精神与实践能力培养的探索［J］．中国高教研究，2001（03）：51-51．

吕小艳，文衍宣．地方高校工科学生工程实践能力培养对策研究［J］．实验技术与管理，2016（01）：13-16．

马廷奇，冯婧．回归工程实践与工程教育模式改革［J］．高教发展与评估，2018，34（02）：9-16+102-103．

孟飞，蔡建文，张美凤．大学生工程实践能力的培养方法实务探析［J］．福建电脑，2016，32（12）：77-78．

莫远东，连海山，莫德云，严伟聪．校企共建3D打印实验室在实践教学中的应用探讨［J］．实验室研究与探索，2020（08）：232-235．

闵维方．人力资本理论的形成、发展及其现实意义［J］．北京大学教育评论，2020，18（01）：9-26+188．

彭湃．工程教育学习成果的评价与国际比较——对AHELO工程学测评的教育评价学考察［J］．高等工程教育研究，2016（05）：33-38．

齐书宇，李国香．《华盛顿协议》毕业生素质规定及其对地方高校工程人才培养的启示［J］．高校教育管理，2018（01）：48-53．

曲建光，张玉娟，梅晓丹，田泽宇，白阳．新工科测绘类本科生工程实践能力评价体系——以地方高校测绘类本科生为评价对象［J］．测绘工程，2019（06）：64-68+74．

任宗金，张军，孙晶，崔岩，马建伟，陈星，温锋．面向工程专业认证的大学生实践能力评价方法研究［J］．山东农业工程学院学报，

2017（12）：11-12.

宋静，张琼，唐晓清. 建筑类专业实践能力评价体系构建研究——以工程造价专业为例［J］. 赤峰学院学报（自然科学版），2018（11）：163-165.

孙怀林等. 基于实践能力提升的专业学位硕士研究生培养模式研究［J］. 黑龙江高教研究，2018（08）：95-98.

孙万麟，宋莉莉，朱超. 新疆工科少数民族大学生工程实践能力培养的影响因素及策略探析［J］. 教育教学论坛，2015（32）：271-273.

谭艳，曾利军，陈敏. 基于OBE理念的本科院校工程实践能力分析［J］. 江苏科技信息，2018（34）：72-74.

王玲，雷环.《华盛顿协议》签约成员的工程教育认证特点及其对我国的启示［J］. 清华大学教育研究，2008（05）：88-92.

王荣德，王培良，王智群，钱懿. 应用型高校工程实践与创新能力培养模式探索［J］. 中国高校科技，2019（10）：59-62.

王孙禺，孔钢城，雷环.《华盛顿协议》及其对我国工程教育的借鉴意义［J］. 高等工程教育研究，2007（01）：10-15.

王孙禺，赵自强，雷环. 中国工程教育认证制度的构建与完善——国际实质等效的认证制度建设十年回望［J］. 高等工程教育研究，2014（05）：23-34.

王永泉，胡改玲，段玉岗，陈雪峰. 产出导向的课程教学：设计、实施与评价［J］. 高等工程教育研究，2019（03）：62-68+75.

王志勇，刘畅荣等. 基于工程教育专业认证的建环专业实践教学体系改革［J］. 高等建筑教育，2015（06）：44-47.

吴琛，麻胜兰，王展亮，李惠霞. 工程教育人才培养目标的多主体多要素模糊综合评价［J］. 高等工程教育研究，2020（05）：78-83.

吴蓝迪，张炜. 国际工程联盟（IEA）工程人才质量标准比较及其经验启示［J］. 高等工程教育研究，2018（02）：111-118.

吴昕芸，郭照冰，任团伟，朱晓东. 高校专业硕士工程实践与科研创新能力培养研究［J］. 科学管理研究，2018（05）：101-104.

吴志华，傅维利．实践能力含义及辨析［J］．上海教育科研，2006（09）：23－25．

谢勇，张天平，方宇，郭志波．建立自动化专业学生实践能力评价体系的探索［J］．实验技术与管理，2011（01）：12－15．

徐锋，范剑，许晨光．新工科背景下地方高校材料力学金课建设路径与探索［J］．力学与实践，2020（02）：226－231．

杨芳，陈雷，张艳萍．应用型本科学生对课程现状评价的实证研究——以上海S校机械工程学院为例［J］．中国职业技术教育，2018（17）：11－16＋22．

杨秋波，王世斌，郄海霞．工科专业本科生实践能力：内涵、结构及实证分析［J］．高等工程教育研究，2017（03）：81－85．

毅刚，孟斌，王伟楠．基于OBE模式的技术创新能力培养［J］．高等工程教育研究，2015（06）：24－30．

游蠡．学徒制到院校制：19世纪上半叶美国工程教育的大学化进程［J］．高等工程教育研究，2019（03）：110－115．

袁本涛，王孙禺．日本高等工程教育认证概况及其对我国的启示［J］．高等工程教育研究，2006（03）：58－65．

袁剑波，郑健龙．工程实践能力：培养应用型人才的关键［J］．高等工程教育研究，2002（03）：35－37．

曾甘霖．茅以升工程教育观及其当代价值［J］．高等工程教育研究，2018（05）：196－200．

张爱民，王旭，张建民，寇素霞，李洪峰．土木类本科生创新能力与实践能力评价体系的研究［J］．教育探索，2009（11）：56－57．

张代明，刘荣佩，史庆南，陈冬华．工科大学生工程能力培养测评体系与测评方法研究［J］．昆明理工大学学报（社会科学版），2004（03）：57－61．

张海，邓长寿．地方高校青年教师工程实践能力定量评价体系研究［J］．黑龙江教育（高教研究与评估），2012（12）：22－23．

张浩，胡庆喜，岳华．全日制工程硕士工程实践能力培养影响因素研究——基于全国工程教指委评奖材料的分析［J］．黑龙江教育（高教研究与评估），2020（04）：75-77．

张建功，杨诚，黄丽娟．基于企业需求的全日制工程硕士实践能力校企契合度研究［J］．研究生教育研究，2016（06）：73-79．

张树永，朱亚先，王玉枝．我国高等学校化学类专业评估标准建设进展及未来工作重点浅议［J］．中国大学教学，2017（04）：51-55．

张晓芬，周鲜华．"以学生为中心"的大学生工程实践能力多元评价研究［J］．现代教育管理，2021（02）：77-83．

张彦通，韩晓燕．美、德两国工程教育专业认证制度的特色与借鉴［J］．中国高等教育，2006（02）：60-62．

张以清．实施行为导向教学法 注重关键能力的培养［J］．考试周刊，2007（44）：95-96．

张毓龙．"金课"理念下高职院校的课程建设［J］．江苏高教，2020（12）：152-156．

张执南，陈珏蓓，朱佳斌，张国洋，谢友柏．逆向教学设计法在项目式教学中的应用——以上海交通大学"工程学导论"为例［J］．高等工程教育研究，2018（06）：145-149．

张志祯，齐文鑫．教育评价中的信息技术应用：赋能、挑战与对策［J］．中国远程教育，2021（03）：1-11+76．

赵建华．大学生实践能力的概念、结构与影响因素分析［J］．中国大学教学，2009（07）：67-69．

赵静野．关于教师工程实践能力问题的思考［J］．中华文化论坛，2009（S1）：151-152．

赵菊珊，廖旭梅．卓越小班化教学的典型特征与教学策略研究［J］．中国大学教学，2019（03）：13-18．

郑琼鸽，吕慈仙，唐正玲．《悉尼协议》毕业生素质及其对我国高职工程人才培养规格的启示［J］．高等工程教育研究，2016（04）：136-140+145．

中国工程院"创新人才"项目组．走向创新——创新型工程科技人才培养研究［J］. 高等工程教育研究, 2010 (01): 1-19.

中国工程院工程教育代表团. 访美考察报告［J］. 高等工程教育研究, 2002 (05): 1-8.

周玲, 孙艳丽, 康小燕. 回归工程 服务社会——美国大学工程教育的案例分析与思考［J］. 清华大学教育研究, 2011 (06): 117-124.

朱慧. 荷兰高等工程教育经验及启示［J］. 高等工程教育研究, 2015 (05): 127-131.

朱薇. 北京高等教育事业发展分析［J］. 北京高等教育, 1999 (05): 48-49.

朱伟文, 宫新荷. 高等工程教育教师专业能力可持续发展的思考［J］. 高教发展与评估, 2020, 36 (05): 68-76+118.

朱伟文, 谢双媛. 英国工程专业能力标准及启示［J］. 继续教育, 2016, 30 (04): 7-10.

朱正伟, 马一丹, 周红坊, 李茂国. 高校工科教师工程实践能力现状与提升建议［J］. 高等工程教育研究, 2020 (04): 88-93+148.

庄敏. 高校教师激励机制的现实困境与对策研究［J］. 经济研究导刊, 2020 (35): 92-93.

王伯庆. 参照《悉尼协议》开展高职专业建设［J］. 江苏教育, 2014 (28): 16-19.

严励, 吴胜红. 人文素质缺失对理工科毕业生职业发展的影响及思考［J］. 教育探索, 2009 (03): 132.

罗树坤, 赖洪燕, 叶勇玲. 毕业生素质能力及用人单位人才规格需求调查分析［J］. 中国高等医学教育, 2010 (07): 71-72.

何莎莎, 王天恒. 毕业生质量与高校教学改革的互动机制探索［J］. 中国成人教育, 2013 (03): 149-151.

肖云, 刘慧, 代礼忠. 不同性质用人单位对大学生核心素质需求差异研究——基于重庆市272家用人单位的调研［J］. 高教探索, 2008 (03): 115-119.

李志高. 基于大学毕业生能力素质负面反映的辩证思考［J］. 黑龙

江高教研究，2010（11）：117－119．

刘强，董琪．解析高校毕业生的素质及就业心理问题［J］．教育与职业，2009（23）：79－81．

杨文东．略论大众高等教育毕业生质量评价［J］．理论月刊，2008（04）：77－79．

鲁宇红．社会市场视角下的大学生素质与能力的培养［J］．江苏社会科学，2009（S1）：8－11．

桑雷，马蕾．新职业关系下高职毕业生素质需求及优化策略［J］．职教论坛，2012（21）：55－57．

姜煜林．用人单位视角下的应用型本科毕业生质量调查与分析——以Y工学院为例［J］．黑龙江高教研究，2008（06）：105－107．

缑仲轩，叶立生．高职毕业生质量评价探讨［J］．职教论坛，2018（03）：144－147．

陈旭平，熊德敏，吴瑛．基于因果分析法的高职生综合素质评价体系［J］．高等工程教育研究，2011（06）：161－164．

董红波．高职毕业生素质现状调查的实证分析［J］．职教论坛，2008（22）：60－62．

姚昌义．高职高专毕业生的知识、能力及素质要求［J］．兰州学刊，2002（03）：67－68．

张一鹏．高职化工类专业毕业生素质与课程设置分析［J］．教育与职业，2008（05）：121－122．

鲁伟，刘承赫．用人单位对高等职业院校毕业生评价的调查研究［J］．教育学术月刊，2013（10）：88－91．

廖志林，程君青，沈晓蕙．高职高专毕业生质量评估体系的构建［J］．职业技术教育，2008，29（11）：71－72．

蒋新萍，李昆益．社会需求视角下工科高职生综合职业素质结构研究［J］．职业技术教育，2014，35（23）：19－22．

李周男，高占凤，徐红．高校创新创业教育与新工科建设的框架及其融合［J］．河北农业大学学报（农林教育版），2018，20（02）：9－14．

费翔. 新工科建设背景下高校工程人才培养刍论 [J]. 教育评论, 2017 (12): 17-22.

姜晓坤, 朱泓, 李志义. 面向新工业革命的新工科人才素质结构及培养 [J]. 中国大学教学, 2017 (12): 13-17+23.

刘琳, 朱敏. 高等工程人才培养的范式转变——关于"新工科"深层次变革的思考 [J]. 南京理工大学学报 (社会科学版), 2017, 30 (06): 88-92.

刘楠, 吴涛. 工科学生工程伦理意识培养的必要性及其路径选择 [J]. 教育探索, 2017 (03): 74-77.

王进, 彭妤琪. 如何唤醒工科学生对伦理问题的敏感性 [J]. 高等工程教育研究, 2017 (02): 194-198.

徐飞. 办一流工程教育 育卓越工科人才 [J]. 高等工程教育研究, 2016 (06): 1-6+36.

顾佩华. 创新时代的工程教育: 思考与探索 [J]. 高等工程教育研究, 2016 (04): 14-15.

刘叶, 邹晓东. 提高理工科人才培养质量: 思维变革的路径 [J]. 高等工程教育研究, 2016 (03): 111-115.

曹文波. 工科院校人文素质教育探析 [J]. 教育评论, 2015 (02): 44-46.

芦雪鹏. 刍议理工科大学生人文素养缺失的成因及对策 [J]. 新西部 (理论版), 2014 (22): 117+125.

王章豹, 吴娟. 工科大学生工程素质现状调查及分析 [J]. 高等工程教育研究, 2014 (06): 105-111.

赵婷婷, 王彤, 杨翊, 冯磊. 用人单位对本科工科毕业生培养质量满意度的调查研究 [J]. 高等工程教育研究, 2014 (06): 86-96.

徐瑾, 李志祥. 对工科大学生素质要求的调查分析 [J]. 北京理工大学学报 (社会科学版), 2013, 15 (02): 155-160.

高京平, 韩颖. 理工科大学生人文素质教育存在的问题与思考 [J]. 中国成人教育, 2013 (05): 48-49.

朱立光，张锦瑞，卢育红．论地方工科院校高素质应用型人才的培养［J］．教育与职业，2011（08）：26－28．

黄超，陈文彬．论地方工科院校毕业生质量评价指标的建构［J］．教育与职业，2010（33）：42－43．

黄超，陈文彬．地方工科院校毕业生质量评价指标体系研究［J］．广西民族师范学院学报，2010，27（02）：134－136．

范杏丽．构建双语公选课程体系 提升工科学生人文素养［J］．高等工程教育研究，2010（02）：142－144＋148．

林健．高校工程人才培养的定位研究［J］．高等工程教育研究，2009（05）：11－17＋88．

熊进．"德识能绩"模型：电大人才素质评价结构分析——基于甘肃电大392名毕业生跟踪调查结果［J］．开放教育研究，2009，15（04）：98－102．

蒋学杰．理工科大学生应重视公关素质的培养［J］．继续教育研究，2009（05）：117－118．

吴伟．高校本科毕业生质量评价研究［J］．西北工业大学学报（社会科学版），2008（03）：87－90．

傅娥．加强高校理工科大学生人文素质教育的探讨［J］．教育与职业，2008（12）：133－135．

李庆丰，赵一夫．大学生实践能力调查：用人单位和毕业生的视角［J］．高教发展与评估，2008（01）：106－115＋124．

李奕川．工科大学生科技创新能力培养的思考［J］．中国成人教育，2017（15）：72－75．

肖京武，刘丽华，陆佳．高校函授站毕业生质量评价探析［J］．中南林业科技大学学报（社会科学版），2013，7（04）：152－153．

齐书宇，李国香．《华盛顿协议》毕业生素质规定及其对地方高校工程人才培养的启示［J］．高校教育管理，2018，12（01）：48－53．

刘红，刘姿．基于GMER的临床本科毕业生人文素质现况分析［J］．重庆医学，2015，44（25）：3589－3590．

金蕾茈，蔡甄，周源．用人单位对大学毕业生职业能力、素质与工作贡献的评价研究［J］．教育与职业，2013（27）：185－187．

蔡文秀，韩瑾．卫生职业院校学生人文素质状况调查［J］．教育与职业，2015（08）：111－113．

肖静，范小春．夯实培养环节全面提升学生工程素质——以土木工程专业为例［J］．高等工程教育研究，2017（04）：78－80．

庄玉莹．自主学习能力与职业适应能力的相关研究——基于粤东某高校三届毕业生的调查［J］．高教探索，2016（07）：117－124．

宋俊霞，刘轶楠．提升高职院校毕业生职业能力的对策研究［J］．中国成人教育，2013（20）：106－108．

王翠翠，杜勇．职业院校技能型人才培养与市场需求拟合度实证研究——以四川省南充市为例［J］．职教论坛，2015（12）：84－87．

周丙洋，马云峰．融合与创新：现阶段高职素质教育的体系化建构——以无锡商业职业技术学院的实践探索为例［J］．学校党建与思想教育，2014（06）：70－72．

倪筱燕．高职院校素质教育创新能力研究［J］．教育与职业，2015（15）：43－45．

胡洋，苏琳．基于就业导向的高职学生综合评价体系构建［J］．职业技术教育，2014（26）：45－47．

马然，武永花．高校国际化应用型人才的素质构成与培养模式研究［J］．中国成人教育，2016（11）：52－54．

庄榕霞，周雨薇，赵志群．高等职业教育开展《悉尼协议》专业认证的思考［J］．中国职业技术教育，2018（01）：41－44＋49．

包映蕾．英国 BTEC HND 人才培养模式与《悉尼协议》的契合［J］．广东农工商职业技术学院学报，2018，34（01）：51－55．

韩冰．推进中国技术教育专业认证工作的思考［J］．江苏高教，2018（05）：89－92．

郑琼鸽，吕慈仙．基于《悉尼协议》的高职人才培养质量持续改进模式探析［J］．职业技术教育，2018，39（08）：72－75．

高军. 高职院校专业国际认证探索与研究［J］. 智库时代, 2017 (16): 274-275.

李春霞."悉尼协议"对我国高职人才培养的启示——以高职微电子技术专业为例［J］. 辽宁高职学报, 2017, 19 (11): 12-14+29.

郑智勇, 肖林, 王书林. 改革开放40年我国高职教育的进展、问题与展望［J］. 教育与职业, 2018 (20): 33-38.

管平, 胡家秀, 胡幸鸣. 知识、能力、素质与高技能人才成长模式研究［J］. 黑龙江高教研究, 2005 (10): 161-163.

（三）论文类

北京工业大学城市交通学院. 北京工业大学交通运输类本科大类培养方案 (2015版)［EB/OL］. http://cmt.bjut.edu.cn/jyjx/pyfa/bk-spyfa/2015119/14470522777328957_1.html.

北京科技大学教务处. 工科试验班 (卓越计划)［EB/OL］. https://jwc.ustb.edu.cn/tspy/rcpyms/ddc6a19b3b934b62bac01e0a 0cc3c72d.htm.

北京市教育委员会. 2014-2015学年度北京教育事业发展统计概况: 高等教育 (普通本科分形式、分学科学生数)［EB/OL］. http://jw.beijing.gov.cn/xxgk/zfxxgkml/zwjyjfzx/202003/t20200 325_1734099.html.

北京市教育委员会. 2018-2019学年度北京教育事业发展统计概况: 高等教育 (2018版)［EB/OL］. http://jw.beijing.gov.cn/xxgk/zfxxgkml/zwjyjfzx.

梁丹, 焦以璇. 建成世界规模最大高等教育体系, 服务经济社会能力显著提升——"十三五"高等教育取得突破性进展［N］. 中国教育报, 2020-12-04.

清华大学机械工程系. 全国工程教育专业认证自评报告［R］. 2015-08-15.

清华大学教务处. 实践教学［EB/OL］. https://www.tsinghua.edu.cn/jyjx1/bksjy/sjjx1.htm.

中华人民共和国教育部. 关于加强和规范普通本科高校实习管理工

作的意见［Z］. 2019 - 07 - 12/202003/t20200325_1734095. html.

中华人民共和国科学技术部. 国家"十二五"科技发展规划［EB/OL］. http：//www. most. gov. cn/kjgh/，2015 - 04 - 16/2018 - 11 - 25.

中华人民共和国中央人民政府. 中国科技发展报告［EB/OL］. http：//www. gov. cn/gzdt/att/att/site1/20120428/001e3741a55811 05945301. pdf，2012 - 04 - 25/2018 - 11 - 25.

任万钧. 审核评估是对人才培养质量的全面检验［EB/OL］. http：//xian. qq. com/a/20171107/079315. htm，2017 - 11 - 07/2018 - 11 - 25.

中华人民共和国教育部. 全国职业院校设近千个专业，在校生人数超 2600 万［EB/OL］. http：//news. ifeng. com/a/20170830/51808282_0. shtml，2017 - 08 - 30/2018 - 11 - 25.

中华人民共和国教育部. 专家微评：中国工程教育质量报告［EB/OL］. http：//www. moe. gov. cn/jyb_xwfb/s5148/201411/t20141113_178177. html，2014 - 11 - 13/2018 - 11 - 25.

中央全面深化改革委员会第五次会议. 深刻总结改革伟大成就宝贵经验 不断把新时代改革开放继续推向前进［EB/OL］. http：//www. moe. gov. cn/jyb_xwfb/s6052/moe_838/201811/t20181115_354857. html，2018 - 11 - 15/2018 - 11 - 18.

百度百科. 理想主义［EB/OL］. https：//baike. baidu. com/item/% E7% 90% 86% E6% 83% B3% E4% B8% BB% E4% B9% 89/1486485？fr = aladdin，2012 - 06 - 29/2018 - 12 - 2.

陈宝生. 办好人民满意的教育是我们的奋斗目标和前进动力［EB/OL］. http：//www. gov. cn/xinwen/2018 - 03/14/content_ 5274087. html，2018 - 03 - 14/2018 - 12 - 2.

教育部. 2016 年全国高等职业院校适应社会需求能力评估报告［EB/OL］. http：//www. moe. edu. cn/jyb_xwfb/gzdt_gzdt/s5987/201712/t20171207_320819. html，2017 - 12 - 07/2018 - 06 - 13.

百度文库. 人才培养质量评价体系［EB/OL］. https：//wenku. baidu. com/view/349985f3f61fb7360b4c6560. html，2012 - 06 - 29/2018 - 11 - 25.

技能. 汉典关于词的解释 [EB/OL]. http://www.zdic.net/c/0/144/315268.htm, 2015.

2017－2018 普通专科分专业大类学生数 [EB/OL]. http://www.moe.gov.cn/s78/A03/moe_560/jytjsj_2017/qg/201808/t20180808_344792.html, 2019－03－28.

2016－2017 普通专科分专业大类学生数 [EB/OL]. http://www.moe.gov.cn/s78/A03/moe_560/jytjsj_2016/2016_qg/201708/t20170824_311830.html, 2019－03－28.

二 外文类

(一) 著作类

Heinemann L., Rauner F., Hauschildt U.. Measuring Occupational Competences: Concept, Method and Findings of the COMET Project [M]. Springer Netherlands, 2013.

Hart D.. Authentic Assessment: A Handbook for Educators [M]. New York, N.Y.: Addison－Wesley, 1994.

Patil A., and Gray, P.. Engineering Education Quality Assurance [M]. Springer US, 2009.

Schalock R. L.. Outcome Based Evaluation [M]. Springer Science & Business Media, 2001.

Jeffers A. E.. A Qualitative Study to Assess the Learning Outcomes of a Civil Engineering Service Learning Project in Bolivia, 2014.

Masters C. B., Yin A., Okudan G., and Schuurman M.. AC 2009－1276: Assessing Growth of Engineering Students Using E－Portfolios: A MDL－based Approach [M], 2009.

Wiggins G., The Case for Authentic Assessment [M]. ERIC Digest, Dec., 1990.

Higher Education Council (HEC) Australia. Achieving Quality. Canberra: Australian Government Publishing Service［M］. 1992.

Saaty T. L.. The Analytic Hierarchy Process: Planning, Priority Setting, Resource Allocation［M］. Pittsburgh PA: University of Pittsburgh. 1980.

（二）期刊类

Duderstadt J. J.. Engineering for a Changing World—A Roadmap to the Future of Engineering Practice, Research, and Education—Grasso［J］. Journal of Engineering Education, 2009, 97（03）: 389-392.

Feng Qihong, Hu Wei, Zhan Yongping. Reform of Training Ways of Engineering Practice and Innovation Ability for Petroleum Engineering Students［J］. Experimental Technology and Management, 2012.

Rogers G. M.. EC2000 and Measurement: How Much Precision is Enough?［J］. Journal of Engineering Education, 2000, 89（02）: 161-165.

Isaacson M., Eng P.. Graduate Attributes and Accreditation［J］. Canadian Civil Engineer, 2016: 19-21.

Jerry R. Yeargan. ABET's EC 2000 Criteria - The Model for Outcomes - based Accreditation Criteria［J］. The Interface, 2003（03）: 1-3.

Karwat D. M. A., Eagle W. E., Wooldridge M. S., et al.. Activist Engineering: Changing Engineering Practice by Deploying Praxis［J］. Science and Engineering Ethics, 2014, 21（01）: 227-239.

Kerka S.. Competency - based Education and Training. Myths and Realities［J］. Behaviorism, 1998, 45（02）: 4.

Klukken P. G., Parsons J. R., Columbus P. J.. The Creative Experience in Engineering Practice: Implications for Engineering Education［J］. Journal of Engineering Education, 1997, 86（02）: 133-138.

Levy J.. Engineering Education in the United Kingdom: Standards, Quality Assurance and Accreditation［J］. International Journal of Engineering Education, 2000, 16（02）: 136-145.

Lucena J., Downey G., Jesiek B., et al.. Competencies beyond Countries: The Re – Organization of Engineering Education in the United States, Europe, and Latin America [J]. Journal of Engineering Education, 2008, 97 (04): 433 –447.

Mandy Liu, Pei – Fen Chang, Andrew M. , Wo, et al. . Quality Assurance of Engineering Education through Accreditation of Programs in Taiwan [J]. International Journal of Engineering Education, 2008, 24 (05): 854 – 863.

Miller, Gregory R. , Cooper, Stephen C. . Something Old, Something New: Integrating Engineering Practice into the Teaching of Engineering Mechanics [J]. Journal of Engineering Education, 84 (02): 105 – 115.

Misnevs B. . Software Engineering Competence Evaluation Portal [J]. Procedia Computer Science, 2015, 43: 11 – 17.

Passow H. J. , and Passow C. H. . What Competencies should Undergraduate Engineering Programs Emphasize? A Systematic Review [J] . Journal of Engineering Education, 2017 (3): 106.

Prados J. W. , Peterson G. D. , Lattuca L. R. . Quality Assurance of Engineering Education through Accreditation: The Impact of Engineering Criteria 2000 and Its Global Influence [J]. Journal of Engineering Education, 2005, 94 (01): 165 – 184. Rauner F. KOMET – Measuring Vocational Competence in Electronic engineering [J]. 2010.

Ron Brandt. On Outcome – based Education: A Conversation with Bill Spady [J]. Educational Leadership, 1993, 50 (04): 66 – 70.

Sánchez J. A. , Fernández – Alemán J. L. , Nicolás J. , et al. . An Approach for Automated Software Engineering Competence Measurement: Model and Tool [J]. International Journal on Information Technologies and Security, 2017.

Schlingensiepen J. . Competence Driven Methodology for Curriculum Development based on Requirement Engineering [J]. Procedia – Social and Behavioral Sciences, 2014, 141: 1203 – 1207.

Sheppard S. , Colby A. , Macatangay K. , et al. . What is Engineering Practice? [J]. International Journal of Engineering Education, 2010, 22 (03).

Smith S. R. . AMEE Guide No. 14: Outcome – based Education: Part 2—Planning, Implementing and Evaluating a Competency – based Curriculum [J]. Medical Teacher, 1999, 2 1 (01): 15 – 22.

Trevelyan, James. Reconstructing Engineering from Practice [J]. Engineering Studies, 2 (03): 175 – 195.

William G. . Spady, Kit J. . Marshall. Beyond Traditional Outcome – based Education [J]. Educational Leadership Journal of the Department of Supervision and Curriculum Development N. e. a, 1991, 49 (02): 67 – 72.

Anderson K. J. B. , Courter S. S. , McGlamery T. , Nathans – Kelly T. M. , and Nicometo C. G. . Understanding Engineering Work and Identity: A Cross – case Analysis of Engineers Within Six Firms. Engineering Studies [J]. 2010, 2 (03), 153 – 174.

Crebert, Gay. Institutional Research into Generic Skills and Graduate Attributes: Constraints and Dilemmas [J]. Proceedings of the International Lifelong Learning Conference, 2002.

Aithal P. S. , and P. M. . Suresh Kumar. Enhancement of Graduate attributes in Higher Education Institutions through Stage Models [J]. IMPACT: International Journal of Research in Business Management, 2015: 121 – 130.

Barrie, Simon C. . Academics' Understandings of Generic Graduate Attributes: A Conceptual Basis for Lifelong Learning [J]. Graduate Attributes, Learning and Employability. Springer, Dordrecht, 2006: 149 – 167.

Nicol D. . The Foundation for Graduate Attributes: Developing Self – Regulation through Self and Peer Assessment [J]. The Quality Assurance Agency for Higher Education. Scotland, 2010.

Artess J. , Hooley, T. , and Mellors – Bourne, R. . Employability: A

Review of the Literature 2012 – 2016 [J]. York: Higher Education Academy, 2017.

Coetzee, M.. Measuring Student Graduateness: Reliability and Construct Validity of the Graduate Skills and Attributes Scale [J]. Higher Education Research and Development. 2014 (05): 887 – 902.

Osmani M., Weekkody V., Hindi N., Al – Esmail R., Eldabi T., Kapoor K., and Irani Z.. Identifying the Trends and Impact of Graduate Attributes on Employability: A Literature Review [J]. Tertiary Education and Management, 2015 (04): 367 – 79.

Coetzee, M.. A Framework for Developing Student Graduateness and Employability in the Economic and Management Sciences at the University of South Africa [J]. Developing Student Graduateness and Employability: Issues, Provocations, Theory and Practical Guidelines, 2012: 119 – 152.

Hill, Jennifer, Helen Walkington, and Derek France. Graduate Attributes: Implications for Higher Education Practice and Policy: Introduction [J]. Journal of Geography in Higher Education, 2016: 155 – 163.

Green, Wendy, Sarah Hammer, and Cassandra Star. Facing up to the Challenge: Why is it So Hard to Develop Graduate Attributes? [J]. Higher Education Research & Development, 2009: 17 – 29.

Hill, J., and Walkington, H.. Developing Graduate Attributes through Participation in Undergraduate Research Conferences [J]. Journal of Geography in Higher Education, 2016: 222 – 237.

Bowden J., Hart G., King B., Trigwell K., and Watts O.. Generic Capabilities of ATN University Graduates [J]. Canberra: Australian Government Department of Education, Training and Youth Affairs, 2000.

Faulkner, Margaret, et al.. Exploring Ways that e – Portfolios can Support the Progressive Development of Graduate Qualities and Professional Competencies [J]. Higher Education Research & Development, 2013: 871 – 887.

Barrie S., Hughes C., and Smith C.. The National Graduate Attributes

Report: Integration and Assessment of Graduate Attributes in Curriculum (Research Report) [J]. Australian Learning and Teaching Council, 2009.

Reese M., and Levy R.. Assessing the Future: E – portfolio Trends, Uses, and Options in Higher Education [J]. Boulder: Educause Center for Applied Research, 2009.

Balaban I., Divjak B., and Kopic M.. Emerging Issues in Using ePortfolio [J]. Paper presented at the Learning Forum, 2010.

Cicek, Jillian Seniuk, et al.. Rubrics as a Vehicle to Define the Twelve CEAB Graduate Attributes, Determine Graduate Competencies, and Develop a Common Language for Engineering Stakeholders [J]. Proc. CEEA Canadian Engineering Education Conf., CEEC14. Canmore, AB, 2014.

Paul, Robyn, Ron J. Hugo, and Lynne Cowe Falls. International Expectations of Engineering Graduate Attributes [J]. Proceedings of the 11th International CDIO Conference. University, 2015.

Cox M. F., Cekic O., Ahn B., and Zhu J.. Engineering Professionals' Expectations of Undergraduate Engineering Students [J]. Leadership and Management in Engineering, 2012 (02): 60 – 70.

Prados J. W., Peterson G. D., and Lattuca L. R.. "Quality Assurance of Engineering Education Through Accreditation: The Impact of Engineering Criteria 2000 and its Global Influence." [J]. J. Eng. Edu., 2005 (01): 165 – 184.

Shuman L. J., Besterfield – Sacre M., and McGourty, J.. The ABET "Professional Skills" —Can they be Taught? Can they be Assessed? [J]. J. Eng. Edu., 2005 (01): 41 – 55.

Madhavi B. K., Mohan V., and Nalla D.. Improving Attainment of Graduate Attributes Using Google Classroom [J]. Journal of Engineering Education Transformations, 2018 (03): 200 – 205.

Parkinson A.. The Rationale for Developing Global Competence. Online Journal for Global Engineering Education, 2009 (02): 2.

Chan A. D. , and Fishbein J. . A Global Engineer for the Global Community [J]. The Journal of Policy Engagement, 2009 (02): 4 – 9.

Szenes E. , Tilakaratna N. , and Maton K. . The Knowledge Practices of Critical Thinking. In The Palgrave Handbook of Critical Thinking in Higher Education [J]. Palgrave Macmillan, New York, 2015: 573 – 591.

Nalla D. , and Nalla S. . Research Culture in Engineering Faculty: Its Effect on the Attainment of Graduate Attributes [J]. In 2016 IEEE Frontiers in Education Conference (FIE) IEEE, 2016: 1 – 7.

Deepa J. . How to Train an Engineer a Proposed Model [J]. Journal of Engineering Education Transformations, 2015: 15 – 18.

Meenakshi S. , Rath A. K. , and Mohanty S. . A Review on Requisite Generic Attributes for Engineering Graduates [J]. Journal of Engineering Education Transformations, 2015 (04): 83 – 91.

Simon Barrie, Rethinking Generic Graduate Attributes [J]. Quality Assurance in Education, 2005: 19 – 27.

Barrie S. C. . A Conceptual Framework for the Teaching and Learning of Generic Graduate Attributes. Studies in Higher Education, 2007: 439 – 458.

Treleaven L. , and Voola R. . Integrating the Development of Graduate Attributes Through Constructive Alignment [J]. Journal of Marketing Education, 2008: 160 – 173.

Barrie S. C. . A Research – based Approach to Generic Graduate Attributes Policy [J]. Higher Education Research & Development, 2012: 79 – 92.

Nelson N. . Achieving Graduate Attributes Through Project – based Learning [J]. In Proceedings of 2014 Canadian Engineering Education Association (CEEA14) Conference, Canmore AB, 2014.

Chan A. D. , and Fishbein J. . A Global Engineer for the Global Community [J]. The Journal of Policy Engagement, 2009: 4 – 9.

Ayokanmbi F. M. . Competencies for Global Engineers and Technologists

[J]. Journal of Industrial Technology, 2011: 2 - 6.

Mc Gourty J.. Assessing and Enhancing Student Learning Through Multi - Source Feedback [J]. IEEE Transactions on Education, 2000: 120 - 124.

Besterfield - Sacre M., Lovell M., McGourty J., Shuman L., and Wolfe H.. An Interdisciplinary Certificate in Product Realization: Meeting the Challenges of Industry and Engineering Criteria [J]. Proceedings, 2002 Frontiers in Education Conference, Institute of Electrical and Electronics Engineering, 2002.

Layton R. A. and Ohland M. W.. Peer Evaluations in Teams of Predominantly Minority Students [J]. Proceedings, 2000 American Society for Engineering Education Conference, 2000.

Millis B. J., and Cotell P. G.. Cooperative Learning in Higher Education Today [J]. Phoenix, Ariz.: American Council on Education/Oryx Press, 1998.

Joint Task Force on Engineering Education Assessment, A Framework for the Assessment of Engineering Education [J]. American Society of Engineering Education, 1996.

Moskal B., Knecht R., and Pavelich M.. The Design Report Rubric: Assessing the Impact of Program Design on the Learning Process [J]. Journal for the Art of Teaching: Assessment of Learning, 2001: 18 - 33.

Olds B. M.. How Are We Doing? Assessing a Writing - Intensive Introductory Humanities and Social Sciences Course [J]. Proceedings, 1998 American Society for Engineering Education Conference, 1998.

Miller R., and Olds B. M.. Using Portfolios to Assess Student Writing [J]. Proceedings, 1997 American Society for Engineering Education Conference, 1997.

Helfers C., Duerden S., Garland J., and Evans D. L.. An Effective Peer Revision Method for Engineering Students in First - Year English Courses [J]. Proceedings, 1999 Frontiers in Education Conference, Institute of Electrical and Electronic Engineers, 1999.

Carlson P. A. , and Berry R. C. . CPR: A Tool for Addressing EC 2000, Item G—Ability to Communicate Effectively Proceedings [J]. 2003 Frontiers in Education Conference; Institute of Electrical and Electronic Engineers, 2003.

Ryan A. G. . Towards Authentic Assessment in Science via STS Bulletin of Science [J]. Technology and Society, 1994: 290.

Herok G. H. , Chuck J. A. , and Millar T. J. . Teaching and Evaluating Graduate Attributes in Science-based Fisciplines [J]. Creative Education, 2013: 42.

Petkau D. S. . Industry Perceptions of Graduate Attribute Requirements for the Workplace [J]. Proceedings of the Canadian Engineering Education Association, 2015.

Kearney S. P. , and Perkins T. . Developing Students' Capacity for Innovation, Creativity and Critical Thinking Through Contemporary Forms of Assessment: a Case Study in Progress [J]. Paper presented at ATN Assessment Conference, University of Technology, Sydney, 2010.

Kearney S. . Improving Engagement: the Use of "Authentic Self – and Peer – assessment for Learning" to Enhance the Student Learning Experience [J]. Assessment & Evaluation in Higher Education, 2013: 875 – 891.

Khairullina E. R. , Makhotkina L. Y. , et al. . The Real and the Ideal Engineer – Technologist in the View of Employers and Dducators [J]. International Review of Management and Marketing, 2016: 134 – 138.

Palmer S. , and Ferguson C. . Improving Outcomes – based Engineering Education in Australia [J]. Australasian Journal of Engineering Education, 2008: 91 – 104.

Hussain W. , and Spady W. G. Specific, Generic Performance Indicators and Their Rubrics for the Comprehensive Measurement of ABET Student Outcomes [J]. Paper presented at 2017 ASEE Annual Conference & Exposition, Columbus, Ohio, 2017.

Kalaani Y. & Haddad R. J.. Continuous Improvement in the Assessment Process of Engineering Programs [J]. Proceedings of the 2014 ASEE South East Section Conference. 30 March. ASEE, 2014.

Radcliffe D. F.. Innovation as a Meta Attribute for Graduate Engineers [J]. International Journal of Engineering Education, 2005: 194 - 199.

Burge L., Aglan H., et al.. Ethics And Society: Program Outcomes [J]. Assessment And Evaluation Paper presented at 2007 Annual Conference & Exposition, Honolulu, Hawaii, 2007.

George A., Lethbridge T., and Peyton L.. Graduate Attribute Assessment in Software Engineering Program at University of Ottawa - Continual Improvement Process [J]. Proceedings of the Canadian Engineering Education Association (CEEA), 2016.

Kotturshettar B. B.. Defining the Performance Indicators: A Framework for Program Outcomes' Attainment [J]. Journal of Engineering Education Transformations, 2015: 298 - 301.

Sedelmaier Y., and Landes D.. A Multi - perspective Framework for E-valuating Software Engineering Education by Assessing Students' Competencies: SECAT—A Software Engineering Competency Assessment Tool [J]. In Frontiers in Education Conference (FIE), 2014 IEEE, 2014.

Willey K., and Gardner A. P.. Using Self Assessment to Integrate Graduate Attribute Development with Discipline Content Delivery [J]. In Annual Conference of European Society for Engineering Education, Sense Publishers, 2008.

Nicol D.. The Foundation for Graduate Attributes: Developing Self - regulation Through Self and Peer Assessment [J]. The Quality Assurance Agency for Higher Education, Scotland, 2010.

Andreatos, A., and Michalareas G.. Engineering Education E - assessment with Matlab: Case Study in Electronic Design [J]. In WSEAS International Conference. Proceedings. Mathematics and Computers in Science and Engineering (No. 5). WSEAS, 2008.

(三) 其他类

Engineering Council. Statement of Ethical Principles [EB/OL]. [2010 – 02 – 01]. https://www.engc.org.uk/standards – guidance/guidance/statement – of – ethical – principles/.

Hsuan – Pu Chang, Chia – Ling Hsu, Ren – Her Wang, et al.. A Department Professional Competence Evaluation System [C]. 2012 Third International Conference on Innovations in Bio – Inspired Computing and Applications. IEEE, 2012.

International Engineering Alliance. 25 Years of the Washington Accord [EB/OL]. https://www.ieagreements.org/assets/Uploads/Documents/History/25YearsWashingtonAccord – A5booklet – FINAL. pdf. 2019 – 11 – 09.

Marija Bozic, Svetlana Čizmić, Dragana Šumarac Pavlović, et al.. Engineering Practice: Teaching Ill – structured Problem Solving in an Internship – like Course [C]. 2014 IEEE Global Engineering Education Conference (EDUCON). IEEE, 2014.

Mendez R., and Rona A.. the Role of Work – integrated Learning in Academic Performance: Is There Correlation between Industrial Placements and Degree Performance? [EB/OL]. http://www.waceinc.org/hongkong/linkdocs/papers/UK/Refereed%20Paper%203. pdf, 2009 – 10.

MIT. MIT and Industry [EB/OL]. https://web.mit.edu/facts/industry.html. Massachusetts Institute of Technology.

OECD, Group of National Experts on the AHELO Feasibility Study, Engineeering Assessment Framework [R]. The 8th meeting of the AHELO GNE Paris, 18 – 19 November 2011.

Stanford University. Global Engineering Programs [EB/OL]. https://engineering.stanford.edu/students – academics/global – engineering – programs.

参考文献

Trevelyan J.. A Framework for Understanding Engineering Practice [C]. American Society for Engineering and Education, 2008: 1-14.

Trevelyan J.. Steps Toward a Better Model of Engineering Practice [C]. Proceedings of the Research in Engineering Education Symposium. Palm Cove. p. 4. 2009, 5.

Tyo J.. Radford University, Competency-based Education [EB/OL]. https://www.radford.edu/content/dam/departments/administrative/bov/content-files/meeting-minutes/MiniRetreat_May_2017_Draft_minutes_Attachments_website.pdf. 2017-05-04.

International Engineering Alliance. Sydney Accord_Signatories. http://www.ieagreements.org/accords/sydney/signatories/.

International Engineering Alliance. Sydney Accord. http://www.ieagreements.org/accords/sydney.

Barrie S. C.. Conceptions of Generic Graduate Attributes: A Phenomenon Graphic Investigation of Academics' Understandings of Generic Graduate Attributes in the Context of Contemporary University Courses and Teaching [D]. Doctoral Thesis. University of Technology Sydney, 2003.

图书在版编目（CIP）数据

高等工程教育评价研究：基于毕业生素质与工程实践能力视角 / 齐书宇等著 . --北京：社会科学文献出版社，2023.3
　ISBN 978 - 7 - 5228 - 1762 - 0

　Ⅰ.①高… Ⅱ.①齐… Ⅲ.①高等教育 - 工科（教育）- 教育评估 - 研究 - 中国 Ⅳ.①G649.21

中国国家版本馆 CIP 数据核字（2023）第 072968 号

高等工程教育评价研究
——基于毕业生素质与工程实践能力视角

著　　者 / 齐书宇　吴　伟　方瑶瑶　陈童节

出 版 人 / 王利民
组稿编辑 / 任文武
责任编辑 / 丁　凡
责任印制 / 王京美

出　　版 / 社会科学文献出版社·城市和绿色发展分社（010）59367143
　　　　　地址：北京市北三环中路甲 29 号院华龙大厦　邮编：100029
　　　　　网址：www.ssap.com.cn

发　　行 / 社会科学文献出版社（010）59367028
印　　装 / 三河市尚艺印装有限公司

规　　格 / 开　本：787mm × 1092mm　1/16
　　　　　印　张：18.75　字　数：279 千字

版　　次 / 2023 年 3 月第 1 版　2023 年 3 月第 1 次印刷
书　　号 / ISBN 978 - 7 - 5228 - 1762 - 0
定　　价 / 89.00 元

读者服务电话：4008918866

版权所有 翻印必究